税务稽查
实操 从新手到高手

黄德荣 —— 著

第2版

中国铁道出版社有限公司
CHINA RAILWAY PUBLISHING HOUSE CO., LTD.

图书在版编目（CIP）数据

税务稽查实操从新手到高手 / 黄德荣著 . —2 版 . —北京：中国
铁道出版社有限公司，2021.4（2022.10 重印）

ISBN 978-7-113-27383-5

Ⅰ . ①税… Ⅱ . ①黄… Ⅲ . ①税务稽查 - 中国 Ⅳ . ① F812.423

中国版本图书馆 CIP 数据核字（2020）第 213749 号

书　　名：**税务稽查实操从新手到高手**
　　　　　SHUIWU JICHA SHICAO CONG XINSHOU DAO GAOSHOU
作　　者：黄德荣

责任编辑：王　佩　　编辑部电话：(010) 51873022　　邮箱：505733396@qq.com
封面设计：宿　萌
责任校对：王　杰
责任印制：赵星辰

出版发行：中国铁道出版社有限公司（100054，北京市西城区右安门西街 8 号）
印　　刷：中煤（北京）印务有限公司
版　　次：2019 年 1 月第 1 版　2021 年 4 月第 2 版　2022 年 10 月第 2 次印刷
开　　本：700 mm×1 000 mm 1/16　印张：19.75　字数：273 千
书　　号：ISBN 978-7-113-27383-5
定　　价：69.80 元

再版说明

2019年1月，本书由中国铁道出版社有限公司正式出版。自发行以后，颇受读者好评，至同年11月已第4次印刷。

经济生活丰富多彩，税务稽查利剑出鞘；涉税诉讼层出不穷，抗辩双方唇枪舌战。税案不断翻新，作者与时偕行，跟踪充实书的内容。

第三章第二节实施检查，增加在"稽检通一"中"（如检查发现此期间以外明显的税收违法嫌疑或线索不受此限）涉税情况进行检查"，以此作为检查期间拓展人民法院也认可。增加"依公安机关移交证据可正常检查，不得中止检查""企业注销但还有法定税收义务需要履行的应继续检查"等内容。

第四章第一节梯度审理，增加"重大税务案件集体审理因税务局程序遗漏而败诉的案例"。第二节畅通诉权，增加"行政处罚听证依当事人申请而组织，没有申请不需要组织"，但有的法院认为"关系到行政相对人切身利益的具体行政行为，尤其是争议较大、金额较大的案件，没有申请，也应当组织听证""当案件进入行政诉讼时，《听证笔录》可作为一项证据使用，不可以内部资料为由不提供"等内容。第三节十项必审，增加"达到听证要求的先听证后行政处罚""山东省潍坊市寒亭区国家税务局虚开增值税专用发票罪案""在检查期间被查对象补税款及滞纳金是否影响其偷税定性""税案移送公安机关后，税务机关不得再行处罚"等内容。第四节制作文书，增加"税收管理过程中可能涉及纳税担保""如何确定税款追征期""加收滞纳金的起始日，为税款滞纳之日，终止日为实际缴纳之日""税务行政处理决定和税务行政处罚的关联性不可忽略""对于一起税务稽查案件，对被查对象最好只发一次《税务行政处罚事项告知书》""《税务行政处罚决定书》要在《税务行政处罚事项告知书》送达三日后下达""法律适用中应注意的问题"等内容。

第五章第一节送达文书，增加"受送达人处于羁押状态文书送达算不算直接送达""税务稽查、行政复议文书的送达，按《税收征收管理法实施细则》第八章的规定办理，不适用电子送达规定""《税务处理决定书》《税务处罚决定书》可以同一天送达被查对象"等内容。第二节执行决定，增加"加收滞纳金不超税额""税务机关扣缴破产重整企业重整前税款及滞纳金的行为违法""人民法院对税款可能全部执行也可能部分执行""拍卖中可能出现前次交易中欠缴的税费，税务机关应该与法院密切配合，从拍卖款项中依法缴付""破产重整时，留抵增值税款，可以抵减其欠缴的税款""其他联合惩戒措施"等内容。第三节调整执行，增加"延期缴纳""按复议或者诉讼的结果执行"等内容。明确"行政复议可以口头申请""对税务局所属稽查局具体行政行为不服，向税务局申请行政复议为宜""行政复议的诉求必须明确""税务行政复议的申请期限不可超时""税务行政复议的申请期限不可缩水""对重大税案审委会的决定不服，其所在机关为复议被申请人""关注有的法院认为只要提起复议，就算经过复议""关注被查对象为了不缴纳滞纳金，人为调整税款所属期间""不服复议决定，起诉时间为15日内""追缴入库税款以不增加纳税人负担为原则"等。

第六章第三节案卷利用，增加"税务稽查对象可以查阅、复制涉及自身的税务稽查案卷正卷相关文件材料，但不可以提政府信息公开""举报人不得提所举报税务稽查案情政府信息公开"等内容。

以上相关内容均提供了人民法院判决或者裁定的案例。

税务稽查包括选案、检查、审理和执行四个环节，每个环节都有具体的要求。税务稽查人员要熟记各项要求，不可出错。近几年来，随着法治建设的推进，依法治税工作取得明显成绩。但也应该清醒地看到，税务行政诉讼越来越多，税务机关败诉的案件也越来越多，对税务人员尤其是年轻的稽查人员如何迅速成长，不仅能独立办案，而且办成铁案的要求越来越迫切。

本人从财经院校毕业，有一定的理论基础，坚持自学，与时偕行。同时在稽查岗位上摸爬滚打11年，曾入选国家税务总局稽查人才库，多次参与国家税务总局组织的稽查办案，在2004年查处"黑津冀"系列虚开发票案中作出了重大贡献，被国家税务总局记个人二等功。在广泛汲取全国各地稽查同行的办案经验，不断向领导和同志们学习的基础上，结合自身对稽查工作的颇多感悟，于是就有了写作的素材和动机。

本书分析了稽查工作中存在的问题，阐述一些值得注意的事项，具有以下三个显著特点。

一是以问题为导向，提出解决方案。 比如，偷拍偷录的证据能否作为定案的证据，虚开增值税专用发票犯罪主观故意如何把握等。逐一提出解决的方案，针对性较强。

二是高标准严要求，立足稽查不败。 以公安、检察院、法院取证、断案标准，引领税务稽查办案，立足办成铁案，经得起司法机关的检验，经得起历史和时间的考验。办案人员可以将此书作为工具书使用，在实践中学习对照。税务系统税收政策、征收管理等其他岗位，公安机关经济侦查部门，高等院校师生亦可作为参考用书。

三是笔调轻松活泼，严肃不失可读。 该书避免了就实际操作论实际操作，有理论高度的阐述，并且结合具体、形象、鲜明的典型案例，使用通俗且精辟的语言，深入浅出地对案例尤其是败诉的案例加以分析，可读性强。

要从一名稽查新兵锻造成稽查战线的一名高手，需要时间和历练。希望本书中提供的素材、方法和路径，能够对稽查人员有所帮助，对其他税务工作者或者关心税收工作的人也有所裨益。

黄德荣

2020年8月

说明：本书中涉及的案例已在正文中标注来源，均为公开发表的信息。

第一章

税务稽查概述

　　税务稽查是税务机关依法对纳税人、扣缴义务人履行纳税义务、扣缴义务情况所进行的税务检查和处理工作的总称。税务稽查有其自身的主体和客体、对象和职能、原则和权限等。

第一节　税务稽查的主体和客体

主体和客体都是哲学名词，主体是指认识者，客体是指同主体相对立的客观世界，是主体的认识和活动的对象。在民法中，主体是指享受权利和负担义务的人，如公民和法人。客体是双方当事人的权利和义务所指的事物，如物和人的行为。在刑法中，主体是指因犯罪而应负刑事责任的人，客体是指刑法所保护而为犯罪行为所侵害的社会关系。税务稽查的主体和客体是税务稽查的两个方面，没有稽查主体，就没有机构和个人实施税务稽查；没有客体，税务稽查就没有目标。

税务稽查的主体

税务稽查的主体是省级以下税务局的稽查局。《国家税务总局关于印发〈税务稽查工作规程〉的通知》（国税发〔2009〕157号）（以下简称《税务稽查工作规程》）第二条第二款规定："税务稽查由税务局稽查局依法实施。"各级税务局稽查局属于税务机关。《中华人民共和国税收征收管理法》（以下简称《税收征收管理法》）第十四条规定：税务机关包括按照国务院规定设立的并向社会公告的税务机构。该税务机构，在国务院公布的《中华人民共和国税收征收管理法实施细则》（以下简称《税收征收管理法实施细则》）第九条规定："是指省以下税务局的稽查局。稽查局专司偷税、逃避追缴欠税、骗税、抗税案件的查处。"据此，相关法律和行政法规明确了省级以下税务局所属稽查局的法律地位，省级以下税务局的稽查局具有行政主体资格。

省级以下税务局的稽查局的税务稽查主体地位，并不是从来就被认可的。尽管《国家税务总局关于税务稽查机构执法主体资格问题的通知》（国税发〔1997〕148号）明确："省、地、县三级国家税务局、地方税务局依照《税收征收管理法》第八条规定设立的税务稽查局（分局），具有独立执法主体资格。"可是，1999年福建省高级人民法院在办理福建省地方税务局稽查分局查办的一起案件中，向最高人民法院发出《关于福建省地方税务局稽查分局是否具有行政主体资格的请示报告》（〔1999〕闽执行字第35号）。《最高人民法院对福建省高级人民法院〈关于福建省地方税务局稽查分局是否具有行政主体资格的请示报告〉的答复意见》（行他〔1999〕25号）："原则同意你院的倾向性意见，即地方税务局稽查分局以自己的名义对外作出行政处理决定缺乏法律依据。"换言之，税务局稽查（分）局的行政主体资格不被认可。

在这种背景下，各地法院以此为依据，撤销税务稽查（分）局的处理或者处罚决定。

例如，1998年10月14日，福建省福清市地方税务局稽查分局（以下简称稽查分局）作出《税务处理决定书》（融地稽字第98312号），责令福清市三山镇海瑶村委会（以下简称海瑶村委会）同年10月30日前补缴各税费59 664.60元。同日，福清市地方税务局（以下简称福清地税局）作出《税务行政处罚决定书》（融地税处字第98312号），以海瑶村委会未申报缴纳各税费为由，处2 000元罚款，责令同年10月30日前缴清。海瑶村委会未履行。1999年2月4日，稽查分局作出《催缴税款通知书》（融地税稽字第98114号），责令海瑶村委会同年2月11日前缴清。

2002年10月29日，福清地税局认定海瑶村委会未在规定期限内补缴税款59 035.80元及滞纳金90 964.20元，根据《税收征收管理法》第四十条规定，作出《扣缴税款通知书》（融地税稽查字第001号）强制执行措施，并于当日送达福清市三山农村信用合作社。要求该社按所附共8份编号为

（20021）闽地缴电字00331846至00331853号的《税收通用缴款书》，从海瑶村委会的存款账户中扣缴15万元。

海瑶村委会不服，向福清市人民法院提起诉讼。法院参照最高人民法院行他〔1999〕25号文，作出（2003）融行初字第15号行政判决：稽查分局对原告作出的《税务处理决定书》缺乏法律依据，超越职权。因本案对原告采取扣缴税款的强制执行措施所依据的处理决定本身不合法，故被告对原告采取扣缴税款的强制执行措施显属违法。依照《中华人民共和国行政诉讼法》（以下简称行政诉讼法）第五十四条第一款第（二）项第1目规定，撤销被告福清地税局《扣缴税款通知书》（融地稽字第001号）；撤销被告稽查分局（20021）闽地缴电字00331846至00331853号《税收通用缴款书》；福清地税局、稽查分局应于本判决生效后10日内退还原告的存款15万元。[①]

有时被查对象就会以稽查局没有主体资格作为借口。

例如，2015年，再审申请人广州德发房产建设有限公司因诉广东省广州市地方税务局第一稽查局税务处理决定一案，不服广州市中级人民法院（2010）穗中法行终字第564号行政判决，向最高人民法院申请再审。2017年4月7日《中华人民共和国最高人民法院行政判决书》（〔2015〕行提字第13号）明确：2001年修订前的《税收征收管理法》未明确规定各级税务局所属稽查局的法律地位，2001年修订后的《税收征收管理法》第十四条规定进行了明确，2002年施行的《税收征收管理法实施细则》第九条进一步明确规定。因此，广州市地方税务局第一稽查局作为广州市地方税务局所属的稽查局，具有独立的执法主体资格。虽然最高人民法院1999年10月21日作出的《对福建省高级人民法院〈关于福建省地方税务局稽查分局是否具有行政主体资格的请示报告〉的答复意见》（行他〔1999〕25号），但

---

① 案件资料来源：《福建省福清市三山镇海瑶村委会诉福清市地方税务局、福清市地方税务局稽查分局税务强制执行措施纠纷抗诉案》。

该答复是对2001年修订前的《税收征收管理法》的理解和适用，2001年《税收征收管理法》修订后，该答复因解释的对象发生变化，因而对审判实践不再具有指导性。广州德发房产建设有限公司以该答复意见主张广州市地方税务局第一稽查局不具有独立执法资格，无权作出被诉税务处理决定的理由不能成立。[1]

2017年9月22日，《最高人民法院关于废止部分司法解释和司法解释性质文件（第十二批）的决定》（法释〔2017〕17号）明确：从当年10月1日起，废止了行他〔1999〕25号文。理由是："与《税收征收管理法》《税收征收管理法实施细则》相冲突。"即分别于2001年5月1日、2002年10月15日起就开始实施的《税收征收管理法》及其实施细则，已经明确的省级以下税务局的稽查局属于税务机关，具有执法主体的问题，14年零11个月后，法院才给予认可。

原则上省级以下税务局都有设置相应的稽查局。2018年国地税机构合并，普遍的做法是设立区市税务局稽查局以及若干跨县稽查局，县（市、区）税务局不设稽查局。

税务稽查的客体

税务稽查的客体是指税务稽查具体指向的纳税人、扣缴义务人和其他涉税当事人履行纳税义务、扣缴义务情况及涉税事项。

纳税义务

纳税义务是指纳税人按税收法律、法规的规定产生的向国家缴纳税款的义务。纳税义务的发生、确定、承继和消灭以某种法律事实的存在为判

---

[1] 案件资料来源：《广州德发房产建设有限公司与广东省广州市地方税务局第一稽查局再审行政判决书》，中国裁判文书网，2017年4月17日。

断标准。

首先，纳税义务的发生。纳税义务因符合税收法律、法规规定的征税要件而产生。例如，《中华人民共和国企业所得税法实施条例》（以下简称《企业所得税法实施条例》）第十七条至第二十一条，分别明确股息红利等权益性投资收益、利息收入、租金收入、特许权使用费收入和捐赠收入等收入的实现时间。

纳税义务因纳税人及其关系人的不同产生三种特殊纳税义务。

一是连带责任产生的纳税义务。连带责任亦称"连带债务"，是指依照法律规定或者当事人约定，两个或者两个以上当事人对其共同债务全部承担或部分承担，并能因此引起其内部债务关系的一种民事责任。例如，《税收征收管理法》第四十八条规定："纳税人分立时未缴清税款的，分立后的纳税人对未履行的纳税义务应当承担连带责任。"《中华人民共和国进出口关税条例》（以下简称《进出口关税条例》）第五十五条将《税收征收管理法》第四十八条规定的"分立后的纳税人"细化为"分立后的法人或者其他组织。"同时，《进出口关税条例》第五十四条还规定："报关企业接受纳税义务人的委托，以纳税义务人的名义办理报关纳税手续，因报关企业违反规定而造成海关少征、漏征税款的，报关企业对少征或者漏征的税款、滞纳金与纳税义务人承担纳税的连带责任。报关企业接受纳税义务人的委托，以报关企业的名义办理报关纳税手续的，报关企业与纳税义务人承担纳税的连带责任。"

二是担保责任产生的纳税义务。《中华人民共和国担保法》（以下简称《担保法》）第十二条规定："同一债务有两个以上保证人的，保证人应当按照保证合同约定的保证份额，承担保证责任。"纳税人没有缴纳的税款，如果有担保人的，该纳税担保人按照规定的期限缴纳所担保的税款，否则，按《税收征收管理法》第四十条规定采取强制执行措施。需要注意，已被查封的财产不得作为担保物。

三是附加纳税义务。附加纳税义务是指纳税人额外加上的纳税义务，如滞纳金、罚款。纳税人未按照规定期限缴纳税款，扣缴义务人未按照规定期限解缴税款，《税收征收管理法》第三十二条规定："税务机关除责令限期缴纳外，从滞纳税款之日起，按日加收滞纳税款万分之五的滞纳金。"税收滞纳金是指税务机关对不按期限履行金钱给付义务的相对人，课以新的金钱给付义务。有时纳税人不能理解，实施一串的法律救济措施，但也于事无补。

例如，2007年11月13日，黄某柯与广西鼎铭房地产开发有限公司签订《商品房买卖合同》，总金额为115 011元。2014年11月25日，黄某柯到南宁市西乡塘区地税局缴税。地税局根据《中华人民共和国契税暂行条例》（以下简称《契税暂行条例》）第八条规定，认定黄某柯缴纳契税义务发生的时间为合同签订当天。根据《广西壮族自治区实施〈契税暂行条例〉办法》（政府令第5号）第十一条规定："纳税人应当自纳税义务发生之日起10日内，向土地、房屋所在地的契税征收机关办理纳税申报，并在纳税义务发生之日起30日内缴纳税款。"据此认定黄某柯滞纳契税2 540天（从2007年12月14日至2014年11月26日），向其按日加收滞纳税款万分之五的滞纳金4 381.50元（3 450元×0.05%×2 540天）。黄某柯不服，向南宁市地方税务局提出复议，经法院一审和二审，以及申请再审。再审法院认为，该行政行为认定事实清楚，适用法律正确，程序合法。依照《行政诉讼法》第九十一条、《最高人民法院关于适用〈行政诉讼法〉的解释》第一百一十六条第二款的规定，《广西壮族自治区高级人民法院行政裁定书》（〔2018〕桂行申235号）裁定："驳回黄某柯的再审申请。"①《中华人民共和国行政处罚法》（以下简称《行政处罚法》）第十七条规定：

---

① 案件资料来源：黄某柯、南宁市西乡塘区地方税务局税务行政管理（税务）再审审查与审判监督民事裁定书，中国裁判文书网（有改动），2018年12月18日。

"法律、法规授权的具有管理公共事务职能的组织可以在法定授权范围内实施行政处罚。"税务机关对纳税人、扣缴义务人和其他涉税当事人因偷税、抗税等涉税违法、违规行为给予的行政处罚必须依法执行。

其次，纳税义务的确定。通常由纳税人按现行税收法律、法规的自行计算确定，也有可能由税务、审计等部门计算确定。

再次，纳税义务的承继。负有纳税义务的被继承人、遗赠人死亡，其依法应当缴纳的税款由继承人或受赠人承继。《中华人民共和国继承法》第三十三条规定："继承遗产应当清偿被继承人依法应当缴纳的税款。"第三十四条规定："执行遗赠不得妨碍清偿遗赠人依法应当缴纳的税款。"《中华人民共和国民法典》第四十三条第二款规定，失踪人所欠税款由财产代管人从失踪人的财产中支付。《税收征收管理法》第四十八条规定："纳税人合并时未缴清税款的，应当由合并后的纳税人继续履行未履行的纳税义务。"《进出口关税条例》第五十五条规定，纳税义务人合并时未缴清税款的，由合并后的法人或者其他组织继续履行未履行的纳税义务。

最后，纳税义务的消灭。纳税义务随着税款缴纳完毕、被免除等情况而消灭。例如，《中华人民共和国车船税法》（以下简称《车船税法》）第三条规定，捕捞、养殖渔船，军队、武装警察部队专用的车船，警用车船，依照法律规定应当予以免税的外国驻华使领馆、国际组织驻华代表机构及其有关人员的车船，免征车船税。

房屋产权所有人将房屋销售过户给他人，房屋所有人应该缴纳相应增值税（营业税改征增值税之前为营业税）、城市维护建设税、教育费附加等，产权承受人缴纳契税。如果之前的房屋存在纠纷，经法院等有权机关裁定或者判决，房屋产权所有人发生变化，即原先的房屋产权所有人没有产权，那么其纳税义务消灭。

例如，刘某秀欲将位于北京市西城区某处房权通过出售的方式过户给沈某，2011年9月5日，刘某秀向西城区地方税务局缴纳营业税42 500元、城市维护建设税2 975元、教育费附加1 275元，共计46 750元。在涉案房屋交易过程中，刘某秀前夫刘某发现其对涉案房屋的权利受到侵害，因此与刘某秀之间产生系列诉讼，最终法院判决涉案房屋权属归刘某所有，导致刘某秀与沈某之间的房屋交易失败。刘某秀向西城税务局申请退税46 750元，西城税务局于2016年12月26日作出《税务事项通知书》（京地税西税通〔2016〕31517号）答复："经审核，不符合要求，不予审批。"刘某秀不服，2017年1月9日向北京市地方税务局申请行政复议，2017年7月31日市地税局作出《税务行政复议决定书》（京地税复字〔2017〕3号）予以维持，刘某秀不服诉至法院。

西城区人民法院认为，刘某秀与其前夫刘某涉案房屋纠纷，一审法院于2012年3月20日作出（2012）西民初字第4807号民事判决书，判决刘某秀协助刘某办理将涉案房屋所有权证登记于刘某名下的手续。一中院于2012年11月9日二审予以维持。至此，刘某秀与沈某之间基于涉案房屋的以房抵债行为灭失，其缴纳的税款性质要结合课税要素、税收依据等因素加以综合判定。依照《行政诉讼法》第七十条第（二）项、第七十九条规定，北京市西城区人民法院（2017）京0102行初813号行政判决，撤销《税务事项通知书》（京地税西税通〔2016〕31517号）；撤销《税务行政复议决定书》（京地税复字〔2017〕3号）。

西城区税务局不服，提起上诉。依照《行政诉讼法》第八十九条第一款第（一）项规定，《北京市第二中级人民法院行政判决书》（〔2019〕京02行终964号）判决："驳回上诉，维持一审判决。"[1]退税请求由西城税务局根据法律、法规规定，结合本案具体情况，对其申请重

---

[1] 案件资料来源：国家税务总局北京市西城区税务局等与刘某秀二审行政判决书，中国裁判文书网（有改动），2020年5月6日。

新予以处理。

本案中，缴税时的房屋产权所有人刘某秀缴纳是合法的，经过一系列诉讼之后，刘某秀不再是所缴税款的房屋产权所有人，如果愿意认账倒也无妨，但其退税要求合法合理，税务机关应该满足。

扣缴义务

《税收征收管理法》第三十条规定："扣缴义务人依照法律、行政法规的规定履行代扣、代收税款的义务。"这便是扣缴义务的概念。

代扣是指支付应税收入的单位和个人，从支付的款项中将税款扣下，再缴纳给国家。例如，《中华人民共和国企业所得税法》（以下简称《企业所得税法》）第三十七条规定："对非居民企业取得本法第三条第三款规定的所得应缴纳的所得税，实行源泉扣缴，以支付人为扣缴义务人。税款由扣缴义务人在每次支付或者到期应支付时，从支付或者到期应支付的款项中扣缴。"代收是指法律、法规确定或者税务机关委托的扣缴义务人代收税款。《车船税法》第六条规定："从事机动车第三者责任强制保险业务的保险机构为机动车车船税的扣缴义务人，应当在收取保险费时依法代收车船税，并出具代收税款凭证。"《中华人民共和国消费税暂行条例》第四条第二款规定："委托加工的应税消费品，除受托方为个人外，由受托方在向委托方交货时代收代缴税款。"

其他涉税事项

其他涉税事项是指纳税人、扣缴义务人和其他涉税当事人履行纳税义务、扣缴义务情况之外的其他涉税事项。如税务登记、设置账簿凭证、纳税申报等。例如，《税收征收管理法》第十五条规定："企业，企业在外地设立的分支机构和从事生产、经营的场所，个体工商户和从事生产、经营的事业单位自领取营业执照之日起三十日内，持有关证件，向税务机关申报办理税务登记。"第二十五条规定："纳税人必须依照法律、行政法规规定或者税务机关依照法律、行政法规的规定确定的申报期限、申报内容如实办理纳税申报，报送纳税申报表、财务会计报表以及税务机关根据实际需要要求纳税人报送的其他纳税资料。"

车站、码头、机场、邮政企业及其分支机构，以及银行或者其他金融机构要配合税务机关的检查，否则可能引起税务机关对这些单位的检查。

第二节　税务稽查的对象和职能

对象是指观察或者思考的客体，也指行动的目标，税务稽查的对象针对单位和个人。这里所讲的职能是指专业职能，专业职能指的是和工作内容及目标直接相关，能够有效达成工作目标所必须具备的特定职务能力。

税务稽查的对象

税务稽查的对象是纳税人、扣缴义务人和其他涉税当事人。《税务稽查工作规程》第二条第二款规定："稽查局主要职责，是依法对纳税人、扣缴义务人和其他涉税当事人履行纳税义务、扣缴义务情况及涉税事项进行检查处理，以及围绕检查处理开展的其他相关工作。"

《税收征收管理法》第四条第一款规定："法律、行政法规规定负有纳税义务的单位和个人为纳税人。"每个不同的税种，纳税人的规定不尽相同。但有交叉的情形，也就是说某一税种的纳税人，同时又是其他若干税种的纳税人。根据税收法定原则，针对某一税种的法律、行政法规没有规定负有纳税义务的单位和个人，不成为纳税人，也不会成为稽查对象，当然作为其他涉税当事人的情况除外。比如，A企业将账户借给B企业使用，后者涉嫌偷税、虚开增值税专用发票或者虚开用于骗取出口退税抵扣税款的其他发票等涉税违法行为。此时，税务机关极有可能对A企业展开检查。

《税收征收管理法》第四条第二款规定："法律、行政法规规定负有代扣代缴、代收代缴税款义务的单位和个人为扣缴义务人。"税收法律、行政法规会对扣缴义务人加以界定。例如，根据《全国人民代表大会常务委员会关于修改〈中华人民共和国个人所得税法〉（以下简称《个人所得税法》）的决定》（主席令2011年第九号）修改后的《个人所得税法》第九条第一款规定："个人所得税以所得人为纳税人，以支付所得的单位或者个人为扣缴义务人。"

其他涉税当事人是指除了纳税人、扣缴义务人以外，与涉及税收的事项有关的单位和个人。税收问题涉及经济生活的方方面面，有些单位和个人，虽然不是纳税人、扣缴义务人，但对一些税收违法问题知情或者提供有意无意的帮助，都可能成为被稽查对象。

税务稽查的职能

税务稽查的职能是指税务稽查所表现出来的功能，包括惩戒职能、监控职能、收入职能和教育职能。

惩戒职能是指税务稽查具有惩罚以示警戒的功能。税务稽查作为税务工作征收、管理、稽查三个环节中的最后一环，承担着偷税、逃避追缴欠税、骗税、抗税等案件的查处。经税务稽查的案件，轻则补税、加收滞纳金，稍重的处以罚款，构成犯罪的移送司法机关追究刑事责任，被查对象就此付出财产或者人身自由的代价。

例如，2018年至2019年7月，全国公安机关共立涉税犯罪案件2.28万起，涉案金额5 619.8亿元。公安部已经挂牌督办56起重大案件，全国公安机关侦破了一大批涉税违法犯罪案件，摧毁了一批职业犯罪团伙，重拳打击和震慑了此类犯罪。已累计将1.04万起虚开骗税案件纳入税收违法"黑名单"并向社会公布，向相关部门推送联合惩戒信息17.41万户次，市场监管、银行、海关等多部门依法采取联合惩戒措施[①]。

监控职能是指税务稽查具有税收征收、管理工作进行监测并进行控制的功能。税务征收、管理环节有非常多的工作要做，做得好不好，税务稽查来监测，及时发现问题，加以处理，使得税务征收、管理工作机构和人员，纳税人、扣缴义务人和其他涉税当事人纳税遵从度更高。

收入职能是指税务稽查具有向纳税人、扣缴义务人和其他涉税当事人收进钱财的功能。通过税务稽查查补税款、处以罚款，以及加收滞纳金，增加国家税收收入。2018年8月至2019年7月，税务部门共计查处虚开企业11.54万户，认定虚开发票639.33万份，涉及税额1 129.85亿元；查处"假出口"企业2 028户，挽回税款损失140.83亿元[②]。

教育职能是指税务稽查具有教导启发纳税人、扣缴义务人和其他涉税当事人，使之明白遵守税收法律、法规，提高纳税遵从度，是保护自己的道理。受到查处，付出代价肯定受到教育，同时对违法案件的曝光，也让其他纳税人、扣缴义务人和其他涉税当事人受到教育。比如，组织听证的过程实际上是税法宣传教育的过程，通过纳税人的质疑、申辩，税务机关的释疑、答惑，让纳税人知道错在何处、为什么会受到处罚，今后应如何加以改正。让纳税人最直接地感受到不依法纳税会受到制裁，印象较其他宣传方式更为深刻，取得的教育效果也更为显著，从而达到提高纳税人的纳税意识、规范纳税秩序的目的。

---

① 资料来源：《公安部 国家税务总局：重拳打击涉税违法犯罪——去年以来已立案2.28万起，涉案金额5 619.8亿元》。公安部网站，2019年7月31日。

② 资料来源：《公安部 国家税务总局：重拳打击涉税违法犯罪——去年以来已立案2.28万起，涉案金额5619.8亿元》。公安部网站，2019年7月31日。

第三节　税务稽查的权限和原则

《税收征收管理法实施细则》第九条第二款规定："国家税务总局应当明确划分税务局和稽查局的职责，避免职责交叉。"对此，《国家税务总局关于稽查局职责问题的通知》（国税函〔2003〕140号）明确："稽查局的现行职责是指：稽查业务管理、税务检查和税收违法案件查处；凡需要对纳税人、扣缴义务人进行账证检查或者调查取证，并对其税收违法行为进行税务行政处理（处罚）的执法活动，仍由各级稽查局负责。"

权限是指职能权利范围。税务稽查局及其人员职权法定，没有法律、法规的规定，不得实施稽查。原则是观察问题、处理问题的准绳，税务机关实施税务稽查要遵守一定的原则。

税务稽查的权限

税务稽查的权限是指税务稽查的职能权利范围。该职能权限为法律、法规所赋予，包括稽查权、调查权、处理和处罚权、处置权等。

稽查权

稽查权是指税务机关对纳税人、扣缴义务人和其他涉税当事人履行纳税义务、扣缴义务和其他涉税事项的情况进行检查的权力。稽查权包括查账权和场地检查权。

查账权是指税务机关对纳税人、扣缴义务人还是其他涉税当事人账簿、记账凭证、报表和有关资料检查的权力。《税收征收管理法》第五十四条第一款第（一）项、第（五）项规定，税务机关有权检查纳税人的账簿、记账凭证、报表和有关资料，检查扣缴义务人代扣代缴、代收代缴税款账簿、记账凭证和有关资料。有权到车站、码头、机场、邮政企业及其分支机构检查纳税人托运、邮寄应纳税商品、货物或者其他财产的有关单据、凭证和有关资料。应该说，无论纳税人、扣缴义务人还是其他涉税当事人，其经营活动一般通过账簿、凭证、报表等资料来进行反映，尽管有些账证不真实、可靠性低，但毕竟有账可查，一旦查出真实的证据，可与企业的假账证加以比较，正好找出其证据，处理就有了依据。因此，第一步先是查账。

查账，可以在实地，也可以履行相关程序后调回检查。《税收征收管理法实施细则》第八十六条规定，税务机关行使税收征管法第五十四条第（一）项职权时，可以在纳税人、扣缴义务人的业务场所进行；必要时，经县以上税务局（分局）局长批准，可以将纳税人、扣缴义务人以前会计年度的账簿、记账凭证、报表和其他有关资料调回税务机关检查。有特殊情况的，经设区的市、自治州以上税务局局长批准，税务机关可以将纳税人、扣缴义务人当年的账簿、记账凭证、报表和其他有关资料调回检查。

场地检查权是指税务机关对纳税人、扣缴义务人的申报情况或者开具发票等行为是否与实际相符，深入其场地进行检查的权力。《税收征收管理法》第五十四条第一款第（二）项规定：税务机关有权到纳税人的生产、经营场所和货物存放地检查纳税人应纳税的商品、货物或者其他财产，检查扣缴义务人与代扣代缴、代收代缴税款有关的经营情况。

调查权

调查权是指税务机关及其工作人员对纳税人、扣缴义务人和其他涉税当事人履行纳税义务、扣缴义务和其他涉税事项的情况进行了解的权力。《税收征收管理法》第五十七条规定："税务机关依法进行税务检查时，有权向有关单位和个人调查纳税人、扣缴义务人和其他当事人与纳税或者代扣代缴、代收代缴税款有关的情况，有关单位和个人有义务向税务机关如实提供有关资料及证明材料。"调查权包括询问权、查询存款账户权、收集证据权。

询问权是指税务机关及其工作人员对纳税人、扣缴义务人和其他涉税当事人履行纳税义务、扣缴义务和其他涉税事项的情况进行打听、发问的权力。《税收征收管理法》第五十四条第一款第（四）项规定，税务机关有权询问纳税人、扣缴义务人与纳税或者代扣代缴、代收代缴税款有关的问题和情况。

查询存款账户权是指税务机关及其工作人员对纳税人、扣缴义务人和其他涉税当事人履行纳税义务、扣缴义务和其他涉税事项的情况进行查考询问的权力。《税收征收管理法》第五十四条第一款第（六）项规定：税务机关有权经县以上税务局（分局）局长批准，凭全国统一格式的检查存款账户许可证明，查询从事生产、经营的纳税人、扣缴义务人在银行或者其他金融机构的存款账户。税务机关在调查税收违法案件时，经设区的市、自治州以上税务局（分局）局长批准，可以查询案件涉嫌人员的储蓄存款。

收集证据权是指税务机关及其工作人员对纳税人、扣缴义务人和其他涉税当事人履行纳税义务、扣缴义务和其他涉税事项的情况进行调查时将相关证据聚集在一起的权力。《税收征收管理法》第五十四条第一款第（三）项规定，税务机关有权责成纳税人、扣缴义务人提供与纳税或者代扣代缴、代收代缴税款有关的文件、证明材料和有关资料。

处理和处罚权

处理和处罚权指税务机关及其工作人员对纳税人、扣缴义务人和其他涉税当事人履行纳税义务、扣缴义务和其他涉税事项的情况进行调查后，依据法律、法规或者规章，加以处置或者惩罚，使得违法违章者受到经济或者其他损失的权力，如追缴税款、加收滞纳金、处以罚款、没收违法所得、没收非法财物、移送司法机关追究刑事责任等。《税收征收管理法》第五章，就有许多这方面的规定。

处置权

处置权是指税务机关及其工作人员对纳税人、扣缴义务人和其他涉税当事人履行纳税义务、扣缴义务和其他涉税事项的情况进行调查，依据法律、法规或者规章加以发落、安排的权力。处置权包括阻止纳税人或者他的法定代表人出境的权力、采取税收保全措施或者强制执行措施的权力、行使代位权和撤销权等。

欠缴税款的纳税人或者他的法定代表人需要出境的，《税收征收管理法》第四十四条规定："应当在出境前向税务机关结清应纳税款、滞纳金或者提供担保。未结清税款、滞纳金，又不提供担保的，税务机关可以通知出境管理机关阻止其出境。"

欠缴税款的纳税人因怠于行使到期债权，或者放弃到期债权，或者无偿转让财产，或者以明显不合理的低价转让财产而受让人知道该情形，对国家税收造成损害的，《税收征收管理法》第五十条规定："税务机关可以依照合同法第七十三条、第七十四条的规定行使代位权、撤销权。"

税务机关对从事生产、经营的纳税人以前纳税期的纳税情况依法进行税务检查时，发现纳税人有逃避纳税义务行为，并有明显的转移、隐匿其应纳税的商品、货物以及其他财产或者应纳税收入的迹象的，《税收征收管理法》第五十五条规定："可以按照本法规定的批准权限采取税收保全措施或者强制执行措施。"

税务稽查的原则

税务稽查的原则是指税务机关查办涉税案件的准绳，包括以事实为根据，以法律为准绳的原则；坚持公平、公开、公正、效率的原则。

以事实为根据，以法律为准绳的原则是指在税务稽查中坚持实事求是，按照法律、法规和规章办事。毛泽东同志在《改造我们的学习》一文中对实事求是作出注解："'实事'就是客观存在着的一切事物，'是'就是客观事物的内部联系，即规律性，'求'就是我们去研究。"税务稽查工作要做到实事求是。税务稽查会对纳税人、扣缴义务人和其他涉税当事人的财产或者自由产生影响，因而，更不能含糊。不可人为放大或者缩小，也不可以主观臆断。例如，收集证据时，客观地收集各种各样的证据，还原事实真相。

坚持公平、公开、公正、效率的原则是指税务稽查工作公开透明，处理公道、不偏不倚，讲究工作效率，经得起历史和时间的检验。

公平是指不偏不倚。税务机关对稽查案件的处理不可太重，也不能太轻，公平也是被查对象对税务机关的期盼。"不患寡而患不均"（《论语•季氏》），追求公平，一直以来就是人类社会的努力方向。选案要公平，处理、处罚也要公平。

公开是指完全不隐蔽。2018年国务院的《政府工作报告》明确提出："全面推进政务公开"。税务机关对税务稽查程序公开透明，处理不偏不倚，结果也可以公开，要能经得起历史和时间的检验。社会各界、被查对象也希望税务机关案件处理是公开的。比如，通过税务处罚告知、听证，让纳税人能充分享有法律赋予的知情权、陈述权和申辩权，提供给纳税人一个主动举证、阐述自身意见的平台，维护纳税人的合法权益。通过组织听证会，能够较好地体现税务行政执法的公正与透明，减少税务行政争议，提高税务行政效率，增强公民、法人和其他组织对税务机关的监督。

公正是指公平正直。税务机关对稽查案件的处理公道，不循私枉法。一直以来，人类社会对行政执法渴望公正，执法机关和执法者务必牢记，公正执法才能赢得民心。法兰西第一帝国的缔造者拿破仑·波拿巴（Napoléon Bonaparte）说过："在政府事务中，公正不仅是一种美德，而且是一种力量。"税务稽查人员应遵守工作纪律，恪守职业道德。《税务稽查工作规程》第八条规定："不得违反法定程序、超越权限行使职权；利用职权为自己或者他人谋取利益；玩忽职守，不履行法定义务；泄露国家秘密、工作秘密，向被查对象通风报信、泄露案情；弄虚作假，故意夸大或者隐瞒案情；接受被查对象的请客送礼；未经批准私自会见被查对象；其他违法乱纪行为。"一个税务案件经稽查人员搜集大量证据、写出稽查报告，提出定性处理建议后，交由相对独立的审理部门（含案件审理委员会）审理定性，这种控制方式和程序能有效地防止失误、疏忽和执法随意性等问题发生。由于审理部门的审理工作是依据稽查部门提交的证据材料对案件的事实、证据、定性处理和办案程序等方面进行审核，并不与纳税人直接接触，案件审核特征明显，不能完全防止税务处理、处罚决定出现偏差。听证程序的实施能够使案件审理人员更加全面地了解案情，减少、避免因事实不清而出现定性不准的问题发生。

效率是指单位时间完成的工作量。涉税案件的处理在遵守了公平、公开、公正原则的基础上，还得及时作出处理。"迟来的正义非正义。"税务机关对稽查案件的检查和处理不可久拖不决。应该讲究效率，快查快结，尽快地给被查对象一个说法。例如，《税务稽查工作规程》第二十二条第四款规定："检查应当自实施检查之日起60日内完成。"有些案件久拖不下，数年未结，这是对事业的不负责任，也有巨大的执法风险。

第二章

选　案

　　选案是指税务局的稽查局从众多案源信息中挑拣出有价值的信息进而立案检查。选案是税务稽查四个环节中的第一个环节，选案准确率高，更能查出问题，稽查的效率就高；反之，稽查的效率就低。稽查局要悉心收集、分析和处理案源信息。

第一节　收集案源信息

案源信息简称案源，是指税务局在税收管理中形成，以及外部相关单位、部门或者个人提供的纳税人、扣缴义务人和其他涉税当事人的税收数据、信息和违法行为线索。

案源信息的分类

案源可分为一般案源和特殊案源两大类，具体包含九小类。《国家税务总局关于印发〈税务稽查案源管理办法（试行）〉的通知》（税总发〔2016〕71号）第十五条对每一种类型有详细说明。

一般案源包括推送案源、安排案源、自选案源和其他案源。推送案源是指根据风险管理等部门按照风险管理工作流程推送的高风险纳税人风险信息分析选取的案源；安排案源是指根据上级税务局安排的随机抽查计划和打击偷税（逃避缴纳税款）、逃避追缴欠税、骗税、抗税、虚开发票等稽查任务，对案源信息分析选取的案源；自选案源是指根据本级税务局制定的随机抽查和打击偷税（逃避缴纳税款）、逃避追缴欠税、骗税、抗税、虚开发票等稽查任务，对案源信息分析选取的案源；其他案源是指对税务稽查部门自行收集或者税务局内、外部相关单位和部门提供的其他税收违法线索进行识别判断确认的案源。

特殊案源包括督办案源、交办案源、转办案源、检举案源和协查案源。督办案源是指根据上级机关以督办函等形式下达，有明确工作和时限要求的特定纳税人税收违法线索或者工作任务确认的案源；交办案源是指根据上级机关以交办函等形式交办的特定纳税人税收违法线索或者工作任务确认的案源；转办案源是指对公安、检察、审计、纪检监察等外部单位以及税务局督察内审、纪检监察等部门提供的税收违法线索进行识别判断确认的案源；检举案源是指对检举线索进行识别判断确认的案源；协查案源是指对协查线索进行识别判断确认的案源。

税务机关对转办的案源要重视，否则就会很被动。

例如，安徽省合肥市包河区人民检察院在履行职责中发现，2014年8月至2015年8月合肥铭励家具有限公司、合肥拓格会展有限公司等6家单位和个人让他人为自己虚开增值税专用发票，金额110 065.54元，抵扣了增值税进项税款。案发后，合肥铭励家具有限公司等单位在检察机关补缴了税款，但虚开增值税专用发票的违法行为一直未被查处。

2016年10月10日，合肥市包河区人民检察院向合肥市国家税务局发出检察建议书，该局未回复亦未依法查处。为保护国有资产，促进依法行政，包河区人民检察院将案件线索转交有行政诉讼管辖权的蜀山区人民检察院，同年12月23日，后者依据《全国人大常委会关于授权最高人民检察院在部分地区开展公益诉讼试点工作的决定》等规定，向蜀山区人民法院提起行政公益诉讼。[①]尽管沟通协调后，检察院做撤诉处理，但给税务机关带来了很大的负面影响。

2017年6月27日，《全国人民代表大会常务委员会关于修改〈中华人民共和国民事诉讼法〉和〈行政诉讼法〉的决定》，在《行政诉讼法》第二十五条增加第四款："人民检察院在履行职责中发现生态环境和资源保护、食品药品安全、国有财产保护、国有土地使用权出让等领域负有监督

---

① 案件资料来源：《怠于履行职责，未对虚开增值税专用发票违法行为进行查处——安徽省合肥市蜀山区人民检察院对合肥市国家税务局提起行政公益诉讼》，2017年1月23日，原载最高人民检察院网上发布厅。

管理职责的行政机关违法行使职权或者不作为，致使国家利益或者社会公共利益受到侵害的，应当向行政机关提出检察建议，督促其依法履行职责。行政机关不依法履行职责的，人民检察院依法向人民法院提起诉讼。"这就是我们通常所说的行政公益诉讼的法律依据。相信类似诉讼今后会增加，税务机关应特别注意。

案源信息的具体收集

案源信息收集是稽查选案工作的基础，没有信息数据，选案无从谈起，没有准确完整的信息数据，选案则会产生错误的结论，进而误导稽查工作。

一般案源的收集

推送案源由风险管理等部门按照风险管理工作流程推送，安排案源由上级税务局安排，自选案源和其他案源由稽查局根据要求，从税收征管资料中获取。征管资料按金税三期税收管理系统的分类，包括申报征收、票证管理、税收法制、重点税源分析、企业所得税管理、税务稽查等。这些资料或者以计算机为载体，或者以纸制材料为载体，或者以磁带、光盘、胶片等材料为载体，以文字、图表、声像等形式存在。财务报表也可以从该系统中取得。

其他案源由税务稽查部门自行收集或者其他单位提供。该案源包括情报交换信息。情报交换是指我国与相关税收协定缔约国的主管当局为了正确执行税收协定及其所涉及税种的国内法而相互交换所需信息的行为。情报交换的类型包括专项情报交换、自动情报交换、自发情报交换以及同期税务检查、授权代表访问和行业范围情报交换等。《国家税务总局关于印发〈国际税收情报交换工作规程〉的通知》（国税发〔2006〕70号）第三条明确，我国主管当局为国家税务总局，省级及省级以下税务机关协助总局负责管理本辖区内的情报交换。

税收情报交换由税收协定或者专门的税收情报交换协定规范，我国对外所签协定都列有税收情报交换条款。一些协定规定交换的情报只限于所得税，有些可以涉及缔约国双方居民的所有与税收相关的情报；一些协定规定缔约国双方所要求交换的情报只限缔约国双方居民的情报，有些不仅限于缔约国双方居民，也包括在缔约国双方从事经营活动的第三方居民。近年来，中国政府先后与巴哈马、英属维尔京、马恩岛、根西、泽西、百慕大、阿根廷、开曼群岛、圣马力诺和列支敦士登10个国家（地区）签署税收情报交换协定。

特殊案源的收集

督办和交办案源由上级机关下发，转办案源由外部单位或者税务局督察内审、纪检监察等部门提供。

检举案源由检举线索进行识别判断确认。检举工作按《税收违法行为检举管理办法》（国家税务总局令第24号）、《国家税务总局 财政部检举纳税人税收违法行为奖励暂行办法》（国家税务总局 财政部令第18号）办理，需要说明的是企业法定代表人及直接责任人员检举本企业偷税问题也可以奖励。此前，《国家税务总局关于企业法定代表人自报本企业偷税问题不予奖励的批复》（国税函〔2000〕414号）曾批复不属奖励范围，但《国家税务总局关于公布全文失效废止和部分条款废止的税收规范性文件目录的公告》（2016年第34号）否定这一规定。稽查局举报受理部门负责接收书信、来访、互联网、传真等形式的检举线索，12366纳税服务热线举报专岗负责接收的电话形式的检举线索，应填制举报工单后移交举报受理部门处理。

协查案源对协查线索进行识别判断确认。稽查局协查部门负责接收协查信息管理系统发函、不通过协查系统发起的纸质发函、实地协查等形式的协查线索，并按照《税收违法案件协查函》的内容登记案源信息。

《税务稽查工作规程》第十六条明确："选案部门应当建立案源信息档案，对所获取的案源信息实行分类管理。"案源信息以纳税人识别号为标识，一户一档建立案源信息档案。案源信息档案包括基本信息、分类信息、异常信息、共享信息和必要的信息标识等。稽查局应对案源信息分类处理，建立案源信息库；同时按照随机抽查工作要求，在案源信息档案中分级标识重点稽查对象，作为建立税务稽查随机抽查对象名录库的重要信息来源。

第二节　分析案源信息

选案部门对海量的案源信息加以分析，进而确定待查对象。这里所指的案源信息主要针对自选案源和其他案源。分析的方法包括计算机分析、人工分析、人机结合分析等方法。

计算机分析

将信息资料以纳税人为单位按年度归类进而分析。分析时可以现行业会计或纳税数字的平均比率、同类同等规模企业的会计或纳税数据或有关比率、会计及纳税数据要素之间的关系、企业内部正式的预算或预测、企业近期较正常年度的会计及纳税数据作为期望值，加以比较。在稽查实践中比较复杂，现以增值税、企业所得税为例进行分析。

增值税

稽查选案部门依托金税三期系统，对企业报送增值税纳税申报表、资产负债表、利润表和其他有关纳税资料，或者是企业公布的报表信息加以分析。模型可根据各地情况建立，也可参考《国家税务总局关于印发〈增值税日常稽查办法〉的通知》（国税发〔1998〕44号）提供的，以便对纳税人形成异常申报的原因作出初步判断。增值税分析方法包括生产能力分析法、投入产出法、能耗（电力）产出分析法、工资占成本的比例分析法、增值税税负率分析法、毛利率分析法、销售额分析法以及存货、负债、进项税额综合分析法等。

一是生产能力分析法。生产能力分析法是通过测算，取得企业不同种类产品的产量，进而根据企业的机器设备种类、数量来测算企业在一定时期的总产量，测算出产量与企业申报产量相比对，查找企业可能存在的问题。其计算公式：

生产能力测算产量 = ∑单台日产量 × 机器台数 × 测算期工作总天数

测算产量差异率 = （生产能力测算产量 − 企业申报产量）÷ 企业申报产量 × 100%

通过生产能力测算产量大于企业账面产量，企业可能存在少计产量、账外销售情况。

例如，某纺织服装企业从2017年1月份开始生产风雪衣，当年只有160台电瓶车。根据服装行业生产特性，全年生产时间为300天，每天工作时间为10小时。熟练车位最高日产10件，最低可产6件，取平均值8件，全年的产能为38.4万件。而企业申报50万件，说明企业虚报。

二是投入产出法。投入产出法是按照投入产出理论，将测算期耗用的原材料量，扣除正常损耗之后，得到产品产量，测算出产量与企业申报产量相比对，查找企业可能存在的问题。其计算公式：

$$耗用原料测算产量＝生产耗用原料量×投入产出成品率$$

$$测算产量差异率＝（耗用原料测算产量－企业申报产量）÷$$
$$企业申报产量×100\%$$

根据企业评估期原材料实际耗用数量，与产成品实际入库数量记载数的比率，如果小于参数的比率（最大值），则可能存在隐瞒销售数量或虚开增值税进项发票的情况。

例如，某白酒生产企业，以小麦为原料生产大曲酒。企业以60.5°的基础酒生产白酒，基础酒生产白酒的出酒率在35%～42%之间。2018年11月投入基础酒100吨，可生产白酒在35吨～42吨之间。假定生产的白酒全部售完，每公斤白酒销售价格800元，企业当月销售收入应在2 800万元～3 360万元之间。如果企业申报的白酒收入低于2 800万元，属于异常情况，列为稽查对象。

自2012年7月1日起，《财政部 国家税务总局关于在部分行业试行农产品增值税进项税额核定扣除办法的通知》（财税〔2012〕38号）规定，投入产出法适用于以购进农产品为原料生产销售液体乳及乳制品、酒及酒精、植物油的增值税一般纳税人增值税进项税额核定扣除。石脑油、燃料油生产乙烯、芳烃类化工产品的企业推行投入产出法控税，申请消费税退税，按《国家税务总局 海关总署关于石脑油、燃料油生产乙烯、芳烃类化工产品消费税退税问题的公告》（国家税务总局 海关总署公告2013年第29号）第六条规定，提交《乙烯、芳烃生产装置投入产出流量计统计表》。

三是能耗（电力）产出分析法。能耗（电力）产出分析法是根据制造企业生产所耗用的电力，测算分析企业的评估期能耗变动情况表（本部分提到相关表格，来自各地建立行业模型的数据采取表），与主要材料耗用变动情况表比对，查找企业可能存在的问题。对于可能虚开增值税专用发票的案件，这个方法很有效。其计算公式：

$$本期估算产品产出 = 本期耗用电力度数 \times 能耗产出率$$

$$差异率 = （本期估算产出 - 入库数量）\div 入库数量 \times 100\%$$

将推算出的产出与企业申报的产出进行比较，分析该企业是否存在隐瞒生产数量和销售收入的问题。通常差异率在-10%～10%之间，为正常区值，否则指标异常。发现企业差异率异常时，应从多方面综合分析，有针对性地结合有关指标进行分析。

工业企业的生产除少量自发电外，离不开外购电力，而企业的产品数量与耗电量成正比。企业在电力部门的耗电记录比较客观，可信度较高，系统内第三方数据可以取得。此外，可以了解企业是否与他人共用电度表，排除因共用电表而虚增耗电量的情形。当然，不能忽视涉案企业是否自备发电设备发电的情况调查。

例如，某纺织制造公司称与一家经营漂染业务的企业合用一台电表，由后者与电力公司结算后再按公司实际用电量向其收取，账上体现2017年5月至2018年3月耗电426 116度，每度按0.71元计算，支付电费302 542.36元。据调查该公司实际上在电力公司单独开户结算电费，此间实际耗用108 520度，应支付电费77 049.20元。经查实虚构电费支出225 493.16元，虚构比例达74.5%。

四是工资占成本的比例分析法。工资占成本的比例分析法是根据产品成本中工资所占的比重，测算分析企业的评估期产出，与评估期产品比对，分析是否存在账外经营或隐瞒销售收入的问题。要注意核实工资的真实性，特别关注是否虚增员工姓名的情况。其计算公式：

$$生产人员工资 = 工资耗用情况报告表中"生产成本"金额$$

产品入库金额＝产成品（库存商品）变动表中"生产入库金额"

工资产出差异率（工资）＝（生产人员工资÷工资占产品成本比重－
生产入库金额）÷生产入库金额×100%

将推算出的产出与账面实际数进行比较，分析该企业是否存在隐瞒生
产数量和销售收入的问题。差异率在-10%～10%之间，为正常区值，否则
指标异常。发现企业差异率异常时，应从多方面综合分析，有针对性地结
合有关指标进行分析。

五是增值税税负率分析法。增值税税负率分析法是通过对企业的应
纳税额与销售收入对比分析，计算出企业的实际税负率，并与本地区该
行业增值税税负预警峰值相比较，测算企业的评估期应税销售收入、材
料采购、税负率等变化情况是否在正常范围内的一种分析方法。其计算
公式：

企业增值税税负＝应纳增值税额÷累计销售额×100%

增值税税负差异＝企业增值税税负率－本地区同行业平均税负率

测算的增值税税负率低于本地区该行业增值税税负预警峰值且在
-10%以上的，则企业可能存在隐瞒销售、虚进材料等情况，高于10%以上
的也可能存在滞留票或隐瞒销售等情况。

六是毛利率分析法。毛利率是毛利额与销售收入或营业收入的百分
比，其中毛利额是收入和与收入相对应的营业成本之间的差额，计算公
式为：

销售毛利率＝（销售收入－销售成本）÷销售收入×100%

若本期销售毛利率较以前各期或上年同期有较大幅度下降，可能存在
购进货物（包括应税劳务）入账、销售货物结转销售成本而不计或少计销

售额的问题。

七是销售额分析法。将损益表中的当期销售成本加上按成本毛利率计算出的毛利额后，与损益表、增值税申报表中的本期销售额进行对比，若表中数额小且差距较大，则可能存在销售额不入账、挂账或瞒报等问题。成本毛利率计算公式如下：

成本毛利率 = 本年累计毛利额 ÷ 本年累计销售成本 × 100%

八是存货、负债、进项税额综合分析法。本分析法适用于商品流通企业。分析时，先计算本期进项税额控制数，计算公式为：

本期进项税额控制数 = [期末存货较期初增加额（减少额用负数表示）+ 本期销售成本 + 期末应付账款较期初减少数（增加额用负数表示）] × 主要外购货物的增值税税率 + 本期运费支出数 × 7%

以进项税额控制数与增值税申报表中的本期进项税额核对，若前者明显小于后者，则可能存在虚抵进项税额和未付款的购进货物提前申报抵扣进项税额的问题。

进销项增减幅度分析（比率的趋势分析）：

进项增减幅度 =（本期进项 − 上期进项）÷ 本期进项

销项增减幅度 =（本期销项 − 上期销项）÷ 上期销项

此项分析可结合加成率及存货情况分析其趋势变化是否正常。

进项占购货的比率分析：

进项占购货的比率 = 进项税额 ÷ 购进货物金额

该比率应该小于或等于购进货物的适用税率。

企业所得税

企业所得税分析包括离散分析、产品销售利润的因素分析、贡献毛益率分析等。

一是离散分析法。引入数理统计中的离散分析法，对当年年度综合预警值进行计算，预警值指标按功能划分，由监控指标和分析指标构成。监控指标对预警对象进行分行业监控，监控指标选择收入利润率。分析指标是预警系统的辅助指标，其功能是在主要指标的基础上，进一步帮助分析主要指标发生变化的原因、税收政策因素干扰程度以及税收负担的变化情况，是一组动态的指标体系，帮助判断预警对象是否异常，是否确定纳税评估和为实施纳税评估提供参考数据。分析指标侧重纵向动态比对，由收入（成本费用）变动率、应税所得率变动值、所得税税负率变动值等指标复合构成。

离散分析法计算模型如下：

$$某行业年度收入利润率平均值 = \Sigma 该行业利润大于0的企业利润总额 \div$$
$$\Sigma 该行业利润大于0的企业营业收入 \times 100\%$$

$$标准差（\sigma）= \sqrt{\Sigma（企业收入利润率 - 行业收入利润率平均值）^2 \div 样本量}$$

$$离散系数 = 标准差 \div 行业收入利润率平均值$$

某行业年度收入利润率预警值的确定：当离散系数小于0.4时，为行业收入利润率平均值减标准差；当离散系数大于0.4时，则用行业收入利润率乘上0.6。

$$当年年度综合预警值 = 当年行业年度收入利润率预警值 \times 50\% + 上年$$
行业年度收入利润率预警值 × 30%＋前年行业年度收入利润率预警值 × 20%

上述利润总额为企业所得税年度申报表（A）类第13行第2列；营业收

入为该申报表的第1行第2列。

预警当期取数的申报表数据以取数前最后一次申报的申报表为准。取数后修改申报或补充申报的，不再重新提取数据。

二是产品销售利润的因素分析。该方法是先找出影响产品销售利润的因素，然后确定各因素变动对产品销售利润影响程度，最后对产品销售利润完成情况进行全面评价。影响产品销售利润的基本因素由销售量、单位售价、单位销售成本、单位销售费用、产品等级构成。

$$销售量变动对利润的影响额 = 产品销售利润基期数 \times$$

$$（产品销售量完成率 - 1）$$

$$产品销售量完成率 = \frac{\Sigma（产品实际销售量 \times 基期单价或单位成本）}{\Sigma（产品实际销售量 \times 基期单价或单位成本）} \times 100\%$$

$$销售价格变动对利润的影响额 = 等级品实际销售量 \times$$

$$（实际等级的实际平均单价 - 实际等级的基期平均单价）$$

$$实际等级的实际平均价 = \frac{\Sigma（各等级实际销售量 \times 该等级实际单价）}{各等级实际销售量之和}$$

$$实际等级的基期平均价 = \frac{\Sigma（各等级实际销售量 \times 该等级基期单价）}{各等级实际销售量之和}$$

$$等级构成变动对利润的影响额 = 等级产品实际销售量 \times$$

$$（实际等级构成的基期平均单价 - 基期等级构成的基期平均单价）$$

$$基期等级的基期平均价 = \frac{\Sigma（各等级基期销售量 \times 该等级基期单价）}{各等级基期销售量之和}$$

$$销售成本费用变动对利润的影响额 = \Sigma[产品实际销售量 \times$$

$$（基期单位产品销售成本费用 - 实际单位产品销售成本费用）]$$

三是贡献毛益率。贡献毛益率是指贡献毛益总额占销售收入总额的百分比，或单位贡献毛益占单价的百分比。计算公式为：

贡献毛益率 =（产品销售收入－变动成本）÷产品销售收入×100%

贡献毛益是指产品销售收入减去变动成本后的差额。贡献毛益有两种表现形式：一是单位贡献毛益，即产品的销售单价减去产品的单位变动成本；二是贡献毛益总额，即各种产品的销售收入总额减去各种产品变动成本总额。贡献毛益反映了产品盈利能力水平，如果企业取得的贡献毛益不足以抵补固定成本支出，经营期就会发生亏损；如果贡献毛益恰好抵补固定成本，则企业处于保本状态；只有贡献毛益超过固定成本才能为企业提供利润。该指标对于分析企业盈利或者亏损，十分有益。

人工分析

人工分析法亦称"非数量分析法"，属于定性分析范畴，依靠选案人员的丰富实践经验以及主观的判断和分析能力，推断出事物的性质和发展趋势。这类方法主要适用于一些没有或不具备完整的历史资料和数据的事项。人工分析方法通常包括选案人员的判断、德尔菲法（Delphi Method）、集体讨论法等。

选案人员的判断

选案人员的判断建立在上级税务机关，或者本级稽查局领导提出的意见和建议基础上，依赖于这支队伍的经验、才能和直觉。有几点建议供参考：

一是毋忘历史，经验宝贵。往年逃避缴纳税款、骗取出口退税的情况比较严重的行业、地区优先安排检查。比如，前几年，福建、广东、江西等地纺织服装业骗取出口退税的案件频发，其他地区可引以为戒，更注意分析或者直接作为稽查对象。

二是从纳税申报表发现疑点。纳税人申报各种税费一般都要提交纳税申报表，通过申报表的分析，可以发现诸多问题。或者将企业自行开具发票的金额，列入《增值税纳税申报表附列资料（二）》第8b行的情形；或者纳税人通过买企业的壳，买信用等级为B级及以上者，一次性买两个月的发票量，大肆开具的情形，作为稽查对象。比如，某种植企业，2015年7月成立，从2015年8月至2017年10月，开具增值税普通发票的金额1.5亿元，开的是名贵苗木、蔬菜、大米等。疑点众多，列入稽查后，查出企业虚开增值税普通发票的事实。

三是从纳税人发票领用存销情况找出问题。通过审核纳税人领用存月报表、相关发票存根联、抵扣联、发票领用存原始记录等资料之间的数据，运用全国丢失、被盗增值税专用发票查询系统对其抵扣联进行抽查验证等人工分析办法，对于企业开具增值税发票数量骤然增加，说明有异常。

四是从随机抽查对象名录库中选取稽查对象。《国家税务总局〈税务稽查随机抽查对象名录库管理办法（试行）〉》（税总发〔2016〕73号）第十六条规定："省、市税务局应当在建立随机抽查对象名录库的基础上，通过接收、分析、整理和确认随机抽查对象的异常涉税信息并进行标识，建立随机抽查对象异常名录。"第十七条规定：符合下列情形之一的随机抽查对象，列入随机抽查对象异常名录。

1. 税收风险等级为高风险。高风险事项，《国家税务总局关于全面开展企业所得税重点税源和高风险事项团队管理工作的通知》（税总函〔2016〕148号）第二条规定：重点税源企业所得税高风险事项包括享受税收优惠政策、资产损失、不征税收入、政策性搬迁、特殊重组、弥补亏损、境外所得税收抵免等是否符合税法规定。重要行业、重点税源企业以外的其他企业所得税高风险事项包括有关优惠政策、跨年度事项、企业重组、资产损失、汇总纳税等。

2．两个年度内两次以上被检举且检查均有税收违法行为。《最高人民法院关于审理偷税抗税刑事案件具体应用法律若干问题的解释》（法释〔2002〕33号）第四条规定："两年内因偷税受过二次行政处罚，又偷税且数额在一万元以上的，应当以偷税罪定罪处罚。"《中华人民共和国刑法》（以下简称《刑法》）第二百零一条第四款规定："经税务机关依法下达追缴通知后，补缴应纳税款，缴纳滞纳金，已受行政处罚的，不予追究刑事责任；但是，五年内因逃避缴纳税款受过刑事处罚或者被税务机关给予二次以上行政处罚的除外。"

3．受托协查事项中存在税收违法行为。《国家税务总局关于印发〈税收违法案件发票协查管理办法（试行）〉的通知》（税总发〔2013〕66号）第二条规定："税收违法案件发票协查是指查办税收违法案件的税务局稽查局将需异地调查取证的发票委托有管辖权的税务局稽查局，开展调查取证的相关活动。"委托方已确定虚开发票案件、针对开票方发起专案协查。

4．长期纳税申报异常。

5．纳税信用级别为D级。《国家税务总局关于发布〈纳税信用管理办法（试行）〉的公告》（2014年第40号）第二十条规定：列举10种情形之一的纳税人，本评价年度直接判为D级。

6．被相关部门列为违法失信联合惩戒。

7．存在其他异常情况的。第十一届全国人民代表大会常务委员会第十九次会议于2011年2月25日通过的《中华人民共和国刑法修正案（八）》，在三十二条、三十四条分别删去《刑法》第二百零五条第二款、第二百零六条第二款，即虚开增值税专用发票或者虚开用于骗取出口退税、抵扣税款的其他发票，伪造并出售伪造的增值税专用发票，不会被判处死刑。这样一来，犯罪分子更加猖獗，再加上"先比对后抵扣"收效甚微，有一个企业的《海关进口增值税专用缴款书》中，显示从天津港进口钢材，卖给广东，金额达几千万元。显然不合情理，真是进口，应该从广东的相关口岸进口才是对的，经查该企业用的是中国粮食储备公司的进口商品《海关进口增值税专用缴款书》的号码，不管是"先比对后抵扣"还是"先抵扣后比对"，只是比对号段，而不是实际商品的名称、去向，如此比对形同虚设。

当下比较迫在眉睫的是要将暴力虚开发票的情形列入稽查。一是进销品名不符的情形：有的企业购进商品开具品名为手机及配件，卖出商品品名为主版或者配件，并且开具增值税发票的数量巨大；有的企业购进来的是钢管，卖出的是玻璃，虚开增值税发票的嫌疑大；有的通信公司开具通信设施租赁费、咨询费，购进商品品名为啤酒、鱿鱼之类，实在不相符。二是地理位置违背常理：有企业从广西凭祥进口煤，卖给福建邵武市，不符合生产经营的逻辑。

德尔菲法

德尔菲法又名专家意见法，是采用背对背的通信方式征询专家小组成员的预测意见，经过几轮征询，使专家小组的预测意见趋于集中，最后做出稽查对象在哪的预测结论。税务系统有大量经验丰富的业务专案专家，可问计于他们。

集体讨论法

集体讨论法主要是通过团队集体诊断，"三个臭皮匠赛过诸葛亮"，集体的智慧是惊人的。《税务稽查工作规程》第十四条规定："集体研究，合理、准确地选择和确定稽查对象。"该方法由委员会或小组作出决定。会议的所有成员，都必须就单一的决定达成共识或者基本达成共识，即提出一个每个人或者大多数人都可接纳的方案。

人机结合分析

针对计算机选案的结果，选案分析人员要结合内控机制、税收政策及征管状况、所处行业一般规律、以往检查情况进行综合分析和经验性判断，推断企业可能存在的问题，这些问题可能导致的税收问题及其严重性，进而最终确定个案重点稽查项目。人机结合分析，除了计算机选案的结果外，可以结合一些常用指标，进行结构、趋势分析，比率分析和申报情况分析。

结构、趋势分析

总体纳税情况分析，可按年度分税种作结构、趋势分析，通过分析了解企业几个年度的纳税总额情况、纳税的税种构成情况及其趋势变化，其资料的取得可以借助系统内部收入规划部门，也可参考收入规划部门的分析结果。

① 按年度分月份的纳税趋势分析。以增值税为例，可将每年12个月的销项、进项、应纳税三个数字制作曲线图，观察增值税情况的变化趋势，并可作连续几个年度此种变化趋势的比较，找出规律性的变化及异常性的变化，并将此种规律性变化与生产周期的规律性相核对，从中发现异常。常用指标为应税收入增长率，应税收入增长率计算公式为：

$$应税收入增长率 = \frac{报告期应税收入 - 基期应税收入}{基期应税收入}$$

② 收入增长与税收（销项）增长比较分析。企业营业收入与税收的增长应该同步，若不同步，则可能存在少计提税金的问题。

比率分析

比率分析涉及的指标主要有税收负担率、加成率、销售利润率、销售毛利率和成本利润率等。

① 税收负担率分析。计算出纳税人几年的税收负担率，结合地区宏观税负、行业的平均税收负担率、该企业的加成率、存货变化等因素，分析税收负担率及其变化趋势的合理性。税收负担率计算公式为：

$$税收负担率 = \frac{当期应纳税额}{当期应税收入} \times 100\%$$

上述指标与纳税情况成正比，因而一般情况下，将上述指标低于行业平均值的企业确定为重点稽查对象。

② 加成率分析。加成率反映产品销售价格与产品销售成本之间的加价关系，计算出纳税人几年的加成率，结合单位产品成本、价格及市场行情，分析加成率及其变化趋势的合理性。加成率计算公式为：

$$加成率 = \frac{产品销售收入}{产品销售成本} - 1$$

③ 销售利润率分析。销售利润率能够反映企业销售收入的获利水平。计算公式为：

$$销售利润率 = \frac{利润总额}{产品销售净收入} \times 100\%$$

产品销售净收入是指扣除销售折让、销售折扣和销售退回之后的销售净额。

④ 成本利润率分析。成本利润率反映企业销售成本的获利水平。计算公式为：

$$成本利润率 = \frac{利润总额}{产品销售成本} \times 100\%$$

⑤ 总资产报酬率分析。总资产报酬率用于衡量企业运用全部资产获利的能力。计算公式为：

$$总资产报酬率 = \frac{利润总额 + 利息支出}{平均资产总额} \times 100\%$$

$$平均资产总额 = （期初资产总额 + 期末资产总额）\div 2$$

⑥ 资本收益率分析。资本收益率分析是指企业运用投资者投入资本获得收益的能力。计算公式为：

$$资本收益率 = \frac{净利润}{实收资本} \times 100\%$$

以上第3项至第6项指标是反映企业盈利能力的指标，企业的盈利能力与所得税成正比，因而，一般情况下，当以上比率的标准数值确定后，应选择低于标准值的企业为重点稽查对象。

⑦ 流动比率分析。流动比率是流动资产与流动负债的比率，流动比率衡量企业在某一时点偿付即将到期债务的能力，又称短期偿债能力比率。计算公式为：

$$流动比率 = \frac{流动资产}{流动负债} \times 100\%$$

⑧ 速动比率分析。速动比率是企业速动资产与流动负债的比率，速动资产是指可以在较短时间内变现的资产，包括货币资金、短期投资、应收票据、应收账款、其他应收款项等。而流动资产中的存货、1年内到期的非流动资产及其他流动资产等则不应计入。速动比率能准确反映企业短期偿债能力。计算公式为：

$$速动比率 = \frac{流动资产 - 存货 - 预付费用}{流动负债} \times 100\%$$

⑨ 资产负债率分析。企业资产负债率是负债总额与资产总额的比率，资产负债率用于衡量企业负债水平高低的情况。计算公式为：

$$资产负债率 = \frac{负债总额}{资产总额} \times 100\%$$

以上第7项至第9项指标为安全性指标，用以衡量企业的偿债能力。一般而言，企业要维持正常的生产经营活动，必须持有足够的现金或随时可变现的流动资产以支付各种到期的费用账单和其他债务，否则，企业的正常经营会难以维续，甚至导致破产。但第7至第9项指标并非越高越好，指标过高证明企业的资产未得到充分利用，造成了浪费和相对的损失，因而这一项指标在适度的水平范围内是较好的状况，而适度的水平范围必须结合所在行业的平均标准且参照企业具体情况确定。

⑩ 存货周转率分析。存货周转率是企业一定时期主营业务成本与平均存货余额的比率，用于反映存货的周转速度，即存货的流动性及存货资金占用量是否合理，促使企业在保证生产经营连续性的同时，提高资金的使用效率，增强企业的短期偿债能力。存货周转率用于衡量企业在一定时期内存货资产的周转次数，是反映企业购、产、销平衡效率的一种尺度。计算公式为：

$$存货周转率 = \frac{产品销售成本}{平均存货成本}$$

$$平均存货成本 = （期初存货成本 + 期末存货成本）\div 2$$

⑪ 应收账款周转率分析。应收账款周转率也称收账比率，是企业赊销净额与平均应收账款余额的比值，用于衡量企业应收账款周转的快慢。计算公式为：

$$应收账款周转率 = \frac{赊销净额}{平均应收账款余额}$$

⑫ 流动资产周转率分析。流动资产周转率指企业一定时期内主营业务收入净额同平均流动资产总额的比率，流动资产周转率用于衡量企业流动

资产的利用效率。计算公式为：

$$全部流动资产周转天数 = \frac{全部流动资产平均余额 \times 计算期天数}{产品销售净额}$$

$$流动资产周转次数 = \frac{产品销售净额}{流动资产平均占用额}$$

⑬ 固定资产周转率分析。固定资产周转率是销售净额与固定资产平均净额的比值，固定资产周转率用于衡量固定资产的利用效率，通常用周转次数表示。计算公式为：

$$固定资产周转次数 = \frac{销售净额}{固定资产平均净额}$$

$$固定资产周转天数 = 365 \div 固定资产周转率（次数）$$

⑭ 总资产周转率分析。总资产周转率是销售净额与全部资产平均余额的比值，总资产周转率用于衡量全部资产的利用效率，其计算公式为：

$$总资产周转次数 = \frac{销售净额}{全部资产平均余额}$$

$$总资产周转天数 = 360 \div 总资产周转率（次数）$$

营运效率可能导致获利下降，所以企业的营运效率也必须保持在适度的水平范围之内，其标准可参照同行业的平均水平确定。

⑮ 利润增长率分析。利润增长率是企业本期营业利润与基期营业利润的差额同基期利润的比率，反映企业营业利润的增减变动情况，利润增长率用于衡量企业的利润增长状况。计算公式为：

$$利润增长率 = \frac{分析期利润 - 基期利润}{基期利润} \times 100\%$$

⑯ 销售收入增长率分析。销售收入增长率是分析期销售收入与基期销售收入的差额同基期销售收入的比率，销售收入增长率用于衡量企业收入增长状况。计算公式为：

$$销售收入增长率 = \frac{分析期销售收入 - 基期销售收入}{基期销售收入} \times 100\%$$

以上第10项至第16项指标是反映企业成长性比率的指标，一般而言，应选择这三项指标低于行业平均值的纳税人为待查对象。

此外，还有坏账准备金提取率（坏账准备金数÷应收款项年末余额）、固定资产综合折旧率（固定资产折旧额÷平均固定资产原值）、投资收益率（投资收益额÷长短期投资额）、业务招待费比率（业务招待费÷销售收入）。一般地说，选择这些指标高于行业平均值的纳税人为待查对象。

申报情况分析

将企业申报的各种报表、资料进行分析，特别关注销售额变化极度异常的情况。具体分析：一是针对零申报、负申报情况分析，针对纳税人的纳税申报情况进行选案，把零申报、负申报情况超过设定次数（期望值）的企业作为待查对象。二是申报表收入与发票票面金额对比，企业纳税申报表收入应大于或等于票面金额，否则，可能存在收入未入账问题。三是申报表进项与发票票面金额对比，企业纳税申报表进项应等于票面进项金额，若前者大于后者则存在多抵扣进项问题。四是进行减免税分析，即就企业忽盈忽亏情况结合有关减免税政策适用情况、市场情况进行分析，是否存在提前或推迟实现利润而少缴税问题。就长期亏损的年份和亏损金额累计情况结合市场情况和企业的生产规模状况分析亏损的合理性。

对确定的待查对象应列入案源信息库分类保管、使用。

第三节　处理案源信息

处理案源信息是指案源部门对收集的案源信息进行识别和判断，根据案源类型、纳税人状态、线索清晰程度、税收风险等级等因素，退回或者补正、移交税务局相关部门、暂存待查、调查核实（包括协查）、立案检查等分类处理的过程。处理案源信息可分为立案前处理和立案处理两个阶段，案源部门对案源信息识别判断，提出拟处理意见，填写《税务稽查案源审批表》，经稽查局负责人批准后处理，《国家税务总局关于印发〈税务稽查案源管理办法（试行）〉的通知》（税总发〔2016〕71号）第四章对案源处理作出了明确规定。

立案前处理

推送和转办的案源信息，如果纳税人不属于管辖范围，纳税人状态为非正常或者注销作退回处理；案源信息数据有误、未提供必要数据资料或者其他导致无法处理的情形，作要求补充资料或者退回处理；税收违法线索不清晰或者资料不完整，要求补充资料不能补充资料，作退回处理。案源部门制作《案源信息退回（补正）函》，退回信息来源部门或者要求信息来源部门补充资料。

检举、转办等案源信息涉及发票违法等事项，通过日常税务管理能够纠正的，经税务局负责人批准移交相关部门处理；协查事项需要提供纳税人查无此户、非正常、注销等状态证明或者提取征管资料、鉴定发票等事项，经稽查局负责人批准移交相关部门配合取证；案源信息涉及特别纳税调整事项，经税务局负责人批准移交反避税部门处理。个别地方税务局稽查局，如原浙江省台州市国税局稽查局对特别纳税调整事项，没有移交反避税部门处理，而是引用了反避税的方式在做，而且还大肆宣传，实在不妥。①

纳税人状态为非正常或者注销的督办、交办案源信息，纳税人状态为非正常、注销或者税收违法线索不清晰的检举案源信息，纳税人走逃而无法开展检查，其他不宜开展检查又无法退回的情形作暂存待查处理。

督办、交办的工作任务只涉及协助取证等事项，检举案源信息线索较明确但缺少必要的证明资料，协查案源信息不符合《国家税务总局关于印发〈税收违法案件发票协查管理办法（试行）〉的通知》（税总发〔2013〕66号）规定的直接立案条件，其他特殊案源信息存在一定疑点线索但缺少必要证明资料，经稽查局负责人批准调查核实（包括协查）。

需要调查核实（包括协查）的，由案源部门、举报受理部门或者协查部门制作《税务稽查调查核实（包括协查）任务通知书》，转送稽查局检查部门，检查部门制作《税务检查通知书（检通二）》调查核实。检查部门按照有关要求，根据调查核实结果制作《税务稽查调查核实（包括协查）报告》反馈安排调查核实任务的部门。

立案处理

立案检查要制订稽查工作计划，按《税务稽查案源管理办法（试行）》第五章的要求进行立案。

税务稽查计划

税务稽查计划是税务机关对一定时期内的工作目标、工作任务、工作进度预先做出总体安排，具体包括年度计划、阶段计划和分户计划。年度计划是各级税务机关根据税务稽查管理工作需要对本年度稽查工作作出

---

① 案件资料来源：郑阳晏、胡佳、董晓岩《取证＋谈判：两步阻止房企避税》，中国税务报，2016年6月28日。

总体安排，包括稽查工作指导思想、工作重点、目标任务、方法步骤等。《税务稽查工作规程》第十五条规定："稽查局应当在年度终了前制订下一年度的稽查工作计划，经所属税务局领导批准后实施，并报上一级稽查局备案。年度稽查工作计划中的税收专项检查内容，应当根据上级税务机关税收专项检查安排，结合工作实际确定。经所属税务局领导批准，年度稽查工作计划可以适当调整。"阶段计划是各级税务机关根据税务稽查管理工作需要对月、季或者某一时段稽查工作作出的阶段性安排。分户计划是有关部门将年度计划进行分解，向各稽查实施部门分配稽查任务，并对实施稽查的目标、时间、执行人员等作出具体的规划。

制订计划的原则包括分级分类稽查原则、协调性原则、成本效益原则和社会效益原则。

分级分类稽查原则是指制订稽查计划总体上按照分级分类办法，结合税收违法案件查处、税收专项检查、税收专项整治等相关工作统筹确定。《税务稽查工作规程》第十二条规定，省、自治区、直辖市和计划单列市税务局稽查局可以充分利用税源管理和税收违法情况分析成果，结合本地实际，按照标准在管辖区域范围内实施分级分类稽查，省、市、县三级稽查局根据案件大小、跨越区域的情况进行分工。

协调性原则是指做到计划之间、计划与环境，以及计划与目标、任务和方法的协调。一是既要保证总体计划和分阶段计划的协调性，又要保证各部门计划与整个稽查工作计划的一致性。二是保证计划与环境的协调，环境指内部环境和外部环境，内部环境包括人员素质、数量、工作能力、办公条件、经费支出等；外部环境包括法律环境、执法环境、纳税人的纳税状况等，稽查计划制订要与内外部环境相协调。三是制订计划还要考虑与目标、任务和方法的协调，即采取的方法能有效地达到目标，完成任务。

成本效益原则是指制订计划要考虑稽查的投入和产出关系，讲究稽成本，要以最少的人力、物力和财力投入，获得最佳的稽查成果，不要重复稽查，以节约成本。《税务稽查工作规程》第十五条第一款规定："稽查局必须有计划地实施稽查，严格控制对纳税人、扣缴义务人的税务检查次数。"税总发〔2016〕84号文第二十四条规定：税务局选取进户稽查对象，应当严格落实国家税务总局制订的税务检查计划制度和规范进户执法规定，切实避免多头重复检查。

社会效益原则是指通过检查纳税人履行纳税义务情况，修正纳税行为，打击逃避缴纳税款、骗取出口退税等行为，总结带有倾向性的问题，为加强税务管理提供信息。某些税务案件的查处虽然不能取得直接的经济效益，但却有很大的社会管理效益，这样的案件也必须认真查处。

立案的流程

立案要有案源，立案检查的案源包括督办、交办事项明确要求立案检查的案源：案源部门接收并确认的高风险纳税人风险信息案源，以及按照稽查任务和计划要求安排和自选的案源；举报受理部门受理的检举内容详细、线索清楚的案源；协查部门接收的协查案源信息涉及的纳税人状态正常，且存在委托方已开具《已证实虚开通知单》并提供相关证据，或者委托方提供的证据资料能够证明协查对象存在税收违法嫌疑，或者协查证实协查对象存在税收违法行为的案源；转办案源涉及的纳税人状态正常，且税收违法线索清晰的案源；经过调查核实（包括协查）发现纳税人存在税收违法行为的案源；其他经过识别判断后应当立案的案源；上级稽查局要求立案检查的案源。

稽查局应建立案源管理集体审议会议制度，负责重点稽查对象和批量案源立案或者撤销的审批。需要立案检查的案源由案源部门制作《税务稽查立案审批表》，表格样式见《国家税务总局关于印发〈税务稽查内部管理文书式样〉和〈税务稽查文书式样标准〉的通知》（国税发〔2011〕122

号），需要说明的是，稽查过程中用到的表格式样可参见该文。经稽查局负责人批准或者案源管理集体审议会议审议决定立案，在决定立案时，考虑督办案源、重要或者紧急的案源、实名检举案源。

注意立案的时间性。比如，《国家税务总局关于印发〈重大税收违法案件督办管理暂行办法〉的通知》（国税发〔2010〕103号）第七条规定："承办机关应当在接到督办机关《重大税收违法案件督办函》后7个工作日内按照《税务稽查工作规程》规定立案"。

凡案源登记有误或者案源重复；多个部门同时入户，经所属税务局负责人决定稽查局停止实施检查；不符合上级政策规定或者上级机关要求撤销案源的，提请撤销案源的部门填写《税务稽查案源撤销审批表》，经稽查局负责人批准或者案源管理集体审议会议决定，可以撤销案源。

案源分配计划经批准后，案源部门制作《税务稽查任务通知书》，附《税务稽查项目书》，列明检查所属期、检查疑点、检查时限和要求等内容，连同相关资料一并移交检查部门。

第三章

检 查

检查是指负责检查的部门接到选案部门移交的检查任务，统筹安排稽查力量，依照法定程序、采取一定的方法，收集相关涉税违法案件证据材料，制作《税务检查工作底稿》和《税务稽查报告》，连同相关证据材料移交审理部门的过程。检查前要有所准备，实施检查要履行合法程序，采用合适的方法，检查终结作好资料的整理移送。

第一节　查前准备

检查部门接到《税务稽查任务通知书》之后，在不违背回避原则的情形下，安排检查人员。检查人员应认真分析被查对象情况，制订检查方案，办理好《税务检查通知书》等文书。按《税务稽查工作规程》第二十二条规定："告知被查对象检查时间、需要准备的资料等，但预先通知有碍检查的除外。"有碍检查的情形由各级稽查局自己把握，例如举报性质，或者案情复杂、重大或涉嫌税务人员徇私舞弊的案件检查，可以不事先通知被查对象。

依法回避

税务人员在进行税务检查时，《税收征收管理法实施细则》第八条规定，与纳税人、扣缴义务人或者其法定代表人、直接责任人有夫妻关系、直系血亲关系、三代以内旁系血亲关系、近姻亲关系、可能影响公正执法的其他利害关系应当回避。《税务稽查工作规程》第七条规定："税务稽查人员有《税收征收管理法实施细则》规定回避情形的，应当回避。被查对象要求税务稽查人员回避的，或者税务稽查人员自己提出回避的，由稽查局局长依法决定是否回避。稽查局局长发现税务稽查人员有规定回避情形的，应当要求其回避。稽查局局长的回避，由所属税务局领导依法审查决定。"

上述法律、法规和规范性文件的规定，明确了税务机关及其税务稽查人员回避的要求，但回避的结果没有必要告知被查对象。

例如，上诉人南京雨花园林绿化工程有限公司（以下简称雨花园林公司）因与被上诉人江苏省南京地方税务局稽查局（以下简称南京地税稽查局）、南京市人民政府及原审第三人江苏省南京地方税务局税务行政处理及行政复议一案，不服南京铁路运输法院（2016）苏8602行初1521号行政判决，向南京市中级人民法院提起上诉，提出"南京地税稽查局未告知上诉人有申请回避的权利，违反回避的规定，程序违法。"2018年5月25日，《江苏省南京市中级人民法院行政判决书》（〔2017〕苏01行终1120号）认定：《税收征收管理法》第十二条、《税收征收管理法实施细则》第八条、《税务稽查工作规程》第七条规定，税务稽查人员应当主动申请回避的范围及被查对象要求回避时应当履行的程序，并未要求税务人员在查处税收违法案件中必须履行回避告知义务，且上诉人直至本案诉讼时也未指出本案税务稽查人员存在法定回避情形，因此，即使南京地税稽查局未告知申请回避权构成程序瑕疵，也不足以导致《税务处理决定书》应被撤销的法律后果。[①]

分析涉税资料

检查人员应对选案部门移交的选案资料进行分析，根据需要还应当收集、分析、审阅以下涉税资料，以便发现问题和线索，有重点地开展税务检查。

一是分析被查对象主体资格资料。掌握被查对象的工商营业执照、税务登记证；企业生产经营地点、经营范围、投资规模、股东及股本结构、股本变动、法定代表人、财务负责人情况等；相关合同、协议、章程；执行财务会计制度、财务电算化及财务软件的使用。分析是否存在借境外身份证明，登记注册公司，认定或者登记一般纳税人资格后，领取增值税专用发票，开具发票后注销、走逃等问题，必要时可向外经贸部门了解企业的股权情况。

---

① 案件资料来源：《南京雨花园林绿化工程有限公司与江苏省南京地方税务局稽查局、南京市人民政府行政复议一审行政判决书》，中国裁判文书网，2018年12月25日。

二是分析纳税申报资料。根据被查对象纳税申报表及附列资料，分析检查所属期间的收入、成本、费用、利润、税负、纳税调整、弥补亏损、税收优惠、税款计算、税款缴纳等主要科目和内容的勾稽关系及变动情况，结合被查对象主体资格相关资料的分析情况，制定相应的检查形式，如选择审计型检查、使用查账软件或者其他检查形式。

三是分析会计报表。会计报表是对企业财务状况、经营成果和现金流量的结构性表述，也是企业按照规定必须报送给主管税务机关的纳税资料之一。通过会计报表的分析了解被查对象生产经营期间的财务状况、资金状况和获利水平；了解被查对象存在的问题，明确检查重点，达到事半功倍的效果。对会计报表分析，主要是分析资产负债表、利润表、现金流量表及其附注，必要时结合纳税申报明细表、主要业务收支明细表、成本费用明细表、相关业务报表、统计报表等进行分析。分析时一般应以检查所属期的会计报表为主，根据具体情况可适当延1～2年进行对比分析，或根据涉税异常情况而定；还要结合财务收支计划、历史资料和日常税收征管掌握的情况，分析报表内容是否完整，各项指标的计算是否正确，报表之间以及报表各项目之间存在勾稽关系的数据是否吻合，在此基础上运用平衡分析法、比较分析法、因素分析法，将表中主要项目的绝对数或相对数与前期、历史先进水平及同行业的相关数进行比较，从中找出差距，发现矛盾，为实施检查提供方向和重点。

四是分析检举材料或第三方信息。举报人检举被查对象税收违法行为的线索，或从第三方获取的涉税违法信息，可以为税务检查实施提供重要的检查目标和范围。实施检查前，检查人员应对举报人反映的被查对象税收违法行为、手段、造成的危害及提供的相关证据资料、第三方涉税违法信息资料，结合税收征管资料、发票使用、会计报表、纳税评估等情况进行认真分析，准确判断举报内容的可信度、第三方信息是否准确，从而确定检查重点和应对措施。

制订检查方案

检查方案是指检查部门和人员在实施检查前，通过对案情进行分析、判断制定的检查工作计划。内容包括检查的背景或案件来源；对案情的分析判断或检查的理由；检查的时限、范围和重点；检查的方式方法（如调账检查或实地检查、一般检查或突击检查）；检查人员的详细分工（如突击检查的人员事先踩点）；采取必要的措施（如税收保全、调取账证资料）；办理相关文书；预计可能出现问题的应对措施；检查实施时间；检查纪律等。

本章所讲的检查是指稽查的第二个环节，与日常检查不同，不可混淆。对此，《国家税务总局关于进一步加强税收征管基础工作若干问题的意见》（国税发〔2003〕124号）第三条第（三）项也给予明确。日常检查是指税务机关清理漏管户、核查发票、催报催缴、评估问询，了解纳税人生产经营和财务状况等不涉及立案核查与系统审计的日常管理行为，是征管部门的基本工作职能和管理手段之一。征收管理部门与稽查部门在税务检查上的职责范围按以下原则划分：一是在征管过程中，对纳税人、扣缴义务人履行纳税义务的日常性检查及处理由基层征收管理机构负责。例如，《国家税务总局关于下发〈全国税务机关出口退（免）税管理工作规范（1.1版）〉的通知》（税总发〔2015〕162号）第十条第（三）项规定，出口退（免）税的日常检查由进出口税收管理部门和税源管理部门负责。二是税收违法案件的查处（包括选案、检查、审理、执行）由稽查局负责。三是专项检查部署由稽查局负责牵头统一组织。例如，《国家税务总局关于实施违规开具机动车销售统一发票的机动车企业名单公示制度的公告》（2016年第63号）第二条第（一）项规定："列入重点监控对象，适时组织税收专项检查。"各级税务机关要划清日常检查与税务稽查的业务边界。

第二节　实施检查

实施检查是稽查四个环节中的核心，没有查出问题，审理便成了无米之炊。实施检查要履行合法程序，进而收集证据，出现异常情况要果断中止或者终结检查。在国地税合并之前，尽可能联合检查。对于案情复杂、稽查力量不足或稽查人员能力水平所限无力完成案件查处任务，稽查人员徇私舞弊或严重失职而出现案件查处不合法、不公正现象的应该另行安排稽查。

履行合法程序

合法程序是指按法律、法规规定实施检查的先后次序，《行政处罚法》第三条第一款规定："公民、法人或者其他组织违反行政管理秩序的行为，应当给予行政处罚的，依照本法由法律、法规或者规章规定，并由行政机关依照本法规定的程序实施。"税务机关及其税务人员在检查过程中，《税收征收管理法》《税收征收管理法实施细则》《税务稽查工作规程》等法律、法规规定、规范性文件规定的程序，都要遵守。特别说明，福建省、湖南省、湖北省、河南省、山西省、吉林省等地已经出台的《（规范）行政执法条例》，以及将来其他省市出台的类似条例，一并要关注和遵守，现举要如下。

① 办理《税务检查通知书》。检查人员在下户检查前要办理《税务检查通知书》，上面注明检查人员的姓名、检查的时限等。《国家税务总局关于印发全国统一税收执法文书式样的通知》（国税发〔2005〕179号）对稽查局使用《税务检查通知书》字轨分别设为"稽检通一""稽检通二"两种类型，于税务检查人员在依法对纳税人、扣缴义务人实施税务检查，向有关单位和个人调查取证纳税人、扣缴义务人和其他当事人与纳税、代扣代缴、代收代缴税款有关的情况或者需要协查案件时使用。

在"稽检通一"中"自 年 月 日起对你（单位） 年 月 日至 年 月 日期间（如检查发现此期间以外明显的税收违法嫌疑或线索不受此限）涉税情况进行检查。"这样一段描述，以解决实务中可能出现拓展检查期间的问题，对此，法院也是认同的。

例如，2012年5月25日吉林省公主岭市国家税务局稽查局（以下简称稽查局）向吉林省丰达高速公路服务有限公司（以下简称丰达服务公司）送达《税务检查通知书》，就丰达服务公司2011年1月1日至2012年4月30日涉税情况进行检查。稽查局因发现丰达服务公司有其他税收违法嫌疑，5月29日将检查时段往前扩展到2010年1月1日。同年7月24日因案情复杂，经稽查局负责人批准延长至2013年4月30日。

此案在经过处罚告知、听证、行政复议等程序后，丰达服务公司提起行政诉讼。理由之一：通知检查的范围与告知书处罚的范围不符，超范围稽查应属程序违法。

法院认为，稽查局在检查过程中发现检查期间以外的税务违法嫌疑，经稽查局负责人批准将检查期限扩展，原告"超范围稽查的事实不成立。"2016年12月19日，《吉林省公主岭市人民法院行政判决书》（〔2016〕吉0381行初45号）行政判决：驳回原告丰达服务公司诉讼请求。

丰达服务公司不服，提起上诉。依据《中华人民共和国行政诉讼法》第八十九条第一款第（一）项规定，《吉林省四平市中级人民法院行政判决书》（〔2017〕吉03行终36号）判决："驳回上诉，维持原判。"[①]

② 出示税务检查证和《税务检查通知书》。实施税务检查时，要有两名以上稽查人员共同实施，并按《税收征收管理法》第五十九条规定："出示税务检查证和税务检查通知书。"被查对象在《税务检查通知书》

---

① 案件资料来源的：《吉林省丰达高速公路服务有限公司诉公主岭市国家税务局、公主岭市国家税务局稽查局税务行政处理二审行政判决书》，中国裁判文书网，2017年6月30日。

送达回证上签字，以示送达。税务检查证的出示，可用《见证单》，让被查对象签字确认。

如何证明税务检查证已出示？一种办法是在《税务检查通知书》的送达回证上让被查对象注明已查看了检查人员的税务检查证，写明检查证号码。第二种做法是制作税务检查证出示证明或者税务检查证见证单。

例如，上诉人南京雨花园林绿化工程有限公司（以下简称雨花园林公司）因与被上诉人江苏省南京地方税务局稽查局（以下简称南京地税稽查局）、南京市人民政府及原审第三人江苏省南京地方税务局税务行政处理及行政复议一案，不服南京铁路运输法院（2016）苏8602行初1521号行政判决，向南京市中级人民法院提起上诉。提出"原审法院查明事实中认定2014年7月29日检查人员杨某强、朱某丽在税务检查时出示了税务检查证件一节与事实不符的问题。"2018年5月25日，《江苏省南京市中级人民法院行政判决书》（〔2017〕苏01行终1120号）认定："在案证据《税务检查证出示证明》载明：'在对雨花园林公司实施税务检查时，已向当事人出示了执法证件。'该《税务检查证出示证明》列明了税务检查人员姓名和税务检查证号，并经雨花园林公司盖章确认。雨花园林公司对原审法院关于该节事实认定提出的异议，因无事实依据，本院不予采纳。"

《税务检查通知书》的送达回证要有两名有执法资格的税务稽查人员签字，否则违反程序。承上例，上诉人雨花园林公司提出《税务检查通知书（二）》（宁地税稽三检通二〔2015〕7号）送达回证只有一名检查人员签字，违反程序规定。一人签字显然不可以，虽属疏漏，但明显违反程序。好在有其他办法来佐证、补救。《江苏省南京市中级人民法院行政判决书》（〔2017〕苏01行终1120号）认定：经查，该税务文书送达回证加盖有受送达人公司印章，并注有"检查人员谈某华、朱某丽出示检查证"字样，能够证明南京地税稽查局对相关单位实施税务检查及相关文书送达程序符合《税务稽查工作规程》第二十二条第二款中关于检查应当由两名以上检查人员共同实施的规定。[①]

③ 出具《调取账簿资料通知书》和《调取账簿资料清单》。税务机关行使《税收征收管理法》第五十四条第一款第（一）项职权，《税收征收管理法实施细则》第八十六条规定，必要时，经县级以上税务局（分局）局长批准，可以将纳税人、扣缴义务人以前会计年度的账簿、记账凭证、报表和其他有关资料调回税务机关检查，但是税务机关必须向纳税人、扣缴义务人开付清单，并在 3 个月内完整退还；有特殊情况的，经设区的市、自治州级以上税务局局长批准，税务机关可以将纳税人、扣缴义务人当年的账簿、记账凭证、报表和其他有关资料调回检查，但是税务机关必须在30日内退还。

前文所指税务机关向纳税人、扣缴义务人开付清单，需要办理的手续，在《税务稽查工作规程》第二十五条明确："向被查对象出具《调取账簿资料通知书》，并填写《调取账簿资料清单》交其核对后签章确认。"

④ 向被询问人送达《询问通知书》并告知相关事项。在检查过程中可能涉及向当事人或者其他人员询问的情况。《税务稽查工作规程》第二十七条规定："询问应当由两名以上检查人员实施。除在被查对象生产、经营场所询问外，应当向被询问人送达《询问通知书》。询问时应当告知被询问人如实回答问题。询问笔录应当交被询问人核对或者向其宣读；询问笔录有修改的，应当由被询问人在改动处捺指印；核对无误后，由被询问人在尾页结束处写明'以上笔录我看过（或者向我宣读过），与我说的相符'，并逐页签章、捺指印。被询问人拒绝在询问笔录上签章、捺指印的，检查人员应当在笔录上注明。"

---

① 案件资料来源：《南京雨花园林绿化工程有限公司与江苏省南京地方税务局稽查局、南京市人民政府行政复议一审行政判决书》，中国裁判文书网（有改动），2018年12月25日。

⑤凭《检查存款账户许可证明》查询存款账户。获得纳税人的资金信息是办案的重要一环，《税收征收管理法》第五十四条第一款第（六）项规定："经县以上税务局（分局）局长批准，凭全国统一格式的检查存款账户许可证明，查询从事生产、经营的纳税人、扣缴义务人在银行或者其他金融机构的存款账户。税务机关在调查税收违法案件时，经设区的市、自治州级以上税务局（分局）局长批准，可以查询案件涉嫌人员的储蓄存款。"

⑥填写《查封商品、货物或者其他财产清单》。《税收征收管理法实施细则》第四十七条规定，税务机关查封商品、货物或者其他财产时，必须开付清单。《税务稽查工作规程》第三十五条第三款规定："采取查封商品、货物或者其他财产措施时，应当填写《查封商品、货物或者其他财产清单》，由纳税人核对后签章。"

⑦税务机关实施扣押时，须开具专用收据。《税收征收管理法实施细则》第四十七条规定："税务机关扣押商品、货物或者其他财产时，必须开付收据。"《税务稽查工作规程》第三十五条第三款规定："采取扣押纳税人商品、货物或者其他财产措施时，应当出具《扣押商品、货物或者其他财产专用收据》，由纳税人核对后签章。"

⑧送达《税务协助执行通知书》。税务机关采取查封、扣押有产权证件的动产或者不动产措施时，通知产权交易部门不得办理过户手续。《税务稽查工作规程》第三十五条第四款规定："应当依法向有关单位送达《税务协助执行通知书》，通知其在查封、扣押期间不再办理该动产或者不动产的过户手续。"

⑨制作查封、扣押现场笔录。现场笔录由当事人和行政执法人员签名或者盖章，当事人拒绝的，在笔录中予以注明。《税务稽查工作规程》第三十一条第三款规定，当事人拒绝在现场笔录上签章的，检查人员应当在笔录上注明原因；如有其他人员在场，可以由其签章证明。

收集证据

收集证据是检查的核心内容，在本人出版的《涉税案件证据收集实务》中已说得很清楚。该书结合本人亲身经历查办的案件，以及省内外近几年来查结并对外公开的重大涉税案件，收录典型案例26个，深入浅出地进行分析。全书共14章，对证据基本概念、证据分类到证据收集规则、原则和忌讳，再到各种涉税案件证据的收集方法都有阐述并加以认真分析。对《税收征收管理法》《中华人民共和国刑法》（以下简称《刑法》）中列举的危害税收征管的常见违法行为和罪名逐个分析，阐述主体、客体、主观、客观方面的证据收集要求，最后阐明稽查结束形成《税务稽查报告》《案件检查工作报告》。全书具有比较完整的体系，这里不再赘述。在取证过程中，有如下问题值得注意。

① 违法事实一定要查清，要形成完整的证据链。税务机关所下的结论要有依据，要能经得起司法部门的检验。否则，一旦引发诉讼，就会败诉。

例如，被告沈阳市国家税务局第二稽查局（以下简称稽查局）与原告辽宁省万鑫药业有限公司（以下简称万鑫药业公司）行政处罚纠纷一案，稽查局作出的《税务行政处罚决定书》（沈国税稽二罚〔2017〕11号）中事实是否清楚是一个关键的问题。本案中，原告万鑫药业公司是否于2010年～2012年3月从金贸公司购进新马公司生产的开顺药品是认定是否构成接受虚开的核心。稽查局依据CTAIS系统数据：此间，新马公司开具销售货物发票总额87.44%的受票方是沈阳悦德瑞驰医药有限公司（以下简称悦德瑞驰公司），悦德瑞驰公司开具销售货物发票总额90.22%的受票方是河北德泽龙医药有限公司（以下简称德泽龙公司）。而同期新马公司、悦德瑞驰公司、德泽龙公司均未向金贸公司销售过开顺药品，稽查局进而认定金贸公司不具有开顺药品货源，这一结论不能成立。因药品具有流通性，被告在未取得金贸公司财务凭证、未核实金贸公司开顺药品业务往来，即未排除金贸公司可能通过其他公司购进开顺药品的情况下，仅以上述三家公司的开票信息中无金贸公司，便否定金贸公司具有开顺药品货源，不能向万鑫药业公司提供开顺药品的结论不能成立。如果稽查局认为万鑫药业公司与金贸公司之间没有真实的货物交易，被告应查清万鑫药业公司购进开顺药品的来源。被告在没有充分证据证明万鑫药业公司与金贸公司之间不存在真实的开顺药品交易关系的情况下，属于未查清基本的案件事实就认定原告接受虚开，依据《行政诉讼法》第七十条第一款（一）、（三）项规定，沈阳市浑南区人民法院作出（2017）辽0112行初27号行政判决：撤销被告稽查局于2017年3月1日做出的《税务行政处罚决定书》（沈国税稽二罚〔2017〕11号）。

②稽查文书填写要全，否则有麻烦。稽查文书是税务局的稽查局向被查对象出具的公文，现行税务稽查文书的种类、填写规范，主要参考《国家税务总局关于印发全国统一税收执法文书式样的通知》（国税发〔2005〕179号），国家税务总局公告2021年第23号、2018年第35号、2017年第33号所列表格及使用说明，填写不规范是有风险的。

例如，2013年11月北京盛强达贸易有限责任公司不服北京市海淀区国家税务局稽查局作出的税收保全措施决定，向海淀区人民法院提起诉讼。2014年4月18日，《北京市海淀区人民法院行政判决书》（〔2014〕海行初字第118号）指出，依据《中华人民共和国行政强制法》（以下简称《行政强制法》）第三十一条的规定，行政机关制作的冻结决定书应当载明项目，本案被诉税收保全措施决定中，对冻结存款的期限没有针对原告予以明确，仅在送达给相关银行的冻结存款通知中对冻结期限进行了确认。被诉税收保全措施决定存在的上述问题虽然不符合《行政强制法》的规定，但原告至今未履行相关义务，冻结存款尚在有效期内，该期限的明确未对原告的权利义务产生实质性的影响，上述问题不足以导致被诉税收保全措施决定的违法，尚属瑕疵，望被告在以后的行政行为中予以纠正。[1]

---

[1] 案件资料来源：《北京盛强达贸易有限责任公司与北京市海淀区国家税务局稽查局其他一审行政判决书》，中国裁判文书网，2014年4月18日。

本案中，人民法院没有因为《冻结决定书》填写不规范，判令海淀区国家税务局稽查局败诉，却也明确指出文书中存在的不足，这是税务机关必须改正的地方，工作负责，填写清楚，否则难保今后其他法院不以此说事。

③ 与案件事实有关联书证要全面收集。证据的关联性又称为证据的相关性，是指证据与案件的待证事实具有一定的关系。证据只有与案件事实具有关联性才能被采用，与案件事实没有关联的证据，对于案件事实的认定没有意义，不能作为定案的依据。证据的相关性是相对的，而不是绝对的，是具体的，而不是抽象的。从哲学的角度看任何事物都存在一定的关联性，只是关联的方式、关联的程度和关联的性质不同而已。涉税案件证据的关联性是指证据与案件事实的认定具有法律意义上的联系，而不是指哲学上客观事物的普遍联系。正如美国法学家威廉姆斯（Williams）所说："关联性是指证据与意图证明的争议事实之间存在着合理的关系，如果证据与该事实关系极为微小，或者没有足够的证明价值，那就是无关联的。"判断税务案件证据关联性的标准：该证据所要证明的内容与税案事实有关；证据所证明的问题对税案事实认定具有实质性意义；证据对于要证明的事实具有证明力。

要全面收集有关联的书证，否则会败诉。

例如，2008年12月3日，江西省第一房屋建筑公司（以下简称建筑公司）与海南省临高县交通运输局（原临高县交通局）签订合同，承包临高县2008年农村公路通畅工程第三标段施工工程，合同金额7 306 720.55元。建筑公司海南分公司临高县工程项目负责人王某波通过县地方税务局建安所原税收专管员王某平，于2009年1月21日至2010年2月4日代开12张统一发票给临高县交通运输局，票面金额合计3 534 000元，款项已支付。2012年县地方税务局在建安发票专项检查中发现上述发票均为假发票，将案件移送海南省地方税务局第三稽查局（以下简称稽查局）。稽查局经立案调查，2013年7月3日作出处理决定：建筑公司补缴营业税、城建税、教育费附加、企业所得税合计218 996.40元，加收滞纳金110 460.07元。同日，作出《税务行政处罚事项告知书》（琼地税三稽罚告〔2013〕7号），拟对少缴的营业税、城建税、企业所得税合计215 815.80元处50%的罚款。建筑公司申请听证，经听证后稽查局于2013年10月9日作出处罚决定书。

建筑公司不服，2014年1月9日向儋州市人民法院提起行政诉讼，同年1月16日法院受理。经过审理，《海南省儋州市人民法院行政判决书》（〔2014〕儋行初字第12号）判决：稽查局作出的处罚决定书，主要证据不足，依照《行政诉讼法》第五十四条第（二）项第1目、第4目的规定予以撤销。[①]

本案之所以法院受理并且稽查局败诉，主要焦点为建筑公司税款是否缴纳。法院的意见早已亮出，而稽查局却未理会。2012年8月10日，《临高县人民法院刑事判决书》（〔2012〕临刑初字第63号）认定，王某平开具65张假发票（其中包含涉案假发票11张）的行为是利用职务之便，贪污包括涉案11张假发票在内的税款共计1 107 458.68元，构成贪污罪。建筑公司通过王某平已向临高县地税局缴纳了涉案税款，只是该税款被王某平贪污而未上缴。稽查局认定建筑公司未按税法规定缴纳税款，其主要证据不足。

稽查局作出的处理、处罚决定书均在2013年，法院对王某平的判决在2012年，稽查局没有收集法院对王某平的刑事判决书，有两种可能，不管何种情形都是不被允许的：一种可能是真的漏了，导致处理、处罚决定书证据不足，判决书是一份重要书证，本应收集。《最高人民法院关于行政诉讼证据若干问题的规定》（法释〔2002〕21号）第七十条规定，生效的人民法院裁判文书确认的事实，可以作为定案依据。另一种情形，可能

---

① 案件资料来源：《江西省第一房屋建筑公司与海南省地方税务局第三稽查局税务行政纠纷一案判决书》，2015年7月6日，中国裁判文书网。

是税务方与法院认识不同，有意不收集。根据法律规定，人民法院作出的已经发生法律效力的判决，具有最终法律效力，非经司法程序任何单位或者个人不得改变，即使已生效的判决确实有错误，也应向有管辖权的人民法院反映，由人民法院通过审判监督程序予以纠正，行政机关无权直接改变。处理决定书认定建筑公司未纳税的事实与刑事判决认定事实相冲突，实际上是否定已生效判决的法律效力，是不被允许的。在生效判决已认定王某平贪污的是税款的情况下，稽查局作出的处罚决定认定建筑公司少缴税款，与人民法院的生效判决相抵触，也是不能被接受的。

④ 注意收集电子数据的程序。《最高人民法院 最高人民检察院 公安部关于办理刑事案件收集提取和审查判断电子数据若干问题的规定》（法发〔2016〕22号）第一条规定，电子数据是案件发生过程中形成的，以数字化形式存储、处理、传输，能够证明案件事实的数据。电子数据包括网页、博客、微博、朋友圈、贴吧、网盘等网络平台发布的信息；手机短信、电子邮件、即时通信、通讯群组等网络应用服务的通信信息；用户注册信息、身份认证信息、电子交易记录、通信记录、登录日志等信息；文档、图片、音视频、数字证书、计算机程序等电子文件。

《国家税务总局关于贯彻〈税收征收管理法〉及其实施细则若干具体问题的通知》（国税发〔2003〕47号）第十六条规定："对采用电算化会计系统的纳税人，税务机关有权对其会计电算化系统进行查验；对纳税人会计电算化系统处理、储存的会计记录以及其他有关的纳税资料，税务机关有权进入其电算化系统进行检查，并可复制与纳税有关的电子数据作为证据。"法发〔2016〕22号文第六条、第五条规定，初查过程中收集、提取的电子数据，以及通过网络在线提取的电子数据，可以作为证据使用。对作为证据使用的电子数据，应当采取扣押、封存电子数据原始存储介质，计算电子数据完整性校验值，制作、封存电子数据备份，冻结电子数据，对收集、提取电子数据的相关活动进行录像等方法保护电子数据的完整性。

收集电子数据的程序，在法发〔2016〕22号文第十四条至第十七条分别作出如下规定。

第一，制作笔录。收集电子数据应制作笔录，记录案由、对象、内容以及收集、提取电子数据的时间、地点、方法、过程，并附电子数据清单，注明类别、文件格式、完整性校验值等，由侦查人员、电子数据持有人（提供人）签名或者盖章；电子数据持有人（提供人）无法签名或者拒绝签名的，应在笔录中注明，由见证人签名或者盖章；有条件的应对相关活动进行录像。

第二，寻找证人。收集电子数据应根据刑事诉讼法的规定，由符合条件的人员担任见证人。客观原因导致无法由符合条件的人员担任见证人的应在笔录中注明情况，并对相关活动进行录像。针对同一现场多个计算机信息系统收集、提取电子数据的，可以由一名见证人见证。

第三，检查电子数据。对扣押的原始存储介质或者提取的电子数据，可以通过恢复、破解、统计、关联、比对等方式进行检查，必要时可以进行侦查实验。检查时应对电子数据存储介质拆封过程进行录像，并将电子数据存储介质通过写保护设备接入到检查设备进行检查；有条件的制作电子数据备份，对备份进行检查；无法使用写保护设备且无法制作备份的，应当注明原因，并对相关活动进行录像。检查时应当制作笔录，注明检查方法、过程和结果，由有关人员签名或者盖章。进行侦查实验的应制作侦查实验笔录，注明侦查实验的条件、经过和结果，由参加实验的人员签名或者盖章。

第四，作出鉴定意见或者报告。对电子数据涉及的专门性问题难以确定的，由司法鉴定机构出具鉴定意见，或者由公安部指定的机构出具报告。

⑤注意所收集鉴定意见的严谨性。鉴定意见是指各行业的专家对案件（项目）中的专门性问题出具的专门性意见，涉税案件可能遇到的鉴定类型有三种，包括伪造、变造文书鉴定；打印、复印、印刷文书鉴定；生产能力的鉴定。收集鉴定意见，须注意其严谨性，如果制作不严密，漏洞百出，则不能作为定案的依据。否则，一旦诉讼，会有败诉的风险。

例如，王某于2000年开始担任山东省烟台冷冻空调设备厂（以下简称设备厂）厂长。2003年，王某授意会计人员设立账外账，将正常销售业务中未开具发票的销售收入记入该账，纳税申报时隐匿该部分销售收入，达到不缴或少缴增值税、企业所得税的目的，偷税数额共计36万余元，偷税数额占应纳税额比例为69.4%。此案由烟台市公安局芝罘分局经侦大队办理，烟台市芝罘区人民检察院为公诉机关，区人民法院依法审理。《山东省烟台市芝罘区人民法院刑事判决书》（〔2008〕烟芝刑初字第387号）认为王某的行为侵犯了国家税收征管制度，构成偷税罪，判决被告人王某有期徒刑三年，缓刑四年，并处罚金40万元。

数年后，王某提出原审判决证据不确实、不充分请求撤销，宣告其无罪。2013年11月6日，《山东省烟台市芝罘区人民法院刑事裁定书》（〔2012〕芝刑监字第17号）裁定再审。再审认为据以认定原审被告人王某犯偷税罪的主要证据是《山东衡信司法鉴定中心司法鉴定书》（〔2008〕司会鉴字第1号）和王某对公诉机关据司法鉴定书指控其犯罪事实的认可，而该"事实"至今不确定或不能排除合理怀疑。

首先，鉴定意见所称偷增值税的数额不能确定。原审和再审中，公诉机关均未按法院的《补充材料函》提供设备厂的税务登记证等相关证据，对设备厂是增值税一般纳税人还是小规模纳税人不确定，继而其税率和增值税额不确定。如果根据被告供述和证人证言认定设备厂系增值税一般纳税人，根据司法鉴定书和法院对山东衡信司法鉴定中心工作人员王某敏的调查，设备厂账外欠缴增值税额按该厂账外利润乘以17%的增值税税率计算，存在应当抵扣的当期进项税而没有证据证明已经抵扣，鉴定意见书中增值税的数额不能确定。城市建设维护税、教育费附加的数额分别按增值税的7%和3%计算，这两种税额亦不确定。

其次，鉴定意见所偷企业所得税的数额不能确定。司法鉴定书根据设备厂设立的账外账计算出销售收入，扣除相关费用（无正式发票的费用未计算在内），计算出企业利润，再按33.3%的企业所得税税率计算企业所得税。王某供述设备厂在2003年前后处于亏损状态，王某敏在接受法院调查时讲："通过核查，该企业在2003年前后均每年亏损，而我们在该表中列明的账外利润没有弥补该厂近五年来的亏损，只对账外账的利润计算了应交税额。"烟台地税局芝罘分局出具的该厂纳税证明显示：2001年缴纳了企业所得税，2002年至2003年未缴纳企业所得税，说明该厂在2003年之前账内可能经营亏损。尽管《国家税务总局关于查增应纳税所得额弥补以前年度亏损处理问题的公告》（2010年第20号）规定，从2010年12月1日开始，税务机关对企业以前年度纳税情况进行检查时调增的应纳税所得额，凡企业以前年度发生亏损，且该亏损属于企业所得税法规定可以弥补的，允许调增的应纳税所得额弥补该亏损。此前，《国家税务总局关于企业所得税若干业务问题的通知》（国税发〔1997〕191号）第一条第（一）项规定，其查增的所得额部分不得用于弥补以前年度的亏损，但公诉机关没有对此提供相关证据，因此有理由认为上述企业所得税额是不确定的。

再次，鉴定意见的认定不能排除合理怀疑。《刑事诉讼法》第五十三条规定："对一切案件的判处都要重证据，重调查研究，不轻信口供。只有被告人供述，没有其他证据的，不能认定被告人有罪和处以刑罚。"虽然原审中被告人认罪，但在法院要求公诉机关补充证据材料而其未予补充时，参与司法鉴定的王某敏对该鉴定书关于设备厂2003年度各项税额的认定作出其可能与客观事实不符的说明时，不能排除合理怀疑。

因此，该鉴定书不能作为定案的依据，亦不能认定被告人王某犯偷税罪。《山东省烟台市芝罘区人民法院刑事判决书》（〔2014〕烟芝刑再初字第1号）认为，原审认定被告人王某犯偷税罪事实不清，证据不足。依照《刑事诉讼法》第二百四十三条第一款、第五十三条的规定，撤销本院（2008）烟芝刑初字第387号刑事判决。[①]

⑥ 在收集证据的过程中，检查人员要文明执法，如果遇到被查对象抵制甚至动粗时，应立即报警，司法机关将以妨害公务罪进行处理。

例如，2017年8月25日14时许，原上海市国家税务局普陀分局第六税务工作人员蔡某阳、殷某喜等人对上海嗨逸装饰设计工程有限公司进行税务检查，遭到支某某抢夺涉税资料，支某某在冲突过程中用脚踢税收管理员蔡某阳下身，致其受伤。经司法鉴定，蔡某阳因外力作用致外伤性血尿，构成轻微伤。依照《刑法》第二百七十七条第一款、第六十七条第三款、第七十二条第一款、第七十三条第一款、第三款规定，2018年4月16日，《上海市普陀区人民法院刑事判决书》（〔2018〕沪0107刑初320号）判决：支某某犯妨害公务罪，判处拘役五个月，缓刑五个月。[②]

中止检查

中止检查是指半途停止检查。当事人被有关机关依法限制人身自由，账簿、记账凭证及有关资料被其他国家机关依法调取且尚未归还等情形，《税务稽查工作规程》第四十四条规定，检查部门可填制《税收违法案件中止检查审批表》，附相关证据材料，经稽查局局长批准后可中止检查。中止检查的情形消失后，及时填制《税收违法案件解除中止检查审批表》，经稽查局局长批准后恢复检查。目前，能限制人身自由的部门只有公安机关、监察委员会等。

---

① 案件资料来源：《王某偷税案再审刑事判决书》，中国裁判文书网（有改动），2015年2月13日。
② 案件资料来源：《妨害公务一审刑事判决书》，中国裁判文书网（有改动），2018年9月29日。

依公安机关移交证据可正常检查，不得中止检查。

例如，2015年6月，太原市地方税务局稽查局（以下简称地税稽查局）对山西永鑫跃达贸易有限公司（以下简称永鑫公司）2004年4月1日至2014年12月31日的涉税情况进行检查。同年9月25日作出《税务处理决定书》《税务行政处罚决定书》，永鑫公司桑某同日签收。

永鑫公司不服稽查局的处罚决定，按程序向法院起诉。一审法院认为："永鑫公司实际控制人张某勇于2015年1月13日已被羁押，公司的银行转账收款凭证、银行对账单等于2014年10月、11月已被太原市公安局查封扣押，原告客观上无法提供相关凭证，被告据此认定原告的行为属于偷税系认定事实不清、适用法律错误。"太原市杏花岭区人民法院判决撤销被告稽查局作出的《税务行政处罚决定书》（并地税稽罚〔2014〕稽3020号），责令稽查局对原告永鑫公司涉税一事重新作出行政行为。

2018年7月国地税合并后，国家税务总局太原市税务局稽查局（以下简称税务稽查局）不服一审判决提起上诉。《山西省太原市中级人民法院行政判决书》（〔2019〕晋01行终301号）判决："驳回上诉，维持原判。"税务稽查局不服，申请再审。再审法院认为，"本案被申请人作为企业法人，虽公司相关负责人被限制人身自由，但申请人依据公安机关移交的涉税证据可以正常开展税务检查工作"不属于"致使检查暂时无法进行的"情形，申请人未中止对该案的税务检查并未违反《税务稽查工作规程》第四十四条的规定，不存在程序违法。《山西省高级人民法院行政裁定书》（〔2019〕晋行申278号）裁定：本案指定太原市中级人民法院再审。再审期间，中止原判决的执行。[①]

[①] 案件资料来源：《国家税务总局太原市税务局稽查局与山西永鑫跃达贸易有限公司行政处罚再审审查与审判监督行政裁定书》，中国裁判文书网（有改动），2019年12月30日。

终结检查

终结检查就是停止检查，更多的有着无奈的成分。当被查对象死亡、被依法宣告死亡或者依法注销，且无财产可抵缴税款或者无法确定税收义务承担主体，被查对象税收违法行为均已超过法定追究期限时，《税务稽查工作规程》第四十五条规定，检查部门可以填制《税收违法案件终结检查审批表》，附相关证据材料，移交审理部门审核，经稽查局局长批准后终结检查。

企业注销但还有法定税收义务需要履行的应继续检查。

例如，2011年3月至2012年5月，林某彬、代某庆、宗某亮等3人先后注册成立了包头市博嘉贸易有限公司（以下简称博嘉公司）、包头市源弘润矿业有限公司（以下简称源弘润公司）、包头富顺康矿业有限责任公司、包头市卓屹矿业有限公司等4家开票公司，三人为公司的实际控制人，其他工作人员包括张某丽、张某杰、耿某飞等。以上4家公司在没有真实交易的情况下，大肆对外虚开增值税专用发票，涉及全国16个省、自治区、直辖市的170余户企业。为逃避打击，林某彬、代某庆、宗某亮分别于2011年10月、2012年5月将博嘉公司、源弘润公司进行税务注销。经包头市税务局稽查局认定，上述公司涉嫌对外虚开增值税专用发票8 965份，合计金额878 707 239.61元，税额149 380 229.57元，价税合计1 028 087 469.18元；用于非法抵扣进项税额合计137 441 611.51元。代某庆、宗某亮、张某杰分别于2018年1月31日、2月2日、3月7日主动向公安机关投案，张某丽、林某彬与耿某飞分别于2018年1月30日、31日被公安机关抓获。

依照《刑法》第二百零五条、第二十五条、第二十七条、第六十四条、第六十七条第一款、第三款、第六十八条、第六十九条、第七十二条、第七十三条、第七十七条、《最高人民法院关于处理自首和立功若干具体问题的意见》第五条规定，2019年8月9日内蒙古自治区包头市中级人民法院以虚开增值税专用发票罪，作出（2019）内02刑初3号刑事判决。判处上述人员有期徒刑三年至无期徒刑不等刑罚，处以罚金5万元至没收个人全部财产，对各被告人的违法所得予以追缴。

林某彬等人不服，提起上诉。依照《刑事诉讼法》第二百三十六条第一款第（一）项、第二百四十四条规定，《内蒙古自治区高级人民法院刑事裁定书》（〔2019〕内刑终213号）裁定："驳回上诉，维持原判。"[①]

企业注销但还有财产可抵缴税款的应继续检查。一些个人独资企业在税务稽查人员进入检查以后，将企业注销，认为这样可以躲避检查，其实不然，个人独资企业的原投资人对债务承担偿还税款的责任。《中华人民共和国个人独资企业法》（以下简称《个人独资企业法》）第二条规定："个人独资企业，是指依照本法在中国境内设立，由一个自然人投资，财产为投资人所有，投资人以其个人财产对企业债务承担无限责任的经营实体。"第二十八条规定："个人独资企业解散后，原投资人对个人独资企业存续期间的债务仍应承担偿还责任。"

个人独资企业债务包括税款。《个人独资企业法》第二十九条规定：个人独资企业解散的，财产应当按照所欠职工工资和社会保险费用、所欠税款、其他债务顺序清偿。

例如，山西省壶关县帮运加油二站（以下简称加油二站）系个人独资企业，投资人李某花。2015年5月11日，山西省长治市国家税务局稽查局接到举报后，决定对加油二站涉嫌偷税问题立案调查，次日下达《税务检查通知书》。经查实，在2013年1月至2014年11月加油二站采用购销不入账的手段，销售柴油761 490升，少申报销售额4 166 340.24元。同年8月13日办理工商注销登记，同年12月29日作出《税务处理决定书》（长国税

---

① 案件资料来源：林某彬、张某丽等与代某庆、宗某亮等虚开增值税专用发票、用于骗取出口退税、抵扣税款发票罪二审刑事裁定书，中国裁判文书网（有改动），2020年1月6日。

稽处〔2015〕66号），决定追缴增值税708 277.84元；作出《税务行政处罚决定书》（长国税稽罚〔2015〕62号），决定对所偷税款处50%罚款，即354 138.92元，并于同日送达。[①]

第三节　检查结束

检查结束时要复核相关内容，告知被查对象相关税务事项，制作《税务稽查报告》，将资料移交审理部门。

复核

税务检查结束后，检查人员应根据税务检查方案，对整个案件加以复核，复核内容包括被查对象主体的确定、程序的履行、证据资料的取得、数据计算、文书的使用和格式的填写等。

① 被查主体是否准确，核对所查对象是否就是应查对象。比如，核对被查对象的名称是否变更；《税务检查通知书》上的被查对象全称是否与其公章吻合；被查对象实际经营人与实施检查时的实际经营人是否一致；被查对象的法定代表人与实际经营人是否一致等。

② 程序是否合法、手续是否完备。比如，是否为两人以上检查；是否出示税务检查证并发出《税务检查通知书》；是否履行回避和告知权利义务；调账检查和采取税收保全措施等办法的审批手续是否齐全；送达文书与送达回证是否对应等。

③ 证据资料是否确实、充分。确认所取得的各种证据资料是否完整、齐全；证据与证据之间是否存在矛盾；是否需要补证，所形成的证据能否

---

① 案例资料来源：李某花与国家税务总局长治市税务局稽查局、国家税务总局长治市税务局其他二审行政裁定书，中国裁判文书网（有改动），2018年12月5日。

足以证明被查对象的违法事实；取得证据的当事人是否核对签章，有无注明资料出处，税务稽查人员是否签章等。

④ 数据计算是否准确。所取得的证据资料上的数据与《税务稽查工作底稿》的数据是否吻合；检查人员自制的各类表格上的数据来源和合计数是否准确等。

⑤ 稽查文书及其格式是否正确。复核有否错用、混用法定稽查文书；是否严格按照文书的使用说明规范填写，例如《税务稽查报告》的内容是否完整，违法事实是否清楚、定性是否准确，适用的税收法律、法规是否准确，引用条文是否全面，违法事实认定、自由裁量权行使是否说明充分，拟处理处罚是否适当等；是否有填写不完整或错填、漏填的项目和内容；《税务事项通知书》是否经被查对象有关部门、人员核对，被查对象是否提出异议以及核实情况等。

告知税务事项

《税务稽查工作规程》第四十一条规定："检查结束前，检查人员可以将发现的税收违法事实和依据告知被查对象；必要时，可以向被查对象发出《税务事项通知书》，要求其在限期内书面说明，并提供有关资料；被查对象口头说明的，检查人员应当制作笔录，由当事人签章。"《税务事项通知书》的内容包括：告知被查对象依法认定的涉税违法事实，并分项予以列明。《税务事项通知书》须加盖实施税务检查的稽查局公章；被查对象在签署签证意见时应态度明确，不得使用模棱两可的词语；被查对象在《税务事项通知书》的签证意见处不足以书写签证意见时，可另行书写签证意见，由被查对象的法定代表人亲笔签名、加盖被查对象的公章作为《税务事项通知书》的附件，并由被查对象在《税务事项通知书》和附件上加盖骑缝章。

被查对象对告知的涉税违法事实无异议，检查人员应制作《税务稽查报告》。被查对象对告知的涉税违法事实有异议，稽查人员应认真听取被查对象的陈述和申辩，做好询问笔录，或由被查对象提供书面材料或相关证据资料。检查人员对被查对象的陈述和申辩意见和新提供的证据资料要进行认真地分析、认定，必要时补充稽查。当重新认定的涉税违法事实与原税务事项通知书的内容不符时，应重新制作《税务事项通知书》，但原《税务事项通知书》不得销毁，应保留在案卷内备查。被查对象拒绝办理税务稽查签证，检查人员须在《税务事项通知书》上注明拒绝办理税务稽查签证的情况，有其他人员在场，请在场人签名见证，但不影响对涉税违法案件的处理。

制作《税务稽查报告》

检查结束时，应当根据《税务稽查工作底稿》及有关资料，制作《税务稽查报告》，要写全内容，并按要求制作。《税务稽查报告》梳理了案件证据的形成过程，并形成处理意见，是一种内部文书，不产生直接的外部法律效果，不影响被查对象的权利和义务。

首先，写全《税务稽查报告》的内容。

① 案件来源。应列明选案确定、上级转办、领导交办、群众举报、税务内部职能部门移交、外部门转办、稽查实施中发现拓展、情报交换转入及其他案源等情况。

② 被查对象基本情况。首先，被查对象的主体情况包括被查对象的全称、纳税人信用统一代码、经济类型、法定代表人（个体工商户或无证个体户还应注明业主姓名、性别、年龄、家庭住址和身份证号码）、实际经营人、财务负责人、经营范围、注册时间（含经营过程中主体、法定代

表人、经营地址等变更情况，增资、减资及股本结构变动情况）、经营方式、纳税人类别（是否为增值税一般纳税人及一般纳税人认定或者登记的时间）、注册资本、实收资本、经营地址、主管税务机关、所得税征管机关、是否享受税收优惠政策、各税种的征管办法等。其次，检查所属期间被查对象的生产经营及纳税申报情况。内容包括申报的销售收入、销售成本、毛利率、销售利润、应交税金、已交税金、欠交税金、留抵税金、所得税预缴、增值税税负、所得税税负、"免、抵、退"情况等。最后，被查对象上次税务检查时间、实施检查的税务机关、税务检查处理、处罚、查补税款的缴纳及账务调整等情况。

③ 检查时间和检查所属期间，遇到延伸检查或检查当年纳税情况要重点说明。

④ 检查方式、方法以及检查过程中采取的措施。比如，实地检查或调账检查；通过查账、询问、查询银行存款或储蓄存款账户、异地协查等综合检查方法；是否采取税收保全措施或者强制执行措施等。

⑤ 查明的税收违法事实及性质、手段。被查对象的税收违法情况，可以按照税种或者税收违法行为进行分类整理，详细叙述检查发现的税收违法事实，并用附件的形式标明证据出处。具体包括被查对象违反税收法律、行政法规、规章和其他税收规范性文件的具体情况；被查对象税收违法行为查证情况，如税收违法行为的目的、手段、情节以及所造成的实际后果；分税种完整列示税款的计算过程，并附查补、退税款汇总表。

⑥ 被查对象是否有拒绝、阻挠检查的情形。应表述在实施税务检查的全过程中，被查对象对检查人员的配合、态度及是否存在拒绝、阻挠检查人员实施检查或拒绝提供相关资料、拒绝签字盖章、拒绝接受询问调查等情况。

⑦ 被查对象对调查事实的意见。应表述被查对象法定代表人或财务负

责人对被查明的税收违法行为和事实的意见。

⑧ 税务处理、处罚建议及依据。正确、完整地引用处理税收违法行为的法律、行政法规、规章等依据，引用法律、法规、规章的条款时应引用全称，标明具体的条、款、项，并引用原文。确认应追缴或补缴的税种、税款以及应没收的非法所得数额。根据被查对象税收违法行为的动机、手段、情节、造成的后果及是否有拒绝、阻挠检查的情形等因素，分别确定税收违法行为的性质，提出相应的税务处理、处罚等建议。经检查没有发现税收违法事实，在《税务稽查报告》中说明检查的内容、过程和事实情况。

⑨ 其他应当说明的事项。包括向国、地税申报缴纳的应纳税款、查补税款的总额；偷税案件须计算所偷税款占应纳税款的比例，并提出是否涉嫌犯罪，是否移送公安机关的意见；对涉案的其他单位（个人）的违法行为提出实施税务稽查的意见；检查人员对税收征管问题的建议；其他需要补充说明的事项等。

⑩ 检查人员签名和报告的时间。签名时应注意须由实施检查的人员亲笔签名，不得相互代签。

其次，制作《税务稽查报告》要符合要求。做到文字简练、内容完整、条理清楚、层次分明、用语规范。

文字简练，意识表达准确明了。比如，第一次出现被查对象名称要用全称；需要多次表述被查对象的可表述为"该公司（单位、厂）"。

条理清楚。据以认定涉税违法事实或错漏事实要清楚，证据要确定、充分，定性要准确，引用的法律依据要正确；对违法事实的认定表述要有证据支持；对查明多笔性质相同的违法事实（如在检查所属期间内发现被查对象从多个企业中取得虚开的增值税专用发票），应对相同性质和事实进行归纳表述后，再详细列明每个违法事实和过程，并且注明证据的出处；发生违法行为的动机、经过及手段一般应根据直接责任人员、相关责任人员的供述进行表述；对查无问题的上级交办案件、群众举报案件提供的线索，应逐项说明检查核实的情况和相关的事实。

层次分明。文中结构层次的序数依次可以用"一、""（一）""1."
"（1）"进行标注，其他要求参考《国家税务总局关于印发〈全国税务机关公文处理办法〉的通知》（国税发〔2012〕92号）的规定。

用语规范，要使用法律、法规规定的表达用语。比如，税务机关的名称可以使用规范化简称；规范化简称为"××税务局"，法定代表人不能表述成法人代表；稽查实施时间和检查所属时期须按批准的执法文书中的时间填列，经稽查局长批准调整的，按调整后的时间填列；表述查明违法行为发生的时间不能过于笼统；流转税的违法行为发生时间应表述到具体月份，企业所得税的违法行为发生时间应表述到具体年度，以便准确计算查补税款的滞纳金。

整理案卷资料

检查过程复核后，稽查人员应将与税务稽查实施工作有关的所有税务稽查文书、与案件定性处理有关的所有证据资料归集到税务稽查案卷，与涉税案件及纳税无关的资料及时退还给当事人。

① 案卷资料的归集，归集的主要是自制文书和证据。

自制文书包括税务稽查任务通知书（包括举报信、税收违法案件审批表和举报案件摘录单）、税务检查通知书、调取账簿资料通知书、调取账簿资料清单、税务稽查询问通知书、税务稽查立案审批表、采取税收保全决定书、解除税收保全决定书、协助执行通知书、检查存款许可证明、涉税案件撤销或中止审批表、税务行政执法审批表及有关材料、其他税务稽查程序、手续材料、税务稽查资料（案卷）移交清单、各类税务文书送达回证、税务稽查审理提请书等。

证据包括书证、物证等证据材料（按违法问题的类别分类归集）、询问（谈话）笔录（分当事人、主要责任人，按时间顺序归集）、证人证言或询问（谈话）笔录（按人、时间顺序归集）、《协查要求》及回复的有关材料、有关部门的鉴定结论材料、现场勘验笔录、税务稽查工作底稿、当事人的陈述申辩材料、税务稽查报告、重大税收违法案件拟处理意见报告等。

② 卷外资料的处置。稽查卷外资料是指税务稽查案卷中正卷、副卷以外的资料，包括纸质资料和电子资料。检查人员对卷内资料整理后，对已取得的与案件定性无关的证据资料进行归集，分类处置。

在检查过程中已经提取的，经核实后与案情无关联的各类资料，如金税工程协查回函证实没有问题的纸质资料；异地调查取得的没有涉税问题的相关纸质资料和电子资料；到相关单位和部门调查取得的证实没有存在涉税问题的纸质资料和电子资料；被查对象提供的自述材料及证明材料经核实没有存在涉税问题的纸质资料；查询被查对象的银行对账单、银行个人储蓄存款账户交易明细等取得的经核实没有存在涉税问题的纸质资料和电子资料；与涉税违法事实无直接、间接相互印证的纸质资料和电子资料；应列入卷外的其他纸质资料和电子资料等。检查人员应对纸质资料整理装订成册，电子资料用电子媒介封存，经检查科长审核，稽查局长批准后交由稽查档案管理部门分户归档，如需要借阅，按稽查档案管理规定办理借阅手续。对需要转交其他部门处理的有关资料，税务检查人员应另行归集，由综合部门按照工作制度规定的程序办理移送手续。

稽查卷外资料原则上在案件结案3年后处理，填制《稽查卷外资料销毁清单》，经稽查局分管领导审批后，报经稽查局局长批准销毁。稽查卷外资料的销毁应由2名以上执行人员进行销毁，并做好销毁记录，销毁后的《稽查卷外资料销毁清单》交由稽查档案管理部门管理。

将《税务稽查报告》等相关资料移交审理。交接时，检查人员应制作《税收违法案件证据及其他资料交接清单》，双方工作人员签字。

第四章

审　理

　　审理是税务稽查部门对其立案查处的各类税务违法案件在检查完毕后，由专门机构人员核准案件事实、审查鉴别证据、分析认定案件性质、制作《审理报告》等稽查文书的活动过程。通过审理有利于税务稽查执法程序的落实，可定案证据基本标准的把握，作出正确的税务处理和处罚决定，有利于防止不廉行为的发生。在审理过程中，建立相互监督的梯度审理组织形式；畅通渠道，让被查对象表达诉权；有十项必审内容，各步骤完成后须制作税务稽查文书等。

第一节　梯度审理

对于检查部门移交给审理部门的，经过立案检查并检查完毕、被检查对象的税收违法事实已经查清的案件，可以审理。前者是提交审理的程序性要求，后者是提交审理的基本条件。案件审理有严格的组织和层级，通常分为审理人员、审理部门负责人、稽查局、重大案件审理委员会四个梯次。

审理要依法而行。曾任日本明治期大审院长、被称为日本护法之神的儿岛惟谦（こじま　これかた）表示："不曲解法律，亦必另有其他维护国家利益之方略。立宪国家如欠缺法律之威严与正义，则必然失去其存在的意义。"不论哪个层级的审理，审理人员都要有维护法律尊严的魄力，不媚上、不枉法，有良知且人格健全。

审理人员的审理

审理人员的审理是案件审理的基础。审理部门接到检查部门移交的《税务稽查报告》及有关资料后，按《税务稽查工作规程》第四十六条第一款规定："及时安排人员进行审理。"

依法审理。《税务稽查工作规程》第四十六条第二款规定："审理人员应当依据法律、行政法规、规章及其他规范性文件，对检查部门移交的《税务稽查报告》及相关材料进行逐项审核，提出书面审理意见，由审理部门负责人审核。"这个"书面审理意见"主要是经审理人员制作《税务稽查审理报告》，交由审理部门负责人审核。

对经过审理认定原《税务稽查报告》被查对象认定错误；税收违法事实不清、证据不足；不符合法定程序；税务文书不规范、不完整等情形，按《税务稽查工作规程》第四十八条规定，退回补正或者补充调查。审理部门明确提出补充和纠正的事项，不可含糊，待补充或重新稽查完毕后，再重新审理。

审理人员必须严格按照案件审理规范要求，对案件的文书格式、主体、程序、事实、证据、线索、定性、数量稽核、职权和处理意见等方面逐一审理把关。凡检查发现问题的，经过审理认定《税务稽查报告》正确，即事实清楚，证据确凿充分，运用税收法律、法规、规章得当；符合法定程序；处理意见得当，审理人员制作《税务案件审理报告》。该报告主要内容在《税务稽查工作规程》第五十四条明确包括审理基本情况；检查人员查明的事实及相关证据；被查对象或者其他涉税当事人的陈述、申辩情况；经审理认定的事实及相关证据；税务处理、处罚意见及依据；审理人员、审理日期。实务中将其归为四项内容：

"基本情况"要依次写明案件编号、纳税人名称、纳税人识别号、审理部门和审理起止日期等有关事项。

"审理概况"应充分反映审理的工作过程，说明对案件的文书格式、主体、程序、事实、证据、线索、定性、数量稽核、职权和处理意见等方面审核的情况，并重点说明稽查案件格式是否规范、主体认定是否准确、程序是否合法等审核结果。

"违法事实认定"是对《税务稽查报告》中的违法事实逐项作出同意与否的确认。对每一项违法事实成立与不成立的认定，均应注明相关的证据予以支持，并作准确、简练的因果分析。在书写过程中，证据引用应相对有序，按事实的发生经过进行排列；证据引用的表述应规范、准确。如证据是增值税专用发票的，应说明发票的省份、号码、序列号等相关内容；如证据是笔录的，摘录应引原文。

"处理、处罚意见和初审建议"是根据违法事实认定的结果确定违法行为的性质，并结合违法手段、违法动机、违法结果和被查对象的态度提出的。援引有关税收法律、法规、规章及规范性文件对违法行为进行定性，确认税款、罚款等应查补的收入数额，提出是否移送司法机关的意见。所援引的税收法律、法规、规章及规范性文件应注明名称、文号和条款、项、目；应查补的税款、罚款等数额，应附相应计算公式；对须向案件审理委员会反馈的其他问题、线索，应以审理建议的形式详尽说明。

审理部门负责人的审理

审理部门负责人的审理建立在审理人员审理的基础上，如果认为审理人员制作的《税务稽查审理报告》符合相关规定，则在报告上签名确认，如果认为尚有不清的事实，经同审理人员商议后需要补正或者补充调查者，将《税务稽查报告》及有关资料退回检查部门补正或者补充调查。

审理部门与检查部门的关系，犹如人民法院与人民检察院、公安机关之间的关系，是一种监督与牵制的关系。审理部门与检查部门，对同一案件有不同的理解和意见，颇为常见，也属正常。对事不对人，检查人员不可因此对审理人员有意见，甚至有小动作，这就上升到了道德层面，是人品问题。《税务稽查报告》认定的税收违法事实清楚、证据充分，但适用法律、行政法规、规章及其他规范性文件错误，或者提出的税务处理、处罚建议错误或者不当的，《税务稽查工作规程》第四十九条规定："审理部门应当另行提出税务处理、处罚意见。"

通常情况下，审理环节时间仅有15天。《税务稽查工作规程》第五十条规定，审理部门在接到检查部门移交的《税务稽查报告》及有关资料后，在15日内提出审理意见，但检查人员补充调查的时间、向上级机关请示或者向相关部门征询政策问题的时间不计算在内。案情复杂确需延长审理时限的，经稽查局局长批准可以适当延长。

稽查局集体审理

《税务稽查工作规程》第四十六条第三款规定："案情复杂的，稽查局应当集体审理。"各级稽查局要建立案件集体审理制度，集体审理的形式有很多，如案件汇报会、局长办公会等。通过集体会审充分发挥集体的智慧和力量，保证对案件客观全面地处理，防止由于个人的主观片面性造成的失误，也可以避免个人独断专行或少数人贪赃枉法、徇私舞弊。

集体审理建立在审理部门提交的《税务稽查审理报告》基础上，全面审核各种证据、弄清案件全部事实，审核认定的被查对象的违法性质定性是否准确，处罚以及对其处理建议是否恰当，有无从轻、减轻、从重、加重情节等。讨论要形成《稽查案件讨论纪要》，讨论中各成员的意见甚至不同意见均要写入，以示对每个人意见的尊重，也能督促参会人员慎重发表意见。

重大案件审理委员会审理

《税务稽查工作规程》第四十六条第三款规定："案情重大的，稽查局应当依照国家税务总局有关规定报请所属税务局集体审理。"省级及以下各级税务局稽查局查办的税务案件，凡符合《国家税务总局重大税务案件审理办法》（国家税务总局令第34号）第十一条规定的重大税务案件，即重大税务行政处罚案件，督办的案件，司法、监察机关要求出具认定意见的案件，拟移送公安机关处理的案件，以及审理委员会成员单位认为案情重大、复杂需要审理的案件等，必须提交各级税务局设立重大税务案件审理委员会审理。当下，一些税务局的重大税务案件审理委员会办公室

（法规科）定一个审理案件数，如十件或者八件，或者当年稽查局查办案件的百分比，都是不合适的。

审理内容要记全，做到形式与实质相统一，程序与内容相吻合，重大税务案件审理是一个必经程序。国家税务总局令第34号第五章明确，采取书面审理，审理委员会成员单位书面审理意见一致，或者经审理委员会办公室协调后达成一致意见，审理委员会办公室起草审理意见书；采取会议审理，审理委员会办公室根据会议审理情况，制作审理纪要和审理意见书。参加人员有保留意见或者特殊声明的，应在审理纪要中载明。

审理纪要和审理意见书必不可少，如果是行政诉讼案件，还得向司法机关提供。重大案件审理的资料未向法院提交是不行的，会导致败诉。

例如，2017年，沈阳市国家税务局第二稽查局（以下简称稽查局）与辽宁省万鑫药业有限公司（以下简称万鑫药业）行政处罚纠纷一案，沈阳市浑南区人民法院审理后认为，根据国家税务总局令34号第十一条、第十四条的规定，本案应属重大税务行政处罚案件，但在本案中，被告稽查局未向法院提供该案经过审理委员会审理的相关证据，法院认为稽查局程序违法。依据《行政诉讼法》第七十条第一款（三）项规定，作出（2017）辽0112行初27号行政判决，撤销被告稽查局《税务行政处罚决定书》（沈国税稽二罚〔2017〕11号）。[①]

再如，2016年11月16日，河南省信阳市平桥区地方税务局稽查局（以下简称稽查局）根据上级交办，对信阳九安昌平置业有限公司（以下简称九安公司）2010年至2015年的纳税情况实施调账检查。2017年9月30日，稽查局向九安公司送达《税务行政处理决定书》（信平地税稽处〔2017〕2号）和《税务行政处罚事项告知书》，决定补缴营业税、印花税、土地增值税等税款44 499 582.85元，并从税款滞纳之日起按日加收万分之五的滞

[①] 案件资料来源：《沈阳市国家税务局第二稽查局与辽宁省万鑫药业有限公司行政处罚纠纷一案二审行政判决书》，中国裁判文书网，2017年10月16日。

纳金。

10月27日，信阳市平桥区地方税务局（以下简称平桥区地税局）依据九安公司的申请举行了听证会。10月30日，稽查局作出《税务行政处罚决定书》（信平地税稽罚〔2017〕2号），对九安公司偷税违法行为处不缴或少缴税款17 120 705.19元0.5倍的罚款，即8 560 352.60元。11月21日，九安公司对税务处理决定和处罚决定不服，向平桥区人民政府（以下简称平桥区政府）提出复议申请。2018年1月29日，平桥政府作出了《行政复议决定书》（信平政复决字〔2018〕1号），维持上述税务处理决定和处罚决定。

九安公司不服，提起行政诉讼。法院认为，本案应按照重大税务案件程序进行审理。被告平桥区地税局未在法定举证期限内提交《重大税务案件集体审理纪要》和《审理意见书》等按照规定审理此案的相应证据，视为没有该证据，属于应适用重大税务案件审理程序而未适用。平桥区地税局也未能提供充分的证据，印证行政处理决定书作出前履行了告知对原告九安公司作出处理决定所依据的事实和理由、告知其陈述和申辩权利的义务，妨碍了原告相应权利的行使，告知程序违反《税务行政处罚裁量权利行使规则》第十七条和第十九条的规定。依照《行政诉讼法》第七十条第（一）、（三）项和第七十九条的规定，《河南省信阳市浉河区人民法院行政判决书》（〔2019〕豫1502行初89号）判决：撤销被告平桥区地税局《税务行政处理决定书》（信平地税稽处〔2017〕2号）、《税务行政处罚决定书》（信平地税稽罚〔2017〕2号）；撤销被告平桥区政府《行政复议决定书》（信平政复决字〔2018〕1号）。

平桥区地税局不服，提起上诉。根据《行政诉讼法》第八十九条第一款第一项规定，《河南省信阳市中级人民法院行政判决书》（〔2019〕豫15行终184号）判决："驳回上诉，维持原判。"[①]

① 案件资料来源：《国家税务总局信阳市平桥区税务局、信阳九安昌平置业有限公司税务行政管理（税务）二审行政判决书》，中国裁判文书网，2020年3月16日。

如果平桥区地税局未对此案进行重大税务案件集体审理，就会因程序遗漏而败诉，该教训十分深刻，应当牢记。如果经过重大税务案件集体审理，未在法定举证期限内提交《重大税务案件集体审理纪要》和《意见书》等按照规定审理此案的相应证据，而被法院视为没有进行重大税务案件审理，实属不该。

《行政处罚法》第三十八条第二款规定："对情节复杂或者重大违法行为给予较重的行政处罚，行政机关的负责人应当集体讨论决定。"未经集体讨论，或者讨论只是口头说说，没有记录，是要付出代价的。

例如，2016年7月7日，辽宁省建昌县地方税务局（以下简称地税局）向纳税人田某山送达了《税务检查通知书》，并对相关当事人制作了《询问笔录》。10月17日，送达了《税务行政处罚事项告知书》，此后，地税局依申请举行听证会。11月9日，地税局作出《税务行政处罚决定书》（建地税罚〔2016〕0003号），根据《税收征收管理法》第六十四条第二款规定，决定对田惠山少缴的营业税、城建税、土地增值税、个人所得税和印花税共计408 000元，处以0.5倍罚款为204 000元。田某山对处罚决定不服，2017年4月24日向法院提起行政诉讼，7月6日绥中县法院作出（2017）辽1421行初16号行政判决，认为地税局对田某山的罚款，应属《行政处罚法》第三十八条第二款规定的 "行政机关的负责人应集体讨论决定"的情形，但被告未向法院提供相关证据，不能证明被诉行政处罚是经行政机关负责人集体讨论决定，所以被告的处罚程序违法，依据《行政诉讼法》第七十条第（三）项，判决撤销被告地税局《税务行政处罚决定书》（建地税罚〔2016〕0003号）。[①]

以上三起案件皆因没有向人民法院提交重大案件或者集体讨论的相关证据而败诉，可能涉事税务局或者稽查局没有集体讨论，或者讨论了没有

[①] 案件资料来源：国家税务总局建昌县税务局诉田某山诉其税务行政处罚决定一案二审行政判决书，中国裁判文书网（有改动），2018年12月1日。

记录。无论何种情形，给税务机关的教训都是深刻的。前事不忘，后事之师；亡羊补牢，于损无补；警醒后人，有所裨益。

第二节　畅通诉权

这里所指的诉权是指被查对象或者其他涉税当事人的陈述权、申辩权。审理环节涉及陈述权、申辩权的，要给被查对象充分的时间陈述和申辩；处罚前履行告知手续的义务；当事人提出听证要求，如果符合条件的，税务机关应举行听证。

陈述权、申辩权的行使

陈述权、申辩权是法律赋予当事人的权力。《行政处罚法》第三十二条规定："当事人有权进行陈述和申辩。行政机关必须充分听取当事人的意见，对当事人提出的事实、理由及证据，应当进行复核；当事人提出的事实、理由及证据成立的，行政机关应当采纳。行政机关不得因当事人申辩而加重处罚。"《税收征收管理法》第八条第四款规定："纳税人、扣缴义务人对税务机关所作出的决定，享有陈述权、申辩权。"

税务案件进入审理环节，被查对象或者其他涉税当事人需要向审理部门或者审理人员诉说的，审理人员要认真对待。《税务稽查工作规程》第五十二条第一款规定："对被查对象或者其他涉税当事人的陈述、申辩意见，审理人员应当认真对待，提出判断意见。"

检查实施完毕后，被查对象或者其他涉税当事人的陈述权、申辩权的行使，主要在作出税务处理决定之前，或者是实施处罚之前，主要由审理部门受理。当事人的陈述、申辩意见，可能是书面意见，也可能是口头意见。《税务稽查工作规程》第五十二条第二款规定："对当事人口头陈述、申辩意见，审理人员应当制作《陈述申辩笔录》，如实记录，由陈述人、申辩人签章。"

凡处罚必告知

被查对象或者其他涉税当事人的陈述权、申辩权行使的前提条件是知情。要知情，那么税务机关就得告知。税务机关在作出行政处罚决定之前，按《行政处罚法》第三十一条规定："应当告知当事人作出处罚决定的事实、理由及依据，并告知当事人依法享有的权利。"凡处罚必告知。告知，是税务机关在实施税务处罚过程中必须履行的程序性义务，缺少这一法定步骤，税务处罚不能成立。

税务处罚告知，其实质并非税务机关对纳税人税务违法的处罚决定，而是税务机关告知当事人作出税务处罚的事实、理由、法律依据、拟作出的处罚决定以及当事人依法享有的权利等内容的一种方式。它与税务处罚决定有着明显的区别，税务处罚决定一经作出并送达当事人，即产生法律效力，如果被处罚人不主动履行，税务机关可以通过采取措施强制其履行；而税务处罚告知是一种程序性文书，是对税务机关行政执法的程序性规范，对纳税人权利的保障措施，本身并无法律效力，纳税人也无须执行其中的拟处罚决定，税务机关不能通过执行措施强制其履行。

税务处罚告知，按处罚程序分为简易程序的告知和一般程序的告知。

简易程序的告知

处罚决定的简易程序，也称当场处罚程序。《行政处罚法》第三十三条规定，税务违法事实确凿并有法定依据，对公民处以50元以下、对法人或者其他组织处以1 000元以下罚款或者警告的税务处罚的，可以当场处罚，当事人应依法履行。因此，税务机关的执法人员对于当场发现的案情简单、事实清楚、违法情节轻微、处罚较轻的税务违法行为，当场给予税务处罚。

税务执法人员当场作出税务处罚决定的，按《行政处罚法》第三十四条第一款规定，应当向当事人出示执法身份证件，如工作证、税务检查证。自2017年11月1日起，税务机关依法对公民、法人或者其他组织当场作出行政处罚决定，《国家税务总局关于修订税务行政处罚（简易）执法文书的公告》（2017年第33号）规定：使用修订后的《税务行政处罚决定书（简易）》，该处罚决定书专门有"告知事项"。此前，《国家税务总局关于印发全国统一税收执法文书式样的通知》（国税发〔2005〕179号）规定使用的《税务行政处罚决定书（简易）》，也有"告知事项"栏目。

当事人对当场作出的税务处罚决定不服的，《行政处罚法》第三十五条规定："可以依法申请行政复议或者提起行政诉讼。"换句话说，纳税人对税务处罚决定不服，当事人可以寻求司法救济。

一般程序的告知

除可以适用简易程序进行当场处罚以外，税务机关发现公民、法人或者其他组织有依法应当给予行政处罚行为的，按《行政处罚法》第三十六条规定："必须全面、客观、公正地调查，收集有关证据；必要时，依照法律、法规的规定，可以进行检查。"也就是说，此时适用一般程序。

适用一般程序的税务行政处罚告知，按《行政处罚法》第三十一条、第四十二条的规定，履行告知手续通常是专门发出《税务行政处罚事项告知书》。《税务行政处罚事项告知书》的内容按《税务稽查工作规程》第五十一条规定，包括认定的税收违法事实和性质；适用的法律、行政法规、规章及其他规范性文件；拟作出的税务行政处罚；当事人依法享有的权利；告知书的文号、制作日期、税务机关名称及印章；其他相关事项。

《税务行政处罚事项告知书》有一点特别提示被查对象，当被查对象为公民被处罚2 000元以上、为法人或者其他组织被处罚1万元以上，当事人有要求举行听证的权利。《行政处罚法》第四十二条第一款规定："行政机关作出较大数额罚款处罚决定之前，应当告知当事人有要求举行听证的权利；当事人要求听证的，行政机关应当组织听证。"《国家税务总局关于印发〈税务行政处罚听证程序实施办法（试行）〉〈税务案件调查取证与处罚决定分开制度实施办法（试行）〉的通知》（国税发〔1996〕190号）附件1第三条规定："税务机关对公民作出2 000元以上（含本数）罚款或者对法人或者其他组织作出1万元以上（含本数）罚款的行政处罚之前，应当向当事人送达《税务行政处罚事项告知书》，告知当事人已经查明的违法事实、证据、行政处罚的法律依据和拟将给予的行政处罚，并告知有要求举行听证的权利。"

制作《税务行政处罚事项告知书》时，法律条文的引用要准确，否则一旦发生诉讼，有败诉的危险。

例如，群众举报贵州金星啤酒有限公司（以下简称金星公司）可能存在大量收入现金不入账的税收违法行为，贵州省安顺市国家税务局稽查局（以下简称稽查局）根据举报线索，2014年3月5日对金星公司立案，同年3月19日下达《税务检查通知书》实施检查。2015年12月9日向金星公司送达《税务行政处罚事项告知书》，告知对金星公司拟作出行政处罚的事实、理由和依据，并告知其享有陈述、申辩、申请听证的权利。同年12月14日金星公司提交了《关于对检查情况的陈述申辩报告》，稽查局经复核对陈述申辩理由不予采信，并于2015年12月17日对金星公司作出《税务处理决定书》（安国税稽处〔2015〕16号），认定金星公司销售啤酒采取在账簿上少列收入的方式，造成2013年少缴增值税、消费税21 636 955.51元的行为已构成偷税，责令限期缴纳税款及滞纳金，同时一并作出《税务行政处罚决定书》（安国税稽罚〔2015〕17号），对偷税行为处少缴税款1倍的罚款。不过，该《税务行政处罚决定书》上竟然将"自收到本决定书之日起六个月内依法向人民法院起诉"写为"自收到本决定书之日起三个月内依法向人民法院起诉"，这是十分不应该的。"三个月"的规定源自1989年4月4日第七届全国人民代表大会第二次会议通过的《行政诉讼法》第三十九条的规定，2014年11月1日《全国人民代表大会常务委员会关于修改〈行政诉讼法〉的决定》修订后，在第四十六条第一款规定为"六个月"，修订后《行政诉讼法》自2015年5月1日起施行。2015年12月17日，稽查局下发的《税务行政处罚决定书》理应使用后者。对此，2016年3月11日，稽查局向金星公司送达《税务事项通知书》予以更正。

此案，金星公司向安顺市国家税务局申请复议，该局以金星公司行政复议申请超过法定申请期限为由不予受理，金星公司遂诉至法院。依照《行政诉讼法》第七十条第（一）项、第（二）项的规定，镇宁布依族苗族自治县人民法院（2016）黔0423行初58号行政判决：撤销被告稽查局于2015年12月17日对原告金星公司作出的《税务行政处罚决定书》（安国税稽罚〔2015〕17号）。[①]

听证

税务行政处罚的听证是指税务机关在作出税务处罚之前，指派专人主持听取案件调查人员和当事人就案件事实及其证据进行陈述、质证和辩论的法定程序。听证有其积极作用，税务机关须认真组织。听证程序的实施包括听证的提出、举行、结果运用等内容，国税发〔1996〕190号文附件1明确如下。

一是听证的提出。听证程序适用于案情复杂、税务机关与纳税人争议

[①] 案件资料来源：《安顺市国家税务局稽查局、贵州金星啤酒有限公司税务行政管理（税务）二审行政判决书》，中国裁判文书网，2017年9月18日。

较大、可能导致较重处罚的案件。税务案件是否适用听证程序主要在于当事人是否要求举行听证，如果当事人没有提出听证申请，无论什么案件，税务机关可以不采用听证程序。要求听证的当事人，应在《税务处罚事项告知书》送达后3日内，向税务机关书面提出，逾期不提出的视为放弃听证权利。当事人由于不可抗力或者其他特殊情况而耽误提出听证期限，在障碍消除后五日以内，可以申请延长期限，申请是否准许由组织听证的税务机关决定。

当事人提出听证后，税务机关发现自己拟作的行政处罚决定对事实认定有错误或者偏差，应予改变，并及时向当事人说明。

行政处罚听证依当事人申请而组织，没有申请不需要组织。《行政处罚法》第四十二条规定，行政机关作出较大数额罚款等行政处罚决定之前，应当告知当事人有要求举行听证的权利；当事人要求听证的，行政机关应当组织听证。

行政复议听证依申请或职权进行，《中华人民共和国行政复议法实施条例》（以下简称《行政复议法》）第三十三条规定："对重大、复杂的案件，申请人提出要求或者行政复议机构认为必要时，可以采取听证的方式审理。"《税务行政复议规则》第六十五条规定："对重大、复杂的案件，申请人提出要求或者行政复议机构认为必要时，可以采取听证的方式审理。"

以下这起涉税案件，企业没有申请听证，税务机关认为不需要听证，而法院却执意听证，并且判税务机关败诉。

例如，2019年7月9日，经过相关程序后，国家税务总局辽源市税务局第一稽查局（以下简称稽查局）对辽源市西安区银升小额贷款有限责任公司（以下简称银升公司）作出《税务行政处罚决定书》（辽一税稽罚〔2019〕10002号），要求企业补缴营业税41 596.80元、增值税15 888.35

元、城市维护建设税4 023.96元、企业所得税319 743.78元。根据《税收征收管理法》第六十三条第一款规定，处少缴税款50%的罚款，即190 626.48元。

银升公司不服，向国家税务总局辽源市税务局（以下简称市税务局）申请行政复议。同年9月5日市税务局作出的《行政复议决定书》（辽税税复决字〔2019〕10002号），维持原具体行政行为。并且明确银升公司在账簿上不列、少列贷款利息收入造成少缴企业所得税319 743.78元的行为属于偷税，应处少缴税款50%的罚款，即159 871.89元。从这里可以推断，对少缴纳营业税、增值税、城市维护建设税的问题不进行处罚。

银升公司对复议决定不服，提起行政诉讼。法院认为："关系到行政相对人切身利益的具体行政行为，尤其是争议较大、金额较大的案件，应充分听取当事人意见，查明案件事实，审慎作出行政决定。该案争议很大、金额达数十万，并拟作出处罚，根据法律相关规定，应当组织听证。而被告稽查局及复议机关被告市税务局均未启动听证程序，属于程序违法；正是因为未组织听证，未能充分调取证据，导致事实认定的偏差。"依照《行政诉讼法》第七十条第（一）项、第（二）项、《行政处罚法》第四十二条、《中华人民共和国行政复议法》（以下简称《行政复议法》）第三十三条规定，《吉林省辽源市龙山区人民法院行政判决书》（〔2019〕吉0402行初57号）判决：撤销稽查局辽一税稽罚〔2019〕10002号行政处罚决定；撤销被告市税务局辽税税复决字〔2019〕10002号行政复议决定；被告稽查局及市税务局于本判决生效后十日内负责办理退还原告银升公司税款319 743.78元及罚款159 871.89元事宜。[①]

通过本案可以看出，税务机关的实际操作，与当事人、法院的观点有很大不同，需要三方充分沟通。市税务局的行政复议决定有瑕疵，处罚部

---

① 案件资料来源：《西安区银升小额贷款有限责任公司不服被告国家税务总局辽源市税务局第一稽查局一审行政判决书》，中国裁判文书网，2019年12月30日。

分维护部分否定，即本案中对银升公司少缴企业所得税行为的处罚维持，而对少缴营业税、增值税、城市维护建设税行为的处罚否定，容易被撕开一个口子。客观地说，行政复议机构对重大、复杂的案件采取听证的方式进行审理比较合适，可以更加客观地认识事实，作出更加准确的判断。本案中，银升公司没有申请听证，税务机关认为不需要听证，但法院却以税务机关未组织听证为由，判决撤销税务机关行政处罚决定、行政复议决定，退还银升公司税款、罚款，于法无据，颇为任性。

二是听证的举行。税务机关在收到当事人听证要求后15日内举行听证，并在举行听证的7日前将《税务处罚听证通知书》送达当事人，通知当事人举行听证的时间、地点、听证主持人的姓名及有关事项。否则，程序违法。

例如，山西省中阳县地方税务局（以下简称地税局）2016年1月7日作出《税务行政处罚决定书》（中地税罚〔2016〕2号），认定中阳县康民食品有限责任公司（以下简称康民公司）少申报城镇土地使用税。根据《税收征收管理法》第六十三条、第六十四条、第六十七条规定，处以少缴税款0.7倍的罚款197845.2元。康民公司不服，向吕梁市离石区人民法院提起诉讼。

法院审理查明，2016年1月4日康民公司向地税局提出听证申请，次日，地税局《税务行政处罚听证通知书》告知原告同年1月6日9时在该局三楼举行听证，根据《行政处罚法》第四十二条第一款第（二）项的规定："行政机关应当在听证的七日前，通知当事人举行听证的时间、地点。"被告告知举行听证的时间少于七日，违反了法定程序。此外被告在原告行使听证权利并且举行听证会后，没有遵循《行政处罚法》第四十三条、第三十八条第二款关于"对情节复杂或重大违法行为将给予较重的行政处罚，行政机关的负责人应当集体讨论决定"的规定，便径行作出行政处罚决定，明显属程序违法，依法应予撤销。依照《行政诉讼法》第七十条第

（一）项、第（三）项规定，《山西省吕梁市离石区人民法院行政判决书》（〔2016〕晋1102行初18号）判决：撤销被告地税局作出的《税务行政处罚决定书》（中地税罚〔2016〕2号），责令被告在法定期限内重新作出行政行为。[①]

税务处罚的听证由税务机关负责人指定的非本案调查机构的人员主持，当事人、本案调查人员及其他有关人员参加。《税务稽查工作规程》第五十三条第一款规定："听证主持人由审理人员担任。"当事人可以亲自参加听证，也可以委托1～2人代理。当事人委托代理人参加听证的，应向其代理人出具代理委托书，代理委托书应注明有关事项，并经税务机关或者听证主持人审核确认。委托代理人要满足一定的条件，通常认为是一个有完全行为能力、充分享有政治权力的人。有的地方对委托代理人进行明确，如《福建省国家税务局关于转发〈国家税务总局关于印发税务行政处罚听证程序实施办法（试行）、税务案件调查取证与处罚决定分开制度实施办法（试行）的通知〉的通知》（闽国税法〔1996〕04号）明确规定，无完全民事行为能力者、被剥夺政治权利者、处于缓刑假释期间者、其他不适合作为委托代理人者均不能作为委托代理人。

当事人或者其代理人应按税务机关的通知参加听证，无正当理由不参加的视为放弃听证权利，听证应予以终止。听证过程中，当事人或者其代理人放弃申辩和质证权利的，应声明退出听证会；或者不经听证主持人许可擅自退出听证会的，听证主持人可以宣布听证终止。

除涉及国家秘密、商业秘密或者个人隐私不宜公开听证外，听证一般应公开进行，允许群众旁听。经听证主持人同意，旁听群众可以发表意见。听证开始后，先由听证主持人核实当事人和其他参加人是否到场、告知当事人权利义务、宣布案由。听证过程中，先由案件调查人员就当事人

[①] 案件资料来源：《中阳县康民食品有限责任公司与山西省中阳县地方税务局行政处罚一审行政判决书》，中国裁判文书网，2016年9月30日。

的违法行为予以陈述，出示事实证据材料，提出税务处罚建议，当事人及其代理人可进行申辩和质证。听证应保障双方充分陈述事实，发表意见，并就各自出示证据的合法性进行辩论。

听证会前要认真准备，确保取胜。2004年秋天，笔者曾主持一场高速公路公司申请举行的听证会。会前认真分析，还进行了多场彩排，实际听证会不到20分钟就搞定。

注意当事人提出的若干诉求，听证时必须将当事人提出的所有诉求穷尽，逐一回答，不可只做部分。

听证费用由组织听证的税务机关支付，不得由要求听证的当事人承担或变相承担。

三是听证结果运用。对应当进行听证的案件，税务机关不组织听证，行政处罚决定不能成立。

听证的结果由记录员写成《听证笔录》，并交当事人、案件调查人员、证人及其他相关人员核实无误后签字或盖章。听证程序完毕，只是完成了调查取证，是否处罚仍按一般程序进行。税务处罚决定权在税务机关，而不在听证主持人或本案调查取证人员。经听证程序核实的税务处罚建议不适当或者有错误的，税务机关应予以变更或者不予处罚。

当案件进入行政诉讼时，《听证笔录》可作为一项证据使用，不可以内部资料为由不提供。

例如，在原告淄博万达包装印刷物资有限公司（万达物资公司）诉被告淄博市地方税务局张店分局稽查局（以下简称稽查局）税务行政处罚案一案中，稽查局未提供《听证笔录》，淄博市张店区人民法院认为："听证程序系行政处罚过程中非常重要的执法程序，被告于2017年4月5日组织听证，但在庭审过程中，被告却认为听证笔录系内部资料，与本案无关，未向我院提交，其应当承担不利的法律后果。"山东省淄博市张店区人民法院行政判决书（〔2018〕鲁0303行初26号）判决：撤销被告稽查局于2018年1月8日对原告万达物资公司作出的《税务行政处罚决定书》（淄张店地税稽罚〔2018〕1号）。

稽查局不服，提起上诉。依照《中华人民共和国行政诉讼法》第八十九条第一款第（一）项规定，《山东省淄博市中级人民法院行政判决书》（〔2018〕鲁03行终159号）判决："驳回上诉，维持原判。"

通常听证结束至作出《税务处罚决定书》的时间应该掌握在1个月以内。承前例，被告于听证后隔9个月，于2018年1月8日才作出行政处罚决定书，法院认为："有违行政效率原则。"

听证结束后，听证主持人将听证情况和处理意见报告税务机关负责人，再由税务机关作出税务行政处罚决定。不可以先作出处罚决定，再举行听证。

例如，上诉人宁波埃斯科光电有限公司因诉国家税务总局宁波市税务局稽查局税务行政处罚一案，不服宁波市鄞州区人民法院于2018年4月20日作出的（2017）浙0212行初290号行政判决，向宁波市中级人民法院提起上诉。经法院审理查明，"本案中，被告举行听证的时间是2017年9月5日，而原宁波市国税局重大税务案件审理委员会于2017年8月14日就已作出《重大税务案件审理委员会审理意见书》，故存在先集体讨论后进行听证，此举势必使听证流于形式，应认定为重大程序违法。"2018年8月6日，《浙江省宁波市中级人民法院行政判决书》（〔2018〕浙02行终180号）判决：撤销宁波市鄞州区人民法院（2017）浙0212行初290号行政判决；撤销甬国税稽罚〔2017〕7号税务行政处罚决定；二审案件受理费50元，由被上诉人国家税务总局宁波市税务局稽查局负担。①

---

① 案件资料来源：《宁波埃斯科光电有限公司、宁波市税务局稽查局其他二审税务行政判决书》，中国裁判文书网，2018年11月9日。

附：听证提纲

听证会是一项重要的活动，涉及人数较多，笔者提供《听证提纲》供参考。

时间：　　　年　月　日

地点：

是否公开听证：公开

旁听人数：　　　人

主持人：

记录人：

前期准备工作：税务人员按规定着装。开始前十分钟准备工作就绪，复查设施是否齐备，标志牌是否齐全。

主持人：根据《行政处罚法》和《国家税务总局税务行政处罚听证程序实施办法（试行）》（国税发〔1996〕190号）的有关规定，今天，×××税务局在这里依法举行拟对×××公司销售×××、×××未按有关规定交纳×××税、×××税行为予以行政处罚的公开听证，现在听证正式开始。首先由我宣读并出示×××税务局授权主持人主持听证的决定。

授权委托书

委托单位名称：

所在地址：

法定代表人姓名：　　　　职务：　　　　局长

受委托人姓名：

工作单位及职务：

现委托×××在拟对×××公司给予税务行政处罚的听证中担任听证主持人。

×××税务局

主持人：下面请记录员宣读听证会场纪律。

听证会场纪律

请大家肃静，现在宣布听证会场纪律。

下列人员不得参加旁听：不满18周岁的未成年人；精神病人和醉酒的人；被剥夺政治权利的人；正在监外服刑的人及被监视居住、取保候审的人；携带武器、凶器的人；其他有可能妨害会场秩序的人。

当事人、本案调查人员、其他有关人员、旁听人员必须遵守以下纪律。

1. 旁听人员必须保持肃静，不准鼓掌、喧哗，不得有其他妨害听证活动的行为；

2. 旁听人员不得随便走动，不得进入听证区；

3. 未经许可，不准录音、摄影、录像；

4. 不准吸烟和随地吐痰；

5. 当事人、本案调查人员和其他听证参与人不得中途退场，未经听证主持人同意，不得发言、提问，发言时应当注意文明礼貌，不得攻击、辱骂他人；

6. 关闭（或静音）移动电话和其他通信设备；

7. 对违反听证会场纪律的，听证主持人应当警告制止，对不听制止的，可以责令其退出听证会场；

8. 当事人或其他代理人有严重违反听证会场纪律行为致使听证无法进行的，听证主持人或者税务机关可以终止听证。

主持人：现在检查当事人及其代理人、本案调查人员及其他有关人员是否到场。

1. 当事人：×××公司，委托代理人×××是否到场；

2. 本案调查人员×××税务局稽查局×××、×××、×××是否到场；

接着核查双方到场人员身份。

1. 本案调查人员对对方出场人员的身份有无异议；

2. 当事人对调查人员的出场身份有无异议。

双方均表示无异议后，主持人宣布：双方身份符合法律规定，可以参加本次听证。

现在告知当事人在听证会上的权利和义务。

当事人的权利和义务

当事人在听证会上享有以下权利。

1. 对主持人有申请回避的权利。回避申请应当在举行听证的3日前向税务机关提出，并说明具体理由；

2. 有权就案件认定的事实、有关程序和适用法律进行申辩，质疑；

3. 有提供证据的权利。当事人有权提供证据来证明自己陈述的事实和主张，经主持人许可，可以提供新的证据；

4. 经许可，当事人可以向证人及其他有关人员发问，可以申请对有关证据进行重新核实；

5. 可以提出延期听证，是否准许，由听证主持人或者税务机关作出决定；

6. 有放弃申辩和质证、退出听证会的权利；

7. 进行辩论的权利；

8. 陈述最后意见的权利。辩论结束后，当事人可以陈述对处罚的最后意见。

当事人在听证会上必须自觉履行下列义务。

1. 遵守听证会场纪律，听从主持人的指挥；

2. 如实陈述案件事实，不得歪曲事实、提供虚假证据，不得伪造证据；

3. 依法正确行使有关听证权利；

4. 对自己提出的主张有责任提供证据。

主持人：现在开始听证调查（陈述、举证、质证）。由本案调查人员就当事人的违法行为予以陈述，并出示事实证据材料，提出行政处罚建议。

首先由本案调查人员陈述案件事实、并出示相应证据。

主持人：其他调查人员有无补充？

当事人或者其代理人可以就所陈述的事实及相关问题进行申辩和质证，未经听证主持人同意，不得发言、提问。

主持人：现在请当事人针对调查人员的陈述发表自己的意见，并出示相应证据。

主持人：下面进行辩论。在辩论中，应实事求是，举出法律依据，不得进行人身攻击。辩论按下列顺序进行。

1. 本案调查人员发言；

2. 当事人及其代理人发言；

3. 其他有关人员发言。

主持人：双方有无补充意见，已经陈述过的意见不得重复。

如无补充意见，宣布辩论结束。

主持人：辩论结束，现在做最后陈述。

主持人：请调查人员就本案事实、证据及处罚建议陈述最后意见。

主持人：请当事人×××公司代表及代理人陈述最后意见。

主持人：听证结束后，将把听证情况和处理意见报告有关领导和案件审理委员会。

现在宣布听证结束。

××××年××月××日

第三节 十项必审

曾任英国女王特别法律顾问以及朝廷首席检察官的弗朗西斯•培根（Francis Bacon）说过："一次不公的裁判比多次不平的举动为祸尤烈。因为后者不过弄脏了水流，而前者则把水源败坏了。"《行政诉讼法》第七十条规定，行政行为主要证据不足；适用法律、法规错误；违反法定程序；超越职权；滥用职权；明显不当等，人民法院判决撤销或者部分撤销，并可以判决被告重新作出行政行为。当然，不可能所有稽查案件都进入诉讼，但在审理过程中要高标准严要求。针对上述规定，结合《税务稽查工作规程》第四十七条的规定，将审理要求归纳为案件的文书格式、被查对象、程序、事实、证据、线索、定性、数量稽核、职权和处理意见"十项必审"。

文书格式审

在进入审理环节后，要确认资料是否齐全。审理所需资料主要包括工作报告、稽查文书、有关证据三类资料。《税务稽查报告》和证据资料是案件资料的主体，尤其是证据资料，既包括对所查处违法事实认定的证据，也包括否定的证据，既有实物证据，也有言词证据。与案件有关的所有资料要做到不错不漏，完整齐全。文书格式审的依据主要是《国家税务总局关于印发全国统一税收执法文书式样的通知》（国税发〔2005〕179号）所列表格，格式审主要从三个方面进行：一是审查《税务稽查报告》是否依照《税务稽查工作规程》第四十二条规定以及本省市局的规定制作；二是审查《税务稽查案卷》的制作是否依照国家税务总局、省市局要求进行；三是审查文书的制作、使用是否规范。比如，应立案的是否制作《立案审批表》，填写是否符合规范；《文书送达回证》是否一单一证，填写是否符合规范等。

被查对象审

税务稽查的被查对象是纳税人、扣缴义务人，即被查的主体。二者的概念，按《税收征收管理法》第四条规定："法律、行政法规规定负有纳税义务的单位和个人为纳税人，法律、行政法规规定负有代扣代缴、代收代缴税款义务的单位和个人为扣缴义务人。"纳税人或者扣缴义务人为单位的，要核对其营业执照、税务登记证，确定是否为所要检查的对象。纳税人或者扣缴义务人为个人的，要核对其居民身份证（或者护照），确定其真实身份，确认该个人是否为完全行为能力人、是否达到法定年龄、精神和智力是否正常等。

当被查对象死亡、被依法宣告死亡、依法注销且无财产可抵缴税款或者无法定税收义务承担主体，按《税务稽查工作规程》第四十五条规定，经稽查局局长批准后终结检查。主体不合格，不能出处理或者处罚决定书，检察院作不起诉处理。

例如，张家港保税区宏卓国际贸易有限公司（以下简称宏卓公司）涉嫌虚开增值税专用发票罪，张家港市公安局于2016年12月26日移送市人民检察院审查起诉。2017年2月24日、2017年5月5日，市公安局经补充侦查完毕，再次将本案移送市检察院审查起诉。经查，法定代表人朱某某在没有真实货物交易的情况下，2009年3月至11月，应东台市××绣品有限公司的要求，以收取开票费的方式，用先行支付货款，再通过个人银行卡回流资金的手法，为该公司虚开增值税专用发票38份，价税合计387.371万元，并已被受票单位非法抵扣税款56.284 673万元。市检察院认为，宏卓公司已于2012年3月23日因未按规定办理工商年检而被吊销营业执照，已不具备法人资格，不符合单位犯罪条件。依照《刑事诉讼法》第一百七十三条第一款、第十五条第（六）项的规定，2017年6月20日，《张家港市人民检察院不起诉决定书》（张检诉刑不诉〔2017〕21号）决定对宏卓公司不起诉。①

如果公司系自然人为进行违法犯罪活动而设立的，根据《最高人民法院关于审理单位犯罪案件具体应用法律有关问题的解释》（法释〔1999〕14号）第二条的规定，不以单位犯罪论处。

例如，2015年9月，为虚开增值税专用发票，在孔某某的要求下，李某某以其亲戚屈某某的名义注册成立江苏××卫浴有限公司。该公司成立后，没有实际进行生产经营活动。李某某利用该公司为孔某某实际控制的宁波、西安的公司虚开增值税专用发票，价税合计2 000多万元，税额合计300多万元。《江苏省泗洪县人民检察院不起诉决定书》（洪检诉刑不诉〔2017〕2号）称：江苏××卫浴有限公司没有犯罪事实，根据《刑事诉讼法》第一百七十三条第一款的规定，决定对该公司不起诉。②尽管如此，税务机关在调查处理的时候，针对的是江苏××卫浴有限公司这个单位，而不是个人。

对于非法定纳税义务人，而在现实中是税款的实际负担人，构成了"法律上的利害关系"，即纳税主体，《税务稽查工作规程》称之为"其他涉税当事人"。

例如，原告梅某不服被告浙江省衢州市地方税务局直属分局（以下简称直属分局）税务行政管理一案，于2013年6月24日向衢州市柯城区人民法院提起行政诉讼，同年7月26日法院受理，同年8月2日法院依法向被告邮寄送达了起诉状副本及应诉通知书。法院依法组成合议庭，同年9月12日公开开庭审理本案。

原告梅某起诉称，其从叶某龙、蒋某琴处购买取得产权超过五年的

---

① 案件资料来源：《不起诉决定书（张家港保税区某某国际贸易有限公司虚开增值税专用发票案）》，人民检察院案件公开信息网，2017年7月12日。

② 案件资料来源：《不起诉决定书（江苏某某卫浴有限公司虚开增值税专用发票案）》，人民检察院案件公开信息网，2017年10月13日。

普通住宅和非普通住宅，符合《财政部 国家税务总局关于调整个人住房转让营业税政策通知》（财税〔2011〕12号）、《中华人民共和国土地增值税暂行条例》的规定，应享受营业税、土地增值税减免政策。被告作出的征税行为违法违规，要求依法判令被告退回普通住房全额营业税23 718.97元、非普通住房差额营业税3 522.6元、非普通住房土地增值税免征额7 250.47元及误工费1 500元、交通通信费300元、利息1 500元，共计37 792.04元。

直属分局辩称，原告不具备诉讼主体资格，原告要求被告退回对叶某龙、蒋某琴因出售房屋所缴纳的营业税和土地增值税，被征收税款的当事人、行政相对人是叶某龙和蒋某琴，原告无权就被告向他人征收税款的行政行为提起诉讼。

柯城区人民法院审理查明，本案所涉的位于衢州市丹桂小区×幢×号房屋系原房主叶某龙根据衢州市经济开发区管理委员会于1998年5月4日作出的《关于同意叶某龙建造汽配综合楼的批复》（衢开管〔1998〕70号）所建造的自建房。叶某龙于2001年3月21日办理了国有土地使用证，次年1月14日办理了房产证。2012年7月18日，原告与叶某龙、蒋某琴签订房地产转让协议，购买叶某龙、蒋某琴所拥有的该处房屋，住宅面积145.52m²，非住宅面积84m²，并于2012年7月26日办理了房产变更登记。同年7月19日，原告以本人及原户主叶某龙、蒋某琴的名义缴纳了城市维护建设税2 751.26元、教育费附加1 179.12元、营业税39 303.81元、地方教育附加786.07元、契税10 875.71元、个人所得税3 625.24元、土地增值税7 250.47元、印花税372.52元。后来原告因对被告全额征收销售不动产营业税、土地增值税的行为不服，向衢州市地方税务局提起行政复议。该局于2013年6月14日作出行政复议决定书（衢地税复决〔2013〕1号）维持被告作出的征税行为，并于同年6月19日送达了该行政复议决定书。

原告是否具备行政诉讼主体资格？根据《最高人民法院关于执行〈行

政诉讼法〉若干问题的解释》（法释〔2008〕8号）第十二条规定："与具体行政行为有法律上利害关系的公民、法人或者其他组织对该行为不服的，可以依法提起行政诉讼。"柯城区人民法院认为，该解释中的"法律上的利害关系"不应作狭义的字面理解，本案原告虽非法定纳税义务人，但依据市场上二手房交易行规，买受人多为缴纳各项税费的义务人，且本案原告为销售不动产营业税、土地增值税的实际缴纳人，应属与本案具体行为有利害关系的公民，具备本案的诉讼主体资格。柯城区人民法院行政判决书（〔2013〕衢柯行初字第21号）认定：被告提出原告不具备本案诉讼主体资格的抗辩，本院不予采纳。①

透过本案可以看出，税务机关及其税务人员不仅对税法要熟悉，对人民法院的司法解释也须了解，在审理的时候才能发现问题、解决问题，对主体的把握才能准确。

程序审

程序是指按法律、法规规定实施检查的先后次序。比如，在实施税收保全措施时，根据《税收征收管理法》第三十八条规定，第一步，税务机关有根据认为从事生产、经营的纳税人有逃避纳税义务行为的，可以在规定的纳税期之前，责令限期缴纳应纳税款，即提前清税；第二步，在限期内发现纳税人有明显的转移、隐匿其应纳税的商品、货物、收入以及其他财产的迹象，税务机关可以责成纳税人提供纳税担保；第三步，如果纳税人不能提供纳税担保，且经县级以上税务局（分局）局长批准，税务机关才可以采取税收保全措施；第四步，纳税人在税务机关规定的限期内缴纳税款，税务机关必须立即解除税收保全措施；第五步，限期期满仍未缴纳税款，经县级以上税务局（分局）局长批准，税务机关可以书面通知纳税

---

① 案件资料来源：梅某与衢州市地方税务局直属分局一审判决书，中国裁判文书网（有改动），2013年10月23日。

人开户银行或者金融机构冻结的存款中扣缴税款，或者依法变卖、拍卖所扣押、查封的商品、货物或者其他财产，以拍卖或变卖所得抵缴税款。

必须严格遵守程序。曾经担任美国最高法院大法官长达36年的威廉·奥威尔·道格拉斯（William O. Douglas）说过："正是程序决定了法治与随心所欲或反复无常的人治之间的大部分差异。坚定地遵守严格的法律程序，是我们赖以实现法律面前人人平等的主要保证。"

程序在税务行政过程中显然十分重要，以行政处罚为例，《行政处罚法》第三条第二款规定："不遵守法定程序的，行政处罚无效。"在审理稽查案件是否符合法定程序时，主要审查法定步骤、顺序、形式、时限四个方面。

① 审查法定步骤。步骤是事情进行的程序，做任何一项工作，其过程均由多个步骤来完成，缺少其中任何一个步骤，程序就会中断，整个行政程序可能就无法完成，即便作出行政行为，也是无效的。法定步骤审，要审什么呢？宏观一点讲是行政行为所涉及的步骤都要审，微观一点说是要审查具体的步骤。比如，审查实施税收保全、强制执行措施是否依法进行；制作询问笔录是否向被询问人表明身份并告知相关法律责任；调取账簿资料和进行询问等行为是否依法进行；文书送达是否办理《文书送达回证》等。

程序是办案的生命线，程序错，案件就会办错。

例如，上诉人（原审原告）新疆维吾尔自治区巴音郭楞蒙古自治州麦博尔工贸有限责任公司（以下简称麦博尔公司）因不服税务征收处理决定一案，不服新疆维吾尔自治区库尔勒市人民法院（2016）新2801行初29号行政判决，向巴音郭楞蒙古自治州（以下简称巴州）中级人民法院提起上诉。巴州中级法院依法组成合议庭，公开开庭审理本案。

库尔勒市人民法院查明，2009年5月至2011年12月期间，原告经营负责人王某旗与中间人张某梅商定，以"票货分离"即原告麦博尔公司要票不要货、张某梅要货不要票的方式，从张某梅处取得增值税专用发票62份，麦博尔公司将实际为张某梅自有资金以"已借入第三人资金"名义存入原告基本账户，进而付给张某梅，由张某梅将货物提走，原告按票面金额6%给张某梅支付开票手续费。原告将上述62份增值税专用发票全部认证，并实际申报抵扣了增值税进项税额160.14万元。

王某旗于2012年4月11日到巴州塔里木公安局刑侦支队自认其虚开增值税专用发票的行为。同日，巴州塔里木公安局作出《立案决定书》（巴塔公国立字〔201219〕号）、《接受刑事案件登记表》（编号公字〔2012〕15号）。王某旗于2012年4月20日、5月30日、6月4日、7月18日分别向该局缴纳了40万元、50万元、45万元、25万元案款，共计160万元。后来，巴州公安局对王某旗作出取保候审决定。

巴州国税局稽查局于2014年11月6日作出《税务处理决定书》（巴国税稽处〔2014〕35号），认定原告虚构货物，让他人为自己虚开专用发票抵扣税款造成少缴税款是偷税行为，根据《税收征收管理法》第六十三条第一款和第三十二条规定，追缴原告少缴税款160.14万元，并对原告少缴税款依法加收滞纳金。同时，告知了税务机关可强制执行的条件和原告可提请行政复议的权利及其前提条件，并依法向原告送达了《税务处理决定书》。

原告补缴了税款、滞纳金后，于2015年1月21日以被告作出的《税务处理决定书》认定违法事实不清、适用法律错误和所作具体行政行为明显不当为由，向巴州国税局提出行政复议申请。巴州国税局于同日受理了原告的复议申请，同年4月17日作出《税务行政复议决定书》（巴州国税复决〔2015〕1号），维持了巴州国税局稽查局的税务处理决定，并依法向原告送达了相关法律文书。

原审法院认为，本案被告巴州国税局稽查局根据法律规定对原告作出追缴税款及滞纳金的处理决定事实清楚，适用法律正确，程序合法，予以维持，驳回原告的诉讼请求。

原审原告麦博尔公司不服原判，上诉请求撤销库尔勒市人民法院行政判决，撤销巴州国税稽查局作出的行政行为。

二审期间当事人没有提交新证据，二审查明的事实与一审判决认定的基本事实一致。上诉人麦博尔公司在二审庭审当中，认可其公司存在偷税的行为，被上诉人巴州国税局稽查局在答辩状及二审开庭时均认可与公安机关联合共同办理涉案案件。

巴州中级人民法院认为：巴州塔里木公安局对上诉人涉嫌税收违法案件启动了司法程序，根据《行政执法机关移送涉嫌犯罪案件的规定》（国务院令第310号）第十条的规定："行政执法机关对公安机关不予立案的案件，应当依法作出处理。"在公安机关对上诉人涉嫌税收违法案件立案受理后没有结论的情况下，被上诉人巴州国税局稽查局作出税务处理决定书，不符合上述有关规定。

巴州中级人民法院认为：被上诉人巴州国税局稽查局作出的税务处理决定书，是对公安机关正在侦查的同一违法行为作出的行政处理决定，该决定程序违法，应予以撤销。被上诉人巴州国税局作出行政复议决定书，与本案查明认定的事实不符，也应予以撤销。上诉人麦博尔公司提出的两被上诉人作出的行政行为程序违法，上诉请求成立，依法予以支持。原审法院判决有误，经本院审判委员会决定，依法予以撤销。根据《行政诉讼法》第八十九条第一款第二项规定，2017年7月2日，《巴州中级人民法院行政判决书》（〔2017〕新28行终13号）判决：撤销库尔勒市人民法院（2016）新2801行初29号行政判决书；撤销被上诉人巴州国税局稽查局

《税务处理决定书》（巴国税稽处〔2014〕35号）；撤销被上诉人巴州国税局《行政复议决定书》（巴国税复决〔2015〕1号）。[①]

本案中巴州国税局、国税局稽查局已经考虑到公安机关在先，税务机关处理在后。当事人王某旗缴纳了160万元的案款，将来作为税款入库的可能性几乎为零。税务机关避开了处罚，出于征收税款的使命和担当，不让国家税款流失，下了《税务处理决定书》。面对麦博尔公司的复议，巴州国税局还是坚持了自己的观点，库尔勒市人民法院也支持国税局的做法。至于巴州中级人民法院认为，巴州塔里木公安局2012年4月11日立案，巴州国税局稽查局于2014年11月6日作出税务处理决定，公安机关尚没有作出处理，税务机关急于进行处理，不符合程序，进而判税务机关败诉，也只能是一家之言。值得借鉴，但不能照搬照套。

果然，事情发生了变化，后来巴州国税局、国税局稽查局申请再审。案情发生重大变化是在2018年2月25日，巴州公安局对王某旗涉嫌虚开增值税专用发票案作出《撤销案件决定书》。同年3月18日，《巴州中级人民法院行政判决书》（〔2018〕新28行再2号），撤销《巴州中级人民法院行政判决书》（〔2017〕新28行终13号）判决，维持库尔勒市人民法院（2016）新2801行初29号行政判决。[②]

②审查法定顺序。行政程序有严格的顺序，比如，先表明身份后实施检查；先听证后作处理；先取证后裁决；先裁决后执行等。《税收征收管理法》第五十九条规定："税务机关派出的人员进行税务检查时，应当出示税务检查证和税务检查通知书。"本规定明确先表明身份后实施检查，如果颠倒了它们的顺序，就违反了法定程序。

---

① 案件资料来源：《巴州麦博尔工贸有限责任公司与巴音郭楞蒙古自治州国家税务局稽查局、巴音郭楞蒙古自治州国家税务局行政征收二审行政判决书》，中国裁判文书网（有改动），2017年8月11日。

② 案件资料来源：《巴音郭楞蒙古自治州国家税务局稽查局与巴音郭楞蒙古自治州国家税务局、巴州麦博尔工贸有限责任公司不服税务征收处理决定再审行政判决书》，中国裁判文书网（有改动），2018年5月30日。

达到听证要求的先听证后行政处罚。《行政处罚法》第四十二条第一款规定：行政机关作出较大数额罚款处罚决定之前，应当告知当事人有要求举行听证的权利；当事人要求听证的，行政机关应当组织听证。《国家税务总局关于印发〈税务行政处罚听证程序实施办法（试行）〉〈税务案件调查取证与处罚决定分开制度实施办法〉的通知》（国税发〔1996〕190号）附件1第二十条规定："对应当进行听证的案件，税务机关不组织听证，行政处罚决定不能成立。"

例如，因上级交办，2016年12月28日河北省邯郸市国家税务局稽查局（以下简称稽查局）对国能成安生物发电有限公司（以下简称生物发电公司）涉嫌偷税一案立案。经调查后，2018年1月30日稽查局作出《税务行政处罚事项告知书》（邯国税稽罚告〔2018〕3号）。生物发电公司收到文书后，2月8日提出听证申请。2月22日，稽查局召开听证会，听取生物发电公司的陈述和申辩。2月28日，稽查局作出《税务行政处罚决定书》（冀邯国税稽罚〔2018〕5号），对生物发电公司应补缴税款139 634 752.16元认定为偷税，除责令补缴税款外，处所偷税款0.5倍罚款，即69 817 376.08元。

生物发电公司对该处罚决定书不服，诉至邯郸市丛台区法院。2017年11月28日经稽查局集体研究后报请邯郸市国家税务局审理委员会，后者于2018年1月19日经会议审理决定同意稽查局意见。同年2月5日，稽查局作出《税务处理决定书》（冀邯国税稽处〔2018〕21号），次日送达文书。同年2月28日作出《税务行政处罚决定书》（冀邯国税稽罚〔2018〕5号）。显然，听证会的时间晚于作出处理和处罚决定时间17天。

法院认为，"稽查局在未举行听证前就对该案所涉处罚进行了集体讨论的行为虽有不妥之处，但没有剥夺生物发电公司的相关权利、侵害其利益。稽查局在今后的工作中应加以注意，杜绝此类情况的出现。"稽查局作出的《税务行政处罚决定书》（冀邯国税稽罚〔2018〕5号）罚款符合法律规定，程序适当。依据《行政诉讼法》第六十九条的规定，《河北省邯郸市丛台区人民法院行政判决书》（〔2018〕冀0403行初148号）判决："驳回原告生物发电公司的诉讼请求。"[①]

从法律程序上说，达到听证要求的须先听证后行政处罚。本案税务机关先作出行政处罚，再行听证，违反了程序。《行政处罚法》第三条第二款规定："不遵守法定程序的，行政处罚无效。"法院在审判本案时对税务机关作了提醒，处罚仍作有效处理，笔者认为其违反了《行政处罚法》的规定。如果本案在听证之后，再开一次重大案件审理委员会，听取听证结果汇报，再行作出处罚决定，尽管与之前的决定一致，但是就没有瑕疵了。

③审查法定形式。我国现有的行政法律、法规大多数都对行政机关作出的具体行政行为、具体步骤中采用的形式作了明确规定。比如，《税收征收管理法》第十五条规定："从事生产、经营的纳税人自领取营业执照之日起三十天内，持有关证件，向税务机关申报办理税务登记。税务机关应当自收到申报之日起三十日内审核并发给税务登记证件。"这里的"税务登记证件"就是行政行为的表现形式，并且是规范的要求形式。"法律、法规规定当事人对行政处罚不服的，可以在接到处罚决定书之日起六十日内提出行政复议申请。"这里的"决定书"也是行政行为的文字表现形式，并排除了口头通知的行为形式。如果行政机关不用决定书，而是口头告知当事人，则行政程序不合法，法律规定可以口头通知的除外。要注意审查实施检查是否依据《稽查任务通知书》进行；是否按规定向被查对象下达《税务检查通知书》；是否两人以上上岗；调取账簿资料时是否向被查对象下达《调取账簿资料通知书》并填写清单；询问是否发出《询问通知书》等。

④审查法定时限。我国部分行政法律、法规、规章对行政程序的时限

---

① 案件资料来源：《国能成安生物发电有限公司与国家税务总局邯郸市税务局稽查局税务行政管理（税务）一审行政判决书》，中国裁判文书网，2019年12月20日。

作了规定，比如，审查延期缴纳税款是否超过法定时限，《税收征收管理法》第三十一条规定："纳税人因有特殊困难，不能按期缴纳税款的，经省、自治区、直辖市国家税务局、地方税务局批准，可以延期缴纳税款，但最长不得超过三个月。"如果在所查办的案件中发现的问题超过五年，不得给予行政处罚。《税收征收管理法》第八十六条规定："违反税收法律、行政法规应当给予行政处罚的行为，在五年内未被发现的，不再给予行政处罚。"注意审查实施稽查是否超期；超期有无填写《延期稽查报告申请》；调取的账簿资料是否按规定退还等。

审查行政复议申请期限。法定申请行政复议期限为60天，因火灾、旱灾、地震、风灾、大雪、山崩，战争、动乱、政府干预、罢工等自然和社会现象的不可抗力，以及其他正当理由耽误法定申请期限的可适当延长。《行政复议法》第九条规定："公民、法人或者其他组织认为具体行政行为侵犯其合法权益的，可以自知道该具体行政行为之日起六十日内提出行政复议申请；但是法律规定的申请期限超过六十日的除外。因不可抗力或者其他正当理由耽误法定申请期限的，申请期限自障碍消除之日起继续计算。"关注在税务稽查过程中，因税收保全措施、税收强制执行措施的实施引发的税务行政复议的时间。

⑤审查程序正当性。程序正当性是指程序的中立、理性、排他、可操作、平等参与、自治、及时终结和公开，通过正当程序达到宪法的至信、至尊、至上从而实现宪法权威。正当法律程序有两个基本功能：一是防止公权力滥用，遏制腐败；二是保障人权，保护公民、法人和其他组织的合法权益不受公权力主体滥权、恣意行为侵犯。由于中国民主、法治发展滞后，公权力运作领域一直没有建立起完善的正当法律程序机制，有些领域甚至正当法律程序完全缺位，以致为腐败滋生、蔓延提供了便利条件。

审查正当法律程序的要领是公开、透明，违背程序正当性的处罚无效。

例如，原告黎城华峡房地产开发有限公司（以下简称黎城房地产公司）不服被告文水县地方税务局稽查局（以下简称文水税务稽查局）税务行政处罚一案。2016年9月1日文水税务稽查局作出《税务行政处罚事项告知书》（文地税罚告〔2016〕001号），并送达黎城房地产公司，后者对数额认定有异议，前者认为确实存在错误。经协商，文水税务稽查局将数额认定更正后的告知书送达黎城房地产公司，并收回原告知书（两份告知书文号、落款均一致，内容有部分变化）。

一审法院认为，文水税务稽查局所作出的《税务行政处罚事项告知书》送达后发现错误，未经合法程序撤销，便将更正后的告知书送达，将错误的告知书换回，违反了行政行为的程序正当性。依照《中华人民共和国行政诉讼法》第七十条第（一）项、第（二）项、第（三）项规定，《山西省汾阳市人民法院行政判决书》（〔2017〕晋1182行初7号）判决撤销被告文水税务稽查局作出的《税务处罚决定书》（文地税稽罚〔2016〕01号），责令重新作出行政行为。①

事实审

事实是指事情的真实情况。案件事实是定案的基础，所谓事实清楚就是指《税务稽查报告》中所认定的案件事实真实、具体、准确。审理时要注意对案件材料中的主要违法事实发生的时间、地点、手段、情节、后果、责任、原因等认真审查，力求反映案件客观、真实的情况，为准确定案提供充分保障。如果认定的事实不清，就不能作定案处理，勉强定案，有可能导致整个案件性质判断错误或处理上的失误。认定案件事实，一定要有证据，并且要有充分的证据，在事实审时有如下几个方面需要注意。

① 对被查对象的违法事实要全面、客观地调查核实，否则会导致败诉。

---

① 案件资料来源：《黎城华峡房地产开发有限公司诉文水县地方税务局稽查局一审判决书》，中国裁判文书网，2017年6月13日。

例如，上诉人王某银因诉四川省长宁县地方税务局稽查局（以下简称稽查局）税务行政处罚一案，不服长宁县人民法院（2013）长宁行初字第29号行政判决，向四川省宜宾市中级人民法院上诉，宜宾市中级人民法院依法组成合议庭，对本案进行了公开开庭审理。

一审法院经审理查明，王某银在2011年3月1日与长宁县硐底镇人民政府签订的《企业整体产权转让协议》中，收取"预可采资源"的可得利润4 686 400.00元、支付银行及个人借款利息5 025 414.39元，其中长宁县农村商业银行硐底分行利息123 414.39元，个人利息4 902 000.00元。稽查局依据《个人所得税法》第二条、第三条、第八条、第九条的规定，核定王某银应申报缴纳个人所得税250 436.83元，仅申报缴纳2 101.84元，少申报缴纳248 334.99元。支付个人借款利息的部分，应代扣代缴个人所得税980 400.00元，未代扣代缴。

稽查局认为王某银的行为违反了《个人所得税法》等规定，2013年5月23日根据《税收征收管理法》第六十九条规定，作出《税务行政处罚决定书》（长地税稽罚〔2013〕7号），对投资人王某银因未代扣代缴个人所得税处以1.5倍罚款，即1 470 600.00元，并告知王某银从本处罚决定书送达之日起15日内到长宁县地方税务局第一税务所将应缴罚款缴纳入库。到期不缴纳罚款的，将依照《行政处罚法》第五十一条第（一）项规定，每日按罚款数额的百分之三加处罚款。

宜宾市中级人民法院对一审审理查明的事实予以确认。另查明，王某银单方面向稽查局提供的2011年4月至8月向叶某宣等人支付个人借款利息的证明材料，稽查局未对借款利息的真实性及金额调查核实。

宜宾市中级人民法院认为，根据《税收征收管理法》第五条、《税务稽查工作规程》第二条的规定，稽查局负责对纳税人、扣缴义务人履行纳税义务、扣缴义务的情况及涉税事项进行检查处理，是本案适格的被告。根据《个人所得税法》第二条第（七）项规定，王某银支付的个人借款利息应当纳税。稽查局对王某银支付个人利息金额的认定依据是王某银单方提供的借款人自述的证明材料，虽然王某银在处罚听证中和一、二审庭审时均未否认其借款的事实及支付的利息金额，但根据《行政处罚法》第三十六条的规定："行政机关发现公民、法人或者其他组织有依法应当给予行政处罚的行为的，必须全面、客观、公正地调查收集有关证据。"稽查局对王某银作出行政处罚前，应对王某银支付借款利息的真实性和具体的支付金额进行全面、客观地调查核实，而不能仅凭王某银单方提供的证明材料来进行认定。因此，稽查局所作的行政处罚属认定事实不清、证据不足。经本院审判委员会讨论决定，依照《行政诉讼法》第五十四条第（二）项第1目和第六十一条第（三）项的规定，2014年5月21日，《宜宾市中级人民法院行政判决书》（〔2014〕宜行终字第12号）判决：撤销长宁县人民法院（2013）长宁行初字第29号行政判决；撤销稽查局作出的《税务行政处罚决定书》（长地税稽罚〔2013〕7号）。①

本案败诉的原因，一审、二审法院已经分析得很清楚。其实稽查局在核实王某银应扣未扣缴的个人所得税时，需要进行取证，向叶某宣等人核实支付借款利息的书证，如果是通过银行转账，要取得转账的资料，如果是支付现金，还须有收款的收据或者发票等。与此同时，找所有收款人做询问笔录，并进行确认。

其实本案还可以另一个理由撤销稽查局的处罚决定。《行政处罚法》第二十条规定："行政处罚由违法行为发生地的县级以上地方人民政府具有行政处罚权的行政机关管辖。"本案中稽查局只是长宁县地方税务局的直属机构，不是"县级以上地方人民政府具有行政处罚权的行政机关"。《国家税务总局关于稽查局有关执法权限的批复》（国税函〔2003〕561

---

① 案件资料来源：王某银与长宁县地方税务局稽查局税务行政处罚纠纷二审行政判决书，中国裁判文书网（有改动），2014年9月16日。

号）明确："《税收征收管理法》及其实施细则中规定，应当经县以上税务局（分局）局长批准后实施的各项权力，各级税务局所属的稽查局局长无权批准。"换言之，稽查局没有处罚权，那么人民法院可以此理由，撤销稽查局的处罚决定书。

② 仅凭外来证据定案，但事实并没有查清，不可轻易下结论，否则难免败诉。

例如，上诉人沈阳市国家税务局第二稽查局（以下简称稽查局）与被上诉人辽宁省万鑫药业有限公司（以下简称万鑫公司）行政处罚纠纷一案，因稽查局不服沈阳市浑南区人民法院作出（2017）辽0112行初27号行政判决而上诉至沈阳市中级人民法院，法院受理后，依法组成合议庭公开开庭审理。

原审查明，原告成立于1999年11月，主要经营药品批发。被告根据国家税务总局"703"专案组会议精神及工作安排意见，就中华人民共和国审计署驻沈阳特派员办事处（以下简称"办事处"）转来的相关证据（审计工作底稿显示：办事处人员通过采集沈阳市食品药品监督管理局的药品检测数据、辽宁省国家税务局认证数据和销项发票数据进行分析及原告的资金流向）及办事处移交的审计工作底稿、企业账簿及原始凭证，以及沈阳市公安局经济犯罪侦查支队调查核实的证据，并经被告调查取证，认定原告于2010年1月至2012年3月期间未从金贸公司购进由新马公司生产的"开顺"药品，但却接受金贸公司开具的货物名称为开顺的增值税专用发票701组，不含税金额为66 251 950.73元，税额11 262 831.87元，价税合计77 514 782.60元。2017年3月1日向原告作出《税务行政处罚决定书》（沈国税稽二罚〔2017〕11号），对原告处以11 262 831.87元的罚款。原告不服，于2017年4月1日诉至法院，请求法院依法撤销该《税务行政处罚决定书》。

本案中，原告是否于2010年～2012年3月期间从金贸公司购进新马公司生产的开顺药品，是认定本案是否构成接受虚开的关键。被告依据CTAIS系统数据，认定2010年～2012年3月期间，新马公司向沈阳悦德瑞驰医药有限公司（以下简称悦德瑞驰公司）开具销售货物发票金额占其销售发票总额的87.44%，悦德瑞驰公司向河北德泽龙医药有限公司（以下简称德泽龙公司）开具销售货物发票总额占其销售发票总额的90.22%，而同期新马公司、悦德瑞驰公司、德泽龙公司均未向金贸公司销售过开顺药品，因此认定金贸公司不具有开顺货源的结论不能成立。因药品具有流通性，被告在未取得金贸公司的财务凭证，未核实金贸公司开顺药品业务往来的前提下，即未排除金贸公司通过其他公司购进开顺药品的可能性，仅以上述三家公司的开票信息中无金贸公司，而否定金贸公司具有开顺货源，不能向原告提供开顺药品的结论不能成立。如果被告认为原告与金贸公司之间没有真实的货物交易关系，被告应当查清2010年～2012年3月期间原告购进的开顺药品的来源。故被告在没有充分证据证明原告与金贸公司之间不存在真实的开顺药品交易关系的情况下，属于未查清基本的案件事实就认定原告接受虚开，应予撤销。综上，依据《行政诉讼法》第七十条第一款第（一）项、第（三）项的规定，判决撤销被告稽查局于2017年3月1日作出的《税务行政处罚决定书》（沈国税稽二罚〔2017〕11号）。案件受理费50元，由被告稽查局承担。

经审查，原审法院对证据的认证正确，沈阳市中级人民法院予以确认，审理查明的事实与原审法院审理查明的事实一致。

再审法院认为，依据《税收征收管理法》第三条、第五条、第十四条，《税收征收管理法实施细则》第九条，《税务稽查工作规程》第二条、第十八条，《国家税务总局关于稽查局职责问题的通知》（国税函〔2003〕140号）的规定，上诉人具有税收征管职权的法定职权，有权作出涉诉的税务行政处罚决定，原审法院对此认定正确。本案中，上诉人根据相关外来证据，对被上诉人作出涉案处罚决定。沈阳市中级人民法院认为，依据上诉人提供的现有证据不足以证明其认定的处罚事实，因此原审法院以被诉处罚决定认定事实不清、证据不足，予以撤销涉案处罚决定的结论正确。再审法院认为依据现有证据，上诉人的上诉理由不能成立，依照《行政诉讼法》第八十九条第一款第（一）项的规定，2017年10月16日《辽宁省沈阳市中级人民法院行政判决书》（〔2017〕辽01行终838号）判决如下：驳回上诉，维持原判。二审案件受理费50元，由上诉人稽查局负担。[①]

本案至为关键的一点是查清金贸公司的货源，查看金贸公司的管辖地是哪里。如果在稽查局的管辖范围内，可以对金贸公司立案做延伸检查或者进行调查；如果不在稽查局的管辖范围内，可以委托金贸公司主管税务机关协查，总之要查清金贸公司的账上有没有"开顺"药品，有没有购进信息。

事实不清，便下结论，断然不可。否则，即使下了结论，也会被撤销。

例如，原告黎城华峡房地产开发有限公司（以下简称黎城房地产公司）不服被告文水县地方税务局稽查局（以下简称文水税务稽查局）税务行政处罚一案。文水税务稽查局于2016年10月27日作出《税务处罚决定书》（文地税稽罚〔2016〕01号），认定黎城房地产公司违反《税收征收管理法》第六十四条第二款的规定，对其2014年至2015年少申报缴纳税款11 327 916.97元，处以50%的罚款，计5 663 958.49元。

一审法院认为，《税务处罚决定书》是对黎城房地产公司2014年至2015年少申报缴纳税款所作出的，事实上该违法行为截至2015年底，即自从黎城房地产公司销售房产以来到2015年底少缴税款的行为，属于表述不准确、认定事实不清。《税收征收管理法实施细则》第三十四条规定了纳税申报应当如实填写纳税申报表，并根据不同的情况报送相应的有关证

① 案件资料来源：《沈阳市国家税务局第二稽查局与辽宁省万鑫药业有限公司行政处罚纠纷一案二审行政判决书》，中国裁判文书网，2017年10月16日。

件、资料。黎城房地产公司于2015年12月18日缴纳税款及滞纳金507 831.24元，原被告虽然均认可并进行了纳税申报，但均未提供当时纳税申报的相关材料，当时是否进行了纳税申报、如何纳税申报、如何核定税款，这些问题并不清楚。导致按照《中华人民共和国税收征收管理法》第六十四条第二款的规定进行处罚，适用法律不准确。

依照《行政诉讼法》第七十条第（一）项、第（二）项、第（三）项的规定，《山西省汾阳市人民法院行政判决书》（〔2017〕晋1182行初7号），判决撤销被告文水税务稽查局作出的《税务处罚决定书》（文地税稽罚〔2016〕01号），责令重新作出行政行为。[①]

证据审

证据是指证明涉及税收案件事实的依据。在审查证据时把一般证据同可定案证据区别开来，可定案证据是指必须具备合法性、客观性、相关性和充分性特征的事实和材料。证据审的内容比较多，可以参考笔者的《涉税案件证据收集实务》这本书，这里主要围绕证据的四性审查作简单介绍。

首先，审查证据的合法性。证据的合法性是指取得证据的程序必须合法，包括证据的获得、提交、调查、收集以及证据的形式等均须合法。审查取得的证据是否合法，具体包括审查证据的获得、提交、收集的手段、程序和证据的形式等是否合法。如证据是否经被查对象签字、盖章、注明日期；证据是否注明来源、出处；笔录是否有被询问人注明"属实"字样等。

注意在不侵害他人合法权益的前提下，以偷拍、偷录、窃听等手段

---

① 案件资料来源：《黎城华峡房地产开发有限公司诉文水县地方税务局稽查局一审判决书》，中国裁判文书网，2017年6月13日。

获得的证据材料可以作为定案依据。《最高人民法院关于行政诉讼证据若干问题的规定》（法释〔2002〕21号）第五十七条规定，以偷拍、偷录、窃听等手段获取侵害他人合法权益的证据材料不能作为定案依据。也就是说，行政诉讼案件视听资料非法证据的排除规则，必须同时符合以偷拍、偷录、窃听等手段获得并且侵害他人合法权益两个条件。以偷拍、偷录、窃听等手段获取并不必然侵害他人合法权益，如果是以偷拍、偷录、窃听等手段获取，但并未侵害他人合法权益的，依然可以作为定案的依据。

《最高人民法院关于执行〈行政诉讼法〉若干问题的解释》（法释〔2000〕8号）第九十七条规定："人民法院审理行政案件，除依照行政诉讼法和本解释外，可以参照民事诉讼的有关规定。"比如，《最高人民法院关于民事诉讼证据的若干规定》（法释〔2001〕33号）第七十二条规定："一方当事人提出的证据，另一方当事人认可或者提出的相反证据不足以反驳的，人民法院可以确认其证明力。"税务机关在检查过程中以偷拍、偷录、窃听等手段获取侵害纳税人、扣缴义务人或者其他涉税当事人合法权益的证据材料，如果当对方认可或者对方提出的相反证据不足以反驳，人民法院应该确认该证据的证明力。

其次，审查证据的客观性。证据的客观性是指作为证据的事实必须是客观存在的，不能带有任何主观的成分。审查证据须能够直观、具体地反映事物的本来面目，反映独立于调查人员主观意识之外客观存在的事实。证据材料应完备具体，具备何时、何地、何人、何事、何故五个要素，在时间上要符合逻辑和时间顺序，在空间上要符合客观实际。比如，审查证据是否是被查对象或其相关当事方、当事人中保存、流通的原始证据，而不是以汇总表等非原始证据替代，审查是否单纯以稽查人员笔录或稽查底稿等检查记录作为定案依据等。

计算纳税人应该缴纳、扣缴义务人应扣缴税款的依据，一定要有客观证据，不得以汇总表替代原始证据，否则，一旦发生诉讼，风险巨大。

例如，辽宁省地方税务局稽查局（以下简称稽查局）对辽宁省彩票发行中心（以下简称彩票中心）检查后，发现应扣缴各彩票投注站的个人所得税没有扣缴。稽查局以彩票中心账面实付发行经费数乘以彩票中心的税款负担率，确定当期投注站应纳个人所得税额。2005年11月18日，稽查局作出《税务处理决定书》（辽地税稽处字〔2005〕第1018号），责成彩票中心缴纳或者扣缴个人所得税7 676 609.56元，其中2000年至2001年4月30日应扣未扣个人所得税1 689 110.56元，2001年5月1日至2002年6月30日应扣未扣个人所得税5 987 499元。

彩票中心不服，向沈阳市和平区人民法院起诉。经审理后，法院于2012年11月6日作出（2006）和行初字第47号行政判决：因彩票中心个人所得税占当期实付佣金的比率（地税稽查局所称税款负担率）没有直接证据支持，导致地税稽查局据此计算的彩票中心应代扣代缴各投注站的个人所得税数额不清，证据不足，撤销税务处理决定。

稽查局不服，向沈阳市中级人民法院上诉，沈阳中院维持（2013）沈中行终字第87号判决。稽查局仍不服，申请再审，沈阳中院于2013年12月17日作出（2013）沈中立行监字第314号驳回申请再审通知书。稽查局还是不服，向省高级人民法院申请再审。省高级人民法院于2014年9月22日作出（2014）辽行监字第404号行政裁定，指令沈阳中院再审。再审时，《辽宁省沈阳市中级人民法院行政判决书》（〔2014〕沈中审行终再字第13号）仍维持原判。[1]

本案中稽查局实际计算并向法院提交的《彩票中心个人所得税占当期实付佣金的比率》缺少相关证据证明，稽查局参照该比率作为税款负担率，证据不足。稽查局也认为不靠谱，因而一审诉讼期间，应彩票中心要求，退还了2001年5月1日至2002年6月30日应扣未扣个人所得税5 987 499

---

[1] 案件资料来源：《辽宁省地方税务局稽查局再审行政判决书》，2015年3月14日，中国裁判文书网。

元。其实证据不足，全部税款退还比较合适，但稽查局没有这么做，十分努力、艰难地继续往前走，终是无力回天。

第三，审查证据的相关性。证据的相关性是指作为证据的事实，必须与案件事实存在联系，从而能起到证明案件事实的作用。审查取得的证据是否与案件事实存在必然联系；各种证据材料的内容是否一致，证言之间、证言同物证之间、物证同其他证据之间，是否存在相互矛盾、逻辑混乱的情况；证据之间、证据与案件事实之间是否有矛盾不能认定；审查《税务稽查报告》引用的证据与所认定的违法事实是否相关，审查证据的引用是否存在差错等。

第四，审查证据的充分性。证据充分性就是案件事实都应当有证据来证明，据以定案的全部证据必须排除矛盾，对案件事实得出的结论必须具备排他性，认真鉴别证据和综合运用有效证据是审查证据是否充分的重要手段和方法，鉴别证据是对证据中的物证、书证、证人的证言、当事人的陈述等进行严格审查，做到去伪存真、去粗取精、对证据的真实性给予确定，使之成为有效证据；综合运用有效证据是对证明某一具体事实的各有效证据进行综合分析和审查，确保违法事实符合实际，不牵强附会，不夸大也不缩小，足以证明违法事实的存在。

审查证据是否充分，应从单项证据入手，着眼于全案证据。单项证据确凿和全案证据确凿不能截然分开，整体的证据充分必须具备以下条件：一是据以定案的各项证据均真实可靠，每宗案件总是分为若干个事实，从而需要若干证据加以证明，如果有些事实的证据确凿，另一些事实的证据不确凿，该宗案件就未达到事实清楚的程度。二是据以定案的各项证据均与案件事实具有关联性，只有与案件事实紧密相关的证据才具有证明力，如果证据与所证事实没有关联性或仅有很小的关联性，它对所证事实就缺乏证明力，自然不能认为案件证据确凿。三是据以定案的各项证据相互协调一致，作为证明一个案件相应事实的各项证据在逻辑上应协调一致、相互印证，而不应相互冲突、相互矛盾，如果一个案件各项证据之间相互冲突、相互矛盾，则说明其中某些证据必定是虚假的，因而整体的证据确凿也无从谈起。

审查违法行为、犯罪事实的各个情节是否有相应的证据一一对应，须加以证明。把全案证据排列组合起来，看全案证据能否形成完整的证据体系，对全案事实形成充分的证明，对案件事实的认定构成充足的理由。否则，就有败诉的危险。

例如，广东省深圳市地方税务局第一稽查局（以下简称第一稽查局）与深圳市天诚交通发展有限公司（以下简称天诚公司）税务行政征收案。此案上诉人第一稽查局因不服深圳市罗湖区人民法院（2014）深罗法行初字第60号行政判决，向深圳市中级人民法院提起上诉。法院受理后，依法组成合议庭进行审理。

原审认定事实如下：

天诚公司于1993年至1996年陆续与多名个人签订《承包经营出租小汽车合同》或《关于出租的士及出租牌融资合同》等一系列合同，约定由个人向天诚公司投入资金，该司承诺将一定期限内经营特定出租车的预期营运收益分配给个人。2003年11月13日，天诚公司作为甲方、多名个人作为乙方签订《补充协议》，该协议约定新车下地后，甲方从2003年12月起每月26日前付给乙方当月投资收益7××0元，每逾期1日按日3‰支付滞纳金；其他一切税费由甲方承担。2006年，多名个人与天诚公司发生纠纷诉至法院，请求天诚公司支付出租小汽车租金、滞纳金及利息。2007年1月24日，深圳市地方税务局第四稽查局（以下简称第四稽查局）向天诚公司发出《责令限期代扣代缴税款通知书》（深地税四稽责字〔2007〕第4001号），以天诚公司2004年度向罗某东等32人支付承包费，但未代扣代缴其个人所得税54×××8.1元为由责成天诚公司于2007年1月30日前将该税款扣缴入库。

2007年1月24日，第四稽查局向天诚公司发出《责令限期代扣代缴税款通知书》（深地税四稽责字〔2007〕第4002号），责成天诚公司将罗某东等32人在2005年度的个人所得税扣缴入库。同年3月21日，以深圳市地方税务局机构及征管职能调整，需将天诚公司的涉税案件交由第一稽查局检查处理为由，第四稽查局向天诚公司发出《关于撤销〈责令限期代扣代缴税款通知书〉的通知》（深地税四发〔2007〕2号），撤销深地税四稽责字（2007）第4001、4002号《责令限期代扣代缴税款通知书》。同年5月15日，天诚公司致函第四稽查局、第一稽查局，询问撤销该《责令限期代扣代缴税款通知书》是否可理解为不必要履行承包经营取得所得征税的义务，第一稽查局未明确其及第四稽查局是否针对天诚公司上述致函予以回复。

2010年5月10日，广东省高级人民法院作出（2009）粤高法民四终字第74-120号《民事判决书》，认定天诚公司与多名个人之间签订的合同虽名为承包经营或融资合同，实质内容系个人以一次性缴交承包金的方式向天诚公司提供投资款，由该司营运出租车，双方在营运收入中共同分配收益，判令天诚公司向各投资人补足相应的投资收益差额及逾期付款违约金。同年6月7日，天诚公司致函第一稽查局，希望明示其是否需要履行代扣代缴义务。同年6月11日，第一稽查局向天诚公司发出《税务事项通知书》（深地税一事通〔2010〕20005号），告知天诚公司向投资人支付投资收益时应按利息、股息、红利所得履行代扣代缴个人所得税的义务。天诚公司因担心向深圳市中级人民法院支付执行款，该款项被投资人领取后，其无法履行代扣代缴义务，将被税务机关追责，于同年11月22日通过EMS方式向深圳市地方税务局盐田分局（以下简称盐田分局）邮寄《关于恳请向深圳市中级人民法院发〈税务协助执行通知书〉防止巨额国家税款流失的再次紧急请示报告》，此后分别于2010年12月10日、2014年12月24日通过EMS方式向地税第一稽查局邮寄《关于纳税的再次紧急报告》《关于恳请扣缴个人所得税的再次紧急请示》。天诚公司在上述报告中均表示希望盐田分局、第一稽查局扣划投资者在深圳市中级人民法院的执行款，作为天诚公司代扣代缴投资者个人所得税的应纳税款，从而避免国家税款的流失。

2010年2月15日，深圳市中级人民法院作出（2010）深中法执字第626-651号《结案通知书》，载明因第一稽查局函请协助划缴投资人所收投资收益的个人所得税，故深圳市中级人民法院协助盐田分局、第一稽查局共扣缴经广东省高级人民法院判决天诚公司应向投资人补足投资收益差额的个人所得税款共63* **9.91元。同年2月22日，盐田分局向深圳市中级人民法院发函表示已收到周某豪等14名投资人的投资收益执行款的个人所得税26* **8.94元，并开具完税凭证。2012年2月22日，第一稽查局发函给深圳市，要求其为深圳市中级人民法院协助扣缴的天诚公司应扣缴的个人所得税36* **0.97元开具完税凭证。得知第一稽查局未全部扣缴投资人应缴税款，天诚公司于2011年4月20日向盐田分局邮寄《关于恳请贵局及时征缴巨额国家税款的紧急请示》，要求税务机关继续扣缴天诚公司已向投资人支付的2 **0多万元投资收益所涉及的个人所得税。2011年6月16日，天诚公司向第一稽查局递交《承诺函》，称广东省高级人民法院认定天诚公司与投资人之间是投资关系，并判决在已支付约2 **0万元投资收益的基础上再支付约4**万元投资收益，合计约2 **0万元投资收益，按税率20%计算需征缴税款约4**万元；经协调第一稽查局已于2011年6月9日明确表示全力支持扣缴投资收益个人所得税，故天诚公司承诺在盐田分局向法院发出扣缴投资收益个人所得税公函后，向法院指定账号全额交纳执行款以确保税款足额扣缴，即视为天诚公司已完成代扣代缴义务，第一稽查局的工作人员张某灵已于同年6月16日签收天诚公司递交的《承诺函》。2012年7月9日，第一稽查局向天诚公司发出《税务检查通知书》，以对天诚公司涉税情况检查为由，要求其提供2003年1月1日至2008年12月31日的相关资料。2013年11月25日，第一稽查局向天诚公司发出《税务处理决定书》（深地税一稽处〔2013〕46号），认定周某豪等33名投资人因出租车投资合同所产生的投资收益所得的税费按约定应由天诚公司承担，天诚公司系投资人投资收益个人所得税的扣缴义务人，且因天诚公司书面承诺代投资人（纳税人）支付税款，故无论天诚公司向投资人支付投资收益时是否代扣税款，均视为其已扣税款，天诚公司应在法定申报期限内将已扣税款缴入国库，经查实，天诚公司2003年12月至2008年8月期间已支付周某豪等33名投资人投资收益共计12 *** *02.84元，已扣未缴利息、股息、红利所得个人所得税共计3 1** **0.71元，依据《税收征收管理法》第六十三条第二款及参照《国家税务总局转发〈最高人民法院关于审理偷税抗税刑事案件具体应用法律若干问题的解释〉的通知》（国税发〔2002〕146号）第一条第二款规定，天诚公司在法定申报期限内经税务机关通知申报而拒不申报，未按规定期限解缴已扣税款的行为已构成偷税，遂依据《税收征收管理法》第三十二条及第六十三条第二款规定，决定向天诚公司追缴2003年12月至2008年8月期间已扣未缴利息、股息、红利所得个人所得税3 1** **0.71元及加收滞纳金3 8** **0.61元，共计为6 9** **1.32元。

原审认为，本案的争议焦点是天诚公司的行为是否构成偷税，第一稽查局对天诚公司作出的行政处罚是否符合法律规定。原审法院认为，《税收征收管理法》第六十三条规定的偷税行为方式，均为故意违反有关税法不缴或少缴应纳税款的行为，行为人主观故意性明显。第一稽查局对天诚公司的疑问又不答复，导致天诚公司最终未履行代扣代缴的义务，从这个角度来看，天诚公司无偷税的主观故意。综上，天诚公司的行为不属于经通知申报而拒不申报的行为，其不构成偷税，第一稽查局作出行政处罚适用法律错误。为此，依照《行政诉讼法》第五十四条第二款第（二）项的规定，罗湖区人民法院判决撤销第一稽查局作出《税务处理决定书》（深地税一稽处〔2013〕46号）的具体行政行为，案件受理费人民币50元由第一稽查局负担。

经审理查明，原审判决查明事实清楚，深圳市中级人民法院予以确认，并且认为，本案被诉具体行政行为是第一稽查局以天诚公司偷税为由向其追缴税款及滞纳金，人民法院依法对该行为的合法性进行审查。第一稽查局以天诚公司存在经税务机关通知申报而拒不申报，未缴纳已扣已收税款的行为为由，认定天诚公司构成偷税，但第一稽查局提交的证据材料不足以证明天诚公司存在经通知申报而拒不申报的行为，因天诚公司多次与地税第一稽查局等税务机关沟通，询问其是否存在代扣代缴义务、按何税种税率履行代扣代缴义务、能否在其支付的投资收益差额中扣划其应代扣代缴的应纳税款等，并已提交《承包经营出租小汽车合同》、《补充协议》及《民事判决书》等相关材料，故天诚公司不存在经通知申报而拒不申报的违法行为，地税第一稽查局认定天诚公司构成偷税行为缺乏主要证据，本院不予支持。

综上，第一稽查局以天诚公司构成偷税为由作出《税务处理决定书》（深地税一稽处〔2013〕46号），向天诚公司追缴税款及滞纳金，不符合具体行政行为合法性的要求，依法应予撤销。依照《行政诉讼法》第八十九条第一款第（一）项的规定，2015年12月21日，深圳市中级人民法院行政判决书（2014）深中法行终字第538号判决如下：驳回上诉，维持原判。本案二审案件受理费50元，由上诉人第一稽查局负担。①

本案中，第一稽查局以天诚公司"存在经税务机关通知申报而拒不申报"行为，按《税收征收管理法》的规定构成偷税，那么就得有相关的证据。比如，通知企业申报，而企业没有申报，天诚公司多次给税务机关发函，而税务机关没有答复。显然税务机关认定偷税的理由不能成立，进而

---

① 案件资料来源：《深圳市地方税务局第一稽查局与深圳市天诚交通发展有限公司处罚类二审行政判决书》，中国裁判文书网，2016年5月12日。

导致败诉。

线索审

应审查对选案环节下达的检查要求或转来举报信件所反映的问题、线索是否进行了全面稽查，并在《税务稽查报告》中如实反映。审查在检查过程中新发现的税收违法行为或线索、疑点是否在《税务稽查报告》中如实反映，应审查在稽查过程中是否存在其他应查未查的问题或案外线索。例如，群众举报贵州金星啤酒有限公司可能存在大量收入现金不入账的税收违法行为，2014年3月5日贵州省安顺市国家税务局稽查局立案。最终查实，该公司少缴2013年增值税、消费税共计8 030 361.85元，查处的结果与举报得到对应。①

定性审

案件定性，即认定违法事实的性质，这是处理案件的关键。对税务违法案件性质的认定，是在证据确实、充分的违法事实基础上，确定适用的法律、法规、规章和规范性文件等。美国社会法学派大法官、美国历史上最伟大的法官之一的本杰明·N·卡多佐（Benjamin N. Cardozo）说："不要支离破碎地去看待法律，而要将法律看作是一个连续、一往无前的发展整体。"对证据的确实、充分在"证据审"部分已经进行了分析，定性审主要是审查适用法律、法规、规章以及规范性文件是否正确。

税务稽查进入检查环节，如果被查对象积极配合，自行补缴税款，是不是就可以不查，给予了结呢？不可以，纳税人自查自纠，并不影响定性，只是把补缴的税款当作将来结案要补缴的税款，早点缴纳税款，可以

---

① 案件资料来源：《安顺市国家税务局稽查局、贵州金星啤酒有限公司税务行政管理（税务）二审行政判决书》，中国裁判文书网，2017年9月18日。

少缴一些滞纳金。在定性时，以下问题值得注意。

引用的法律条款文号要准确

我国实行多层级的立法体制，全国人民代表大会及其常委会制定法律，国务院制定行政法规，国务院各部委发布部门规章，省、自治区、直辖市发布地方性法规和地方政府规章。由于各种税收法律、法规、规章都是制定发布机关根据其所辖行政区域的实际情况制定的，既要照顾到面的、整体的情况，又要照顾到特殊的、局部的情况。其制定发布机关的权力等级不同，其效力等级和适用范围也不同，有的内容甚至会发生冲突。由于税务稽查人员政策水平存在差异，会有人为因素的影响，因此对法律、法规、规章的适用要认真审查。审查税收法律、法规、规章引用的适当性与准确性。是否对不该引用的引用了，而应引用的未引用；是否只引用了税收法律、法规、规章名称，而未引用具体条、款、项；是否只引用了规范性文件，而未同时引用相关税收法律、法规和规章；是否适用了失效或未生效的法律法规、适用了同法律法规相抵触的规章或其他规范性文件等。

税务违法行为一般包括偷税、逃避缴纳税款、骗取出口退税、逃避追缴欠税、虚开增值税专用发票、抗税等。对每一种违法行为，国家规定有不同的处理办法。定性准确才能处理恰当，定性不准确处理就会出现失误。例如，在上例中，《税收征收管理法》第六十三条第二款规定，扣缴义务人偷税的，由税务机关追缴其不缴或少缴的税款及滞纳金。因天诚公司未构成偷税，税务机关依法不得向其追缴税款及滞纳金，故地税第一稽查局以《税收征收管理法》第六十三条第二款的规定为据，作出被诉税务处理的决定，属适用法律错误。①

---

① 案件资料来源：《深圳市地方税务局第一稽查局与深圳市天诚交通发展有限公司处罚类二审行政判决书》，中国裁判文书网，2016年5月12日。

当定性包括下达对外文书时，引用的法律条款要十分准确，无关的内容不要写入，引用的法律、法规的文号要准确。否则一旦诉讼，有败诉的危险。

例如，贵州省安顺市国家税务局稽查局（以下简称稽查局）根据举报线索，2014年3月5日对贵州金星啤酒有限公司（以下简称金星公司）立案，同年3月19日下达《税务检查通知书》实施检查。2015年12月9日向金星公司送达《税务行政处罚事项告知书》，告知对金星公司拟作出行政处罚的事实、理由和依据，并告知其享有陈述、申辩、申请听证的权利。同年12月14日金星公司提交了《关于对检查情况的陈述申辩报告》，稽查局经复核对陈述申辩的理由不予采信，并于2015年12月17日对金星公司作出《税务处理决定书》（安国税稽处〔2015〕16号），认定金星公司销售啤酒采取在账簿上少列收入的方式，造成2013年少缴增值税、消费税21 636 955.51元的行为已构成偷税，责令限期缴纳税款及滞纳金，同时一并作出《税务行政处罚决定书》（安国税稽罚〔2015〕17号），对偷税行为处少缴税款1倍的罚款。不过，该《税务行政处罚决定书》载明作出税务处罚决定的法律依据为《税收征收管理法》第六十三条第一款，但又将该条第二款"扣缴义务人采取前款所列手段，不缴或者少缴已扣、已收税款，由税务机关追缴其不缴或者少缴的税款、滞纳金，并处不缴或者少缴的税款百分之五十以上五倍以下的罚款；构成犯罪的，依法追究刑事责任"也一并引用。关于违法事实部分将《中华人民共和国增值税暂行条例》（以下简称《增值税暂行条例》）的国务院令"第538号"误引为"第134号"，将《中华人民共和国消费税暂行条例》的国务院令"第539号"误引为"第135号"。金星公司遂诉至法院，法院认为稽查局作出的税务处罚决定适用法律错误。依照《行政诉讼法》第七十条第（一）项、第（二）项的规定，镇宁布依族苗族自治县人民法院（2016）黔0423行初58号行政判决：撤销被告稽查局于2015年12月17日对原告金星公司作出的

《税务行政处罚决定书》（安国税稽罚〔2015〕17号）。^①

选择的法律条款要精确

经过调查取证，发现纳税人由于没有申报，导致少缴纳税款，该如何选择适用的法律条款呢？如果纳税人不进行纳税申报，且不是故意的，而是不了解税法，或因特殊原因没有申报，特别是因特殊原因而没有申报，不宜全部视为偷税。为了维护税法的严肃性，按《税收征收管理法》第六十四条第二款规定处理。需要说明的是，《国家税务总局办公厅关于税收征管法有关条款规定的复函》（国税办函〔2007〕647号）明确：《税收征收管理法》第六十四条第二款仅适用第六十三条规定之外的、未办理税务登记的纳税人在发生纳税义务以后不进行纳税申报，从而造成不缴或少缴税款结果的情形，该函值得商榷。《立法法》第四十五条规定：法律解释权属于全国人民代表大会常务委员会。法律的规定需要进一步明确具体含义，或者法律制定后出现新的情况，需要明确适用法律依据，由全国人民代表大会常务委员会解释。国家税务总局办公厅没有法律解释权，换言之，这个函没有法律效力。

如果纳税人在规定的申报期限内未进行纳税申报，逾期作了申报，未造成不缴或者少缴税款后果，比如，增值税申报在每个月15日前进行，某企业在16日至月底的某一天申报了，就按《税收征收管理法》第六十二条的规定处理。

如果纳税人在规定的申报期内未进行纳税申报，经税务机关通知申报而拒不申报或者作虚假的纳税申报，不缴或者少缴税款的，属偷税行为，按照《税收征收管理法》第六十三条的规定处理。

不进行纳税申报与虚假申报的模糊边界，该如何界定？首先，纳税人

---

① 案件资料来源：《安顺市国家税务局稽查局、贵州金星啤酒有限公司税务行政管理（税务）二审行政判决书》，中国裁判文书网，2017年9月18日。

全部税种不进行纳税申报的情形，应属于不进行纳税申报。例如，未办理税务登记的纳税人的未申报税款行为。其次，纳税人同一税种部分申报部分不申报，一般应认定为编造虚假计税依据或虚假申报。因为同一税种部分申报说明纳税人已经意识到申报的义务，也不存在来不及申报的特殊困难，而同一税种部分不申报反映到纳税申报表上的申报数据，必然严重影响申报的真实性。当然，也不能一概而论，比如，纳税人某笔销售收入在账面上如实反映其真实的收入情况，但却未与同一税种的其他应税收入一起向税务部门申报，其行为是不申报行为，还是虚假申报行为？定性宜慎重，应结合主观要件来判断是否构成了虚假申报行为。第三，纳税人应缴纳多个税种，部分税种申报部分税种不进行纳税申报，是不进行纳税申报还是虚假申报？法律没有明确，实际情况很复杂。比如，某纳税人国税税种按期纳税申报，地税税种未进行按期纳税申报；另一纳税人某期地税除新购房屋房产税未申报外，其他都有纳税申报。笔者认为认定时只有结合实际情况，定性时认真分析主客观原因，才能在实践中准确把握。

注意不认定为虚开增值税专用发票的情形

① 纳税人通过虚增增值税进项税额偷逃税款，但对外开具增值税专用发票同时符合以下三个条件，《国家税务总局关于纳税人对外开具增值税专用发票有关问题的公告》（2014年第39号）明确其不属于对外虚开增值税专用发票的情形。第一，纳税人向受票方纳税人销售了货物，或者提供了增值税应税劳务、应税服务；第二，纳税人向受票方纳税人收取了所销售货物、所提供应税劳务或者应税服务的款项，或者取得了索取销售款项的凭据；第三，纳税人按规定向受票方纳税人开具的增值税专用发票相关内容，与所销售货物、所提供应税劳务或者应税服务相符，且该增值税专用发票是纳税人合法取得、并以自己名义开具的。

例如，黄某某所掌控的郴州市锦业贸易有限公司（以下简称锦业公司）从郴州以及耒阳一些个体煤场收购煤炭时，大部分未提供进项增值税专发票。为了达到少缴税款的目的，从2008年5月至2009年6月，黄某某、田某宁和肖某在锦业公司与桂阳县桂富煤炭储运有限公司、江西宜丰县××贸易有限公司等8家企业在没有货物交易的情况下，通过袁某宏从上述公司为锦业公司开具增值税专用发票284份，金额合计67 646 555.94元，税额合计10 247 714.50元，上述增值税专用发票均在税务机关作为进项税额抵扣。黄某某于2014年4月18日被郴州市公安局直属分局刑事拘留，经郴州市人民检察院批准，同年5月14日被执行逮捕。郴州市北湖区人民检察院审查认为，黄某某涉嫌虚开增值税专用发票犯罪事实清楚、证据充分，在锦业公司有实际货物交易的情况下，黄某某伙同他人实施了让别人代自己公司开具增值税专用发票的行为，但该行为适用国家税务总局2014年39号公告规定的情形，暂不符合起诉条件。《郴州市北湖区人民检察院不起诉决定书》（郴北检公诉刑不诉〔2015〕32号）依照《刑事诉讼法》第一百七十一条第四款、第一百七十三条第一款的规定，决定对黄某某不起诉。[①]

② 挂靠方实际售货，被挂靠方开票。挂靠方以挂靠形式向受票方实际销售货物，被挂靠方向受票方开具增值税专用发票的，《最高人民法院研究室〈关于如何认定以"挂靠"有关公司名义实施经营活动并让有关公司为自己虚开增值税专用发票行为的性质〉征求意见的复函》（法研〔2015〕58号）第一条明确，不属于《刑法》第二百零五条规定的"虚开增值税专用发票"。

《山东省青岛市中级人民法院刑事判决书》（〔2019〕鲁02刑再11号）就是将本文件作为重要依据，撤销山东省潍坊市中级人民法院（2010）潍刑再终字第2号刑事裁定和潍坊市寒亭区人民法院（2007）寒刑再字第1号刑事判决。原审被告山东省潍坊市寒亭区国家税务局（以下简称寒亭区国税局）无罪，原审被告人赵某勇、孙某平、赵某祥、林某金、付

---

① 案件资料来源：不起诉决定书（黄某某虚开增值税专用发票案），人民检察院案件公开信息网（有改动），2016年5月31日。

某永、王某国无罪。静观此案，有四点值得思考：

第一，撤销刑事裁定和刑事判决，并不意味当初的刑事裁定和刑事判决是错误的。如果确属错判，相关法官是要被追责的，撤销刑事裁定和刑事判决是一项正常的司法行为。2000年3月13日，潍坊市寒亭区人民法院对本案作出初审判决，当时的很多规定与现在是不同的。《山东省潍坊市寒亭区人民法院刑事判决书》（〔1999〕寒刑初字第110号）判决，寒亭区国税局犯虚开增值税专用发票罪，判处罚金30万元；6名被告人分别判处有期徒刑三年至拘役六个月缓刑六个月不等的刑罚。被告单位、6名被告人均不服，提出上诉。2000年6月5日，潍坊市中级人民法院作出（2000）潍刑终字第50号刑事裁定："驳回上诉，维持原判。"被告单位和被告人还是不服，原过一番程序，2010年2月4日，潍坊市寒亭区人民法院作出（2007）寒刑再字第1号刑事判决，对原审被告单位刑罚不变；6名原审被告人犯虚开增值税专用发票罪成立，但免予刑事处罚。

第二，当初寒亭区国税局及6名犯罪嫌疑人的行为确属违法。增值税专用发票管理有着非常严格的规定，国税局及其工作人员知法犯法，虚开增值税专用发票，罪不可恕。从1996年到1998年11月，利用寒亭区河滩镇、寒宁、固堤、高理等镇以经济贸易委员会名义注册的具备一般纳税人资格的7个公司，"将所辖的小规模纳税人的企业和较大的个体业户分别纳入上述公司，作为公司的成员体，为其开具增值税专用发票，实行分散经营。"寒亭区国税局河滩、寒亭、固堤和高理等4个分局共开具增值税专用发票13 875份，共计销售额17 087万元，税额2 884万元，收取手续费145万元。本案中，被告单位违反增值税专用发票管理规定，对不具备一般纳税人资格的单位或个人实行"公司化管理"，为其开具17%或13%的增值税专用发票且数额巨大，其行为已构成虚开增值税专用发票罪；被告人赵某勇、孙某平为寒亭区国税局局长、副局长，系直接负责的主管人员；被告人赵某祥、林某金、付某勇、王某国分别为分局局长，系直接责任人员，均构成虚开增值税专用发票罪，理应依法惩处。

第三，青岛市中级人民法院的判决值得商榷。税务机关，尤其当时的国税机关，承担着重打击虚开增值税专用发票的神圣任务，执法犯法，罪责难逃。此案虽然经历了从有罪到无罪的判决，但这与大环境发生改变是息息相关的。1995年10月30日，《全国人大常委会关于惩治虚开、伪造和非法出售增值税专用发票犯罪的决定》，首次将虚开增值税专用发票行为规定为犯罪，并设置了最高可判处死刑的严厉法定刑。即便是在2011年5月1日《刑法修正案（八）》对虚开增值税专用发票罪法定刑修改后，其法定最高刑依然可达无期徒刑。本次青岛市中级人民法院采用了《最高人民法院研究室〈关于如何认定以"挂靠"有关公司名义实施经营活动并让有关公司为自己虚开增值税专用发票行为的性质〉征求意见的复函》（法研〔2015〕58号）、《国家税务总局关于纳税人对外开具增值税专用发票有关问题的公告》（2014年第39号）的规定，这些规定距离案发时近19年，当然随着立法环境的改变，司法人员的认识也会发生改变。作为同行，出现这种结果乐见其成，但按照法不溯及既往原则，青岛市中级人民法院以两份文件作为重要依据的审判，值得商榷。

第四，引以为戒，切莫效仿。我国没有施行判例法，同一税案，在不同法院有不同判法，纵使同一法院不同法官也会有不同判断。企业、税务机关及其工作人员切不可效仿，即便在现有条件下复制"寒亭虚开专票案"的做法，仍然属于犯罪行为。就本案来说，虽然当事人最终结果无罪，但为此付出了巨大的代价。1999年3月20日，6名犯罪嫌疑人因涉嫌犯虚开增值税专用发票罪被刑事拘留或者监视居住，自此自由受限、名誉受损。案件一波三折，饱受折腾，赵某勇、王某国也分别于2015年7月7日、2018年11月13日病逝，没有等到最终结果的到来。

③以他人名义实际经营并开票。行为人利用他人的名义从事经营活动，并以他人名义开具增值税专用发票的，即便行为人与他人之间不存在

挂靠关系，但如行为人进行了实际的经营活动，主观上并无骗取抵扣税款的故意，客观上也未造成国家增值税款损失的，（法研〔2015〕58号）第二条明确，不宜认定为《刑法》第二百零五条规定的"虚开增值税专用发票"；符合逃税罪等其他犯罪构成条件的，可以其他犯罪论处。

例如，2010年1月至2013年7月，孙某某联系销售煤炭业务，因需煤方A公司要求供货方提供煤炭经营资质及开具增值税专用发票，孙某某联系B公司法定代表人王某某，约定支付B公司一定费用，用其资质与需煤企业签订煤炭购销合同。B公司与A公司签订了煤炭购销合同，由孙某某自己组织货源给A公司供煤。王某某安排B公司兼职会计唐某某为该项业务开具销货单位为B公司，购货单位为A公司的增值税专用发票6份，税额150 060.24元，并按照价税合计10%左右收取孙某某费用，以上税款已认证抵扣。

本案由潍坊市公安局侦查终结，以孙某某涉嫌虚开增值税专用发票罪，于2014年11月9日移送潍坊市人民检察院审查起诉。补充侦查后，市人民检察院认为，虚开增值税专用发票罪侵犯的客体是国家税款及税收征管制度，客观方面要求行为人实施虚开增值税专用发票的行为。孙某某让A公司出具增值税专用发票的行为不属于虚开发票，且国家税款也没有损失。虚开增值税专用发票罪在主观方面应具有骗取国家税款的故意及目的，现有证据不能认定孙某某主观上具有骗取国家税款的意图，孙某某的上述行为不构成犯罪。依照《刑事诉讼法》第一百七十三条第一款的规定，《山东省潍坊市人民检察院不起诉决定书》（潍检公二刑不诉〔2015〕10号）决定对孙某某不起诉。①

④针对"高开低征"问题，人民法院和人民检察院的规定不同，税务人员还是不实施为好。各地税务机关实施"高开低征"或者"开大征小"等违规开具增值税专用发票的行为，《最高人民法院关于对〈审计署关于

---

① 案件资料来源：不起诉决定书（孙某某虚开增值税专用发票案），人民检察院案件信息公开网，2015年11月13日。

咨询虚开增值税专用发票罪问题的函）的复函》（法函〔2001〕66号）明确："不属于刑法第二百零五条规定的虚开增值税专用发票的犯罪行为。"但《最高人民检察院法律政策研究室关于税务机关工作人员通过企业以"高开低征"的方法代开增值税专用发票的行为如何适用法律问题的答复》（高检研发〔2004〕6号）认定属于虚开增值税专用发票。对于造成国家税款损失，构成犯罪的，依照《刑法》第二百零五条的规定追究刑事责任。对此，税务机关及其工作人员要严格管理，否则将对涉及司法机关根据《刑法》中有关渎职罪的规定追究刑事责任。

⑤ "三流"不一致未必就是"虚开"。增值税专用发票的开具要求资金流、发票流、货物流"三流一致"，最早来自《国家税务总局关于加强增值税征收管理若干问题的通知》（国税发〔1995〕192号）第一条第（三）项的规定："纳税人购进货物或应税劳务，支付运输费用，所支付款项的单位，必须与开具抵扣凭证的销货单位、提供劳务的单位一致，才能够申报抵扣进项税额，否则不予抵扣。"该文件强调"三流一致"，不让抵扣增值税进项税额，"三流不一致"就认为是虚开增值税专用发票，显然不妥。

例如，某市国家税务局稽查局对某有限公司检查，发现该公司2013年~2014年收购水产品，收购资金通过农业银行转入该出售水产品公司法定代表人姐姐的个人银行账户。开具《××国家税务局通用机打发票（行业类别：收购业）》"名称（销售者）"一栏收购发票显示的收购业务与实际收购款支付的资金流向不符，认定属于用虚开（收购）发票多计算抵扣增值税进项税额，进而追征增值税款，同时按《国家税务总局关于印发〈企业所得税核定征收办法〉[试行]的通知》（国税发〔2008〕30号）规定核实征收企业所得税，并加收滞纳金。企业不服，向国家税务总局申请复议。《国家税务总局复议决定书》（税复决字〔2018〕×号）第四条答复："国家税务总局2014年第39号公告没有说不符合‘三流一致’就是虚开。即使资金流不符，也不能成为判定就是虚开的依据。"①

要认定企业虚开增值税专用发票或者其他发票，三流不符，只是提供了一个信号，还得进一步取得证据，分析是否有真实的交易，资金流不符是什么原因造成的等，取得充分的证据方可下结论。

⑥ 善意取得增值专用发票之"善意"的把握有条件。按《国家税务总局关于纳税人善意取得虚开的增值税专用发票处理问题的通知》（国税发〔2000〕187号）规定，取得增值专用发票定性为"善意"有以下三个条件。

首先，购货方与销售方存在真实的交易。比如，有货物入库手续，有运输发票，货款确定转入销售方在增值税专用发票上所标注的银行账户。

其次，销售方使用的是其所在省（自治区、直辖市和计划单列市）的专用发票。比如，从广东购入货物，取得的是广东的增值税专用发票，而不能是广东省以外的其他省市的增值税专用发票。

第三，增值税专用发票注明的销售方名称、印章、货物数量、金额及税额等全部内容与实际相符，且没有证据表明购货方知道销售方提供的专用发票是以非法手段获得的。

以上三个条件同时具备，才可以认定为善意取得虚开的增值税专用发票。按国税发〔2000〕187号规定："对购货方不以偷税或者骗取出口退税论处。"按《国家税务总局关于纳税人善意取得虚开增值税专用发票已抵扣税款加收滞纳金问题的批复》（国税函〔2007〕1240号）规定："追缴已抵扣税款的，不加收滞纳金。"

---

① 案件资料来源：《能否以"资金流不符"认定虚开？我们看看总局的决定书是怎么说的》，增值税公子微信公众号，2018年5月17日。

如果不严格按规定认定"善意"是要出问题的。

例如，2000年10月，国家税务总局要求全国税务机关对从广东潮汕地区开出的增值税专用发票进行排查。浙江省建德市国税局排查发现，该市横山铁合金厂金属分厂（以下简称金属分厂）从潮汕地区5家企业开来的增值税专用发票36份，价税合计16 885 950.11元。2001年1月起，该局发函对方税务部门，协查证实：其中2家企业出具的5份增值税专用发票属虚开；另外3家企业出具的31份增值税专用发票，企业属"走逃企业"，出具的发票是"真票"，该类增值税发票定性为"其他"。

2001年6月，建德市国税局稽查局副局长袁某良主持该局工作后，金属分厂厂长孙某鸿通过各种关系多次宴请袁某良及查办该案的相关人员，给他们送香烟，出资请他们到上海、九华山等地游玩，又将该厂抵债得来的一辆康克轿车借给袁某良使用，后再低价卖给袁某良。2001年11月，袁某良在案件事实没有查清的情况下，通知办案的寿昌中队组卷上报。寿昌中队认定36份发票均为虚开，补税233万元，处两成罚款。

2002年4月，袁某良又擅自指使寿昌中队仅就已确认的5份虚开增值税专用发票的材料组卷上报，并定性为善意取得，补税652 109.82元，且在上报的材料中未对31份未处理的发票作说明。2002年10月24日，市国税局法规科审查后提出，该案定性为善意取得虚开增值税专用发票理由不充分，要求尽快组织力量彻底查清。

同年12月16日，检查组在没有取得新的证据材料的情况下，重新出具稽查报告，将5份增值税专用发票定性为恶意取得，建议除补税外，处一倍罚款。12月24日，市局案审委讨论同意稽查局的处理意见，要求移送公安部门处理。2003年1月24日，金属分厂悉数补交了税款，但罚款一直未交。

2003年5月30日，在建德市国税局、公安局联席会上，稽查局将金属分厂涉嫌虚开5份增值税专用发票案提交讨论，但对其他没有处理的31份发票未作汇报、说明。会后，袁某良没有执行市局案审委的讨论决定，未将该案移送给公安机关。

2005年8月4日，建德市人民法院对涉案人员孟某、孙某玮，以虚开增值税专用发票罪分别判决有期徒刑十年。迫于压力，同年12月7日，袁某良主动向建德市人民检察院投案。2006年7月19日，浙江省淳安县人民法院以袁某良犯徇私舞弊不移交刑事案件罪，判处拘役六个月，缓刑六个月。①

本案中，袁某良对案件定性比较任性，受托协查方已出具证明"5份增值税专用发票属虚开"，这个时候，委托方税务机关应该认真调查，准确定性，一般是要定为"恶意"取得增值税专用发票。但袁某良得了金属分厂的好处后，将其定性为"善意"。当法规部门提出疑义后，不经调查，又改为"恶意"。当市局案审委要求将此案移送公安机关处理时，袁某良一意孤行，不予理会。这样的行为，注定要付出高昂的代价。

⑦ 注意把握一般涉税违法行为与以骗取国家税款为目的的涉税犯罪的界限，对于有实际生产经营活动的企业，为虚增业绩、融资、贷款等非骗税目的且没有造成税款损失的虚开增值税专用发票行为，《关于印发〈最高人民检察院关于充分发挥检察职能服务保障"六稳""六保"的意见〉的通知》第六条规定："不以虚开增值税专用发票罪定性处理，依法作出不起诉决定的，移送税务机关给予行政处罚。"

虚开增值税专用发票犯罪较轻可予免除刑事处罚，但并不影响定性

《最高人民检察院 公安部关于公安机关管辖的刑事案件立案追诉标准的规定（二）》（公通字〔2010〕23号）第六十一条规定，虚开增值税专用发票或者虚开用于骗取出口退税、抵扣税款的其他发票，虚开的税款数

---

① 案件资料来源：袁某良不移交虚开增值税专用发票刑事案件案（有改动），原载驻国家税务总局纪检组监察局编《百案说法——税务人员违法犯罪案例选编》，中国税务出版社，2011年6月。

额在一万元以上或者致使国家税款被骗数额在5 000元以上的，达到公安机关办理涉税案件的立案标准。尽管有些数额不大，但还是要立案查处。

例如，上诉人（原审被告人）房某，系沈阳凯利通科技信息有限公司（以下简称凯利通公司）法定代表人，因涉嫌犯虚开增值税专用发票罪，2014年4月1日被刑事拘留，2015年1月7日被取保候审。

沈阳市和平区人民法院审理和平区人民检察院指控原审被告人房某犯虚开增值税专用发票罪一案，于2015年12月15日作出（2015）沈和刑初字第58号刑事判决。原审被告人房某不服原判，提出上诉。沈阳市中级人民法院依法组成合议庭，经过阅卷，讯问上诉人，认为本案事实清楚，决定不开庭审理。

原审判决认定：2008年11月至2012年间，被告人房某担任凯利通公司法定代表人期间，为完成该公司处于一般纳税人辅导期每年完成年销售额180万元的指标，经与凯利通公司代账会计张某某（另案处理）预谋，利用张某某同时在沈阳阿布朗机电有限公司（以下简称阿布朗公司）、沈阳自动化系统工程有限公司（以下简称自动化公司）代账会计之便，先后两次在明知无真实交易的情况下，在凯利通公司、阿布朗公司、自动化公司之间循环开具辽宁省增值税专用发票共计106组，增值税数额共计434 434.05元，并分别向税务机关申报抵扣进项税额。经鉴定，阿布朗公司虚开辽宁省增值税专用发票13组，价税合计1 185 654.83元，增值税税额172 274.63元，已向税务机关申报抵扣进项税额133 087.6元；凯利通公司虚开辽宁省增值税专用发票84组，价税合计911 771.86元，增值税税额132 479.75元，已向税务机关全部申报抵扣进项税额；自动化公司虚开辽宁省增值税专用发票9组，价税合计892 501.23元，增值税税额129 679.69元，已向税务机关全部申报抵扣进项税额。2014年3月31日，公安机关将被告人房某抓获。

原审法院认为，被告人房某违反法律规定，伙同他人虚开增值税专用发票，虚开税款数额较大，其行为已构成虚开增值税专用发票罪。被告人系初犯，能如实供述犯罪事实，并主动补缴税款、罚款，悔罪态度较好，未造成国家税款损失，其虚开增值税专用发票的犯罪行为较轻，依照《刑法》第二百零五条、第二十五条、第三十七条、第六十一条规定，认定被告人房某犯虚开增值税专用发票罪，免予刑事处罚。

上诉人房某的上诉理由是：其开具增值税专用发票是为了完成销售额，主观上没有偷逃税款的故意，客观上也未造成国家税款损失，其行为不构成虚开增值税专用发票罪。

沈阳市中级人民法院经审理查明，上诉人房某虚开增值税专用发票的犯罪事实、证据与原审判决认定相同，沈阳市中级人民法院审理过程中未发生变化，依法均予确认。认为原判定罪准确，量刑适当，审判程序合法。依照《刑事诉讼法》第二百二十五条第一款第（一）项规定，2016年11月28日，《沈阳市中级人民法院刑事裁定书》（〔2016〕辽01刑终718号）裁定："驳回上诉，维持原判。"①

在检查期间被查对象补缴税款及滞纳金是否影响对其偷税行为定性。

一般认为，纳税人未在法定的期限内缴纳税款，且其行为符合《税收征收管理法》第六十三条规定的构成要件，即构成偷税。在税务稽查部门对企业纳税检查期间，企业主动补缴税款，是否定性为偷税行为并给予处罚，税务机关与司法界的认识有分歧。

一种意见认为构成偷税。理由是《国家税务总局关于税务检查期间补正申报补缴税款是否影响偷税行为定性有关问题的批复》（税总函〔2013〕196号）明确："逾期后补缴税款不影响行为的定性。"

例如，2015年6月，太原市地方税务局稽查局（以下简称地税稽查局）

---

① 案件资料来源：房某虚开增值税专用发票二审刑事裁定书，中国裁判文书网，2016年12月28日。

对山西永鑫跃达贸易有限公司（以下简称永鑫公司）2004年4月1日至2014年12月31日的涉税情况进行检查。在税务检查期间，永鑫公司补缴了城镇土地使用税及滞纳金。同年9月25日，稽查局作出《税务处理决定书》《税务行政处罚决定书》，永鑫公司桑某同日签收。

永鑫公司不服稽查局的处罚决定，按程序向法院起诉。太原市杏花岭区人民法院判决撤销被告稽查局作出的《税务行政处罚决定书》（并地税稽罚〔2014〕稽3020号）；责令稽查局对原告永鑫公司涉税一事重新作出行政行为。

2018年7月国地税合并后，国家税务总局太原市税务局稽查局（以下简称税务稽查局）不服一审判决提起上诉。《山西省太原市中级人民法院行政判决书》（〔2019〕晋01行终301号）判决："驳回上诉，维持原判。"税务稽查局不服，申请再审。再审法院认为，被申请人偷逃税款数额已经3020号《税务处理决定书》予以确认，申请人以偷逃税款的1倍进行处罚，符合法律规定。按税总函〔2013〕196号的规定，被申请人在税务检查期间补缴的城镇土地使用税及滞纳金，不影响申请人对其偷税行为的定性以及对偷税行为的处罚。《山西省高级人民法院行政裁定书》（〔2019〕晋行申278号）裁定：本案指定太原市中级人民法院再审。再审期间，中止原判决的执行。①

另一种意见认为，不定性为偷税。

例如，2009年3月3日，山西省古交市地方税务局（下称古交地税局）给古交市建筑装饰材料大市场（下称古交大市场）送达《税务检查通知书》，对其2006年至2008年度的纳税情况进行检查。同年4月27日，古交地税局作出处理、处罚决定。古交大市场不服，申请行政复议，太原市地方税务局（以下简称太原地税局）以程序违法为由撤销。古交地税局再次作

---

① 案件资料来源：《国家税务总局太原市税务局稽查局与山西永鑫跃达贸易有限公司行政处罚再审审查与审判监督行政裁定书》，中国裁判文书网，2019年12月30日。

出处理、处罚决定，古交大市场对处罚决定不服，再次申请行政复议，太原地税局再次以程序违法为由撤销。

2010年8月27日，古交地税局依据《税收征收管理法》第六十四条第二款、第六十三条第一款的规定，第三次作出《税务行政处罚决定书》（古地税罚〔2010〕001号），对古交大市场少缴印花税32 188.80元处少缴税款0.5倍罚款，即16 094.40元；对其偷逃营业税、城市维护建设税、房产税3 357 865.77元处少缴税款0.5倍罚款，即1 678 933元。古交大市场仍不服，第三次申请行政复议，太原地税局于2010年12月17日作出维持决定。

古交大市场不服，向法院起诉，古交市人民法院（2012）古行重字第1号行政判决维持。古交大市场再不服，向太原市中级人民法院上诉。

再审法院认为，古交大市场在2009年3月9日向古交地税局申报3 173 924.06元税款，虽然该申报是在古交地税局进驻企业之后，但在古交地税局稽查完毕之前，更是在作出稽查结论前，而且古交市地税局也受理了该申报，应当认定为主动申报。山西省太原市中级人民法院于2012年10月18日作出（2012）并行终字第31号行政判决：撤销古交市人民法院（2012）古行重字第1号行政判决书；撤销山西省古交市地方税务局作出的《税务行政处罚决定书》（古地税罚〔2010〕001号）；由被上诉人古交地税局重新作出具体行政行为。

抗诉机关山西省人民检察院、再审申请人（一审被告，二审被上诉人）古交地税局不服，向山西省高级人民法院申请再审。

省高院认为，抗诉机关和古交地税局认为，古交大市场2009年3月9日申报的3 173 924.06元税款应当是同年1月至2月的税款。从古交大市场营业状况来看，这两个月份无须申报这么多税款。同年3月30日，古交地税局依《税收征收管理法》第三十二条的规定，向古交大市场下达了《税务事项通知书》，写明是通知清缴欠税，具体税款数额为3 173 924.06元。从该《税务事项通知书》的内容和法律依据来看，古交地税局认为该税款为2006年至2008年的欠税。抗诉机关与古交地税局认为，根据《税收征收管理法》第六十三条规定，古交大市场少缴税款构成偷税的主要方式，是经通知申报而拒不申报以及虚假申报，古交地税局却没有提供相关证据。而古交大市场在2009年3月9日纳税申报时所依据的相关账册，也提供给了检查组，后者认定少缴税款为3 357 865元，与古交大市场主动申报差额26万左右。综上，古交大市场于2009年3月9日申报的3 173 924.06元税款，应当是古交大市场在古交地税局检查之前，通过自查后主动补充申报的。抗诉机关抗诉时所依据的《国家税务总局关于税务检查期间补正申报补缴税款是否影响偷税行为定性有关问题的批复》（税总函〔2013〕196号），该批复作出时间是2013年4月19日，并不适用本案。依据《中华人民共和国行政诉讼法》第八十九条第一款第（一）项的规定，《山西省高级人民法院行政判决书》（〔2015〕晋行再字第1号）判决：维持太原市中级人民法院2012年10月18日（2012）并行终字第31号行政判决[①]。

上述两个案件均发生在山西太原，但却是两种截然不同的判决。每个案例都是鲜活的，要结合具体的时间、主体、客体、主观、客观等各种因素进行详细分析。不能简单套用规范性文件，甚至用后来的文件溯及既往。第一个案件，倾向于参照第二个案件的处理，不要受税总函〔2013〕196号所困，因为该规范性文件的法律位阶不够。比较好的结果是税务机关按税总函〔2013〕196号来定性，基层税务机关规避了责任，但法院不采信，类似第二个案件的判法。作为第二个案件，比较赞同太原市中级人民法院、山西省高级人民法院的判决。对同一个时间段的涉税问题，在税务机关没有查出之前，主动申报应该宽大处理。山西省人民检察院抗诉时所依据的税总函〔2013〕196号文件，制作下发时间是2013年4月，而案情发生在2009年3月，明显违反了法不溯及既往的原则。

[①] 案件资料来源：《古交市建筑装饰材料大市场诉古交市地方税务局行政处罚再审审查行政判决书》，中国裁判文书网，2016年12月30日。

偷税罪与逃避缴纳税款罪的适用

偷税是指纳税人或者扣缴义务人伪造、变造、隐匿、擅自销毁账簿、记账凭证，在账簿上多列支出或者不列、少列收入，经税务机关通知申报而拒不申报或者进行虚假的纳税申报，缴纳税款后骗取所缴纳的税款，导致不缴或者少缴应纳税款。

纳税人不进行纳税申报造成不缴或少缴应纳税款的情形，《国家税务总局关于未申报税款追缴期限问题的批复》（国税函〔2009〕326号）明确不属于偷税。周某超诉国家税务总局宜兴市税务局税务行政管理一案，不服宜兴市人民法院（2018）苏0282行初53号行政判决，江苏省无锡市中级人民法院也是这么判的。[①]

税收征管法第五十二条规定：对偷税、抗税、骗税的，税务机关可以无限期追征其未缴或者少缴的税款、滞纳金或者所骗取的税款。税收征管法第六十四条第二款规定的纳税人不进行纳税申报，造成不缴或少缴应纳税款的情形不属于偷税、抗税、骗税，其追征期按照《税收征管法》第五十二条的规定，一般为三年，特殊情况可以延长至五年。

构成偷税罪的标准有两个：

① 偷税数额占应纳税额的百分之十以上且偷税数额在一万元以上。《最高人民法院关于审理偷税抗税刑事案件具体应用法律若干问题的解释》（法释〔2002〕33号）第一条规定，纳税人或者扣缴义务人实施前述五种行为，不缴或者少缴应纳税款，偷税数额占应纳税额的百分之十以上且偷税数额在一万元以上的，依照《刑法》第二百零一条第一款的规定定罪处罚。

② 两年内因偷税受过二次行政处罚，又偷税且数额在一万元以上。第

---

① 案件资料来源：周某超与国家税务总局宜兴市税务局二审行政判决书，中国裁判文书网（有改动），2019年5月13日。

四条规定："两年内因偷税受过二次行政处罚，又偷税且数额在一万元以上的，应当以偷税罪定罪处罚。"对于这份解释，国家税务总局以国税发〔2002〕146号文转发："望认真学习贯彻"。

第十一届全国人大第七次会议通过的从2009年2月28日开始施行的《刑法修正案（七）》，将《刑法》第二百零一条由偷税罪修改为逃避缴纳税款罪。《立法法》第九十二条规定，同一机关制定的法律，特别规定与一般规定不一致的，适用特别规定。按照特别法优于一般法的原则，在《税收征收管理法》及其实施细则没有修订之前，各级税务局稽查局还是按照《税收征收管理法实施细则》第九条的规定，将偷税的查处作为重要的职责之一。税务机关在偷税案件的查处过程中，从取证到案件的定性处理，主要围绕《税收征收管理法》第六十三条、《最高人民法院关于审理偷税抗税刑事案件具体应用法律若干问题的解释》（法释〔2002〕33号）第一条所界定的行为进行。

公安机关管辖的刑事案件立案追诉标准为五万元以上。《最高人民检察院 公安部关于公安机关管辖的刑事案件立案追诉标准的规定（二）》（公通字〔2010〕23号）第五十七条规定，逃税案的立案标准，一是纳税人采取欺骗、隐瞒手段进行虚假纳税申报或者不申报，逃避缴纳税款，数额在五万元以上并且占各税种应纳税总额百分之十以上的，经税务机关依法下达追缴通知后，不补缴应纳税款、不缴纳滞纳金或者不接受行政处罚；二是纳税人五年内因逃避缴纳税款受过刑事处罚或者被税务机关给予二次以上行政处罚，又逃避缴纳税款，数额在五万元以上并且占各税种应纳税总额百分之十以上的；三是扣缴义务人采取欺骗、隐瞒手段，不缴或者少缴已扣、已收税款，数额在五万元以上的，并且明确纳税人在公安机关立案后再补缴应纳税款、缴纳滞纳金或者接受行政处罚的，不影响刑事责任的追究。

需要说明的是法释〔2002〕33号目前仍然有效，与公通字〔2010〕23

号文所规定的不一致，立案标准应按后一份文件执行。税务机关按照《税收征收管理法》第六十三条规定进行处理，如果达到公通字〔2010〕23号文所规定的立案标准，则以逃避缴纳税款进行定性，移送公安机关。

人民法院在定罪时按逃避缴纳税款罪或者逃罪的情形。《立法法》第九十二条规定，同一机关制定的法律，新规定与旧规定不一致的，适用新规定。《刑法》第二百零一条规定，纳税人或者扣缴义务人采取欺骗、隐瞒手段进行虚假纳税申报或者不申报，逃避缴纳税款数额较大并且占应纳税额百分之十以上的，处三年以下有期徒刑或者拘役，并处罚金；数额巨大并且占应纳税额百分之三十以上的，处三年以上七年以下有期徒刑，并处罚金。对多次实施前款行为，未经处理的，按照累计数额计算。单位犯逃避缴纳税款罪或者逃罪，《刑法》第二百一十一条规定：对单位判处罚金，并对其直接负责的主管人员和其他直接责任人员，依照本法第二百零一条的规定处罚。

偷税主观故意的把握

《税收征收管理法》第六十三条关于偷税的界定，笔者认为"主观故意"已经内化其中，偷税行为发生，必然伴随着故意，无须单独考虑主观状态。比如，税务机关在认定纳税人不缴或者少缴税款的行为是否属于偷税时，《国家税务总局关于税务检查期间补正申报补缴税款是否影响偷税行为定性有关问题的批复》（税总函〔2013〕196号）应当严格遵循《税收征收管理法》第六十三条的有关规定。纳税人未在法定的期限内缴纳税款，且其行为符合《税收征收管理法》第六十三条规定的构成要件，即构成偷税，逾期后补缴税款不影响行为的定性。《北京市国家税务局关于明确税务检查中有关政策执行问题的通知》（京国税发〔2007〕363号）进一步明确：税务机关在判定纳税人涉税行为是否为偷税时，应按《税收征收管理法》及其实施细则相关条款执行，无须增加是否有主观故意等条件。司法审判中，一些法院也持这一观点。

例如，阳泉市国家税务局稽查局经查发现，山西平定古州东升阳胜煤业有限公司（以下简称阳胜公司）将销售煤炭款现金122 480 000元转移到关联公司山西东升恒泰商贸有限公司（以下简称恒泰公司），造成阳胜公司在账簿上少计销售收入104 683 760.69元。

经税务行政处罚听证会后，2016年11月22日，稽查局作出《税务行政处罚决定书》（阳国税稽罚外〔2016〕600001号）。阳胜公司不服，向山西省国家税务局申请行政复议，2017年3月6日后者作出维持的决定，同年3月28日阳胜公司提起诉讼。

原审法院阳泉市郊区人民法院认为："被告通过收集到的证据，核实证据，运用证据作出的结论，已经充分证明事实上原告在账簿上少计销售收入104 683 760.69元，少申报缴纳增值税17 796 239.31元。这些行为本身就是主观为之而产生的结果，原告诉称自己没有偷税的主观故意的理由并不成立，且主观故意不是判定纳税人偷税的核心要件，因此，原告的诉讼请求本院不予支持。"依照《行政诉讼法》第六十九条的规定，阳泉市郊区人民法院（2017）晋0311行初17号行政判决，驳回原告阳胜公司的诉讼请求。

阳胜公司不服，提出上诉。2018年3月26日，（2018）晋03行终9号《山西省阳泉市中级人民法院行政判决书》判决："驳回上诉，维持原判。"①

不过国家税务总局也有一些文件规定，定偷税要有主观故意的要件，没有证据证明纳税人具有主观故意的偷税行为，不得认定为偷税。比如，国家税务总局在答复最高人民检察院的《国家税务总局办公厅关于呼和浩特市昌隆食品有限公司有关涉税行为定性问题的复函》（国税办函

---

① 案件资料来源：《山西平定古州东升阳胜煤业有限公司因与阳泉市国家税务局稽查局、山西省国家税务局税务处罚二审行政判决书》，中国裁判文书网，2018年4月20日。

〔2007〕513号）中写道：《税收征收管理法》未具体规定纳税人自我纠正少缴税行为的性质问题，在处理此类情况时，仍应按《税收征收管理法》关于偷税应当具备主观故意、客观手段和行为后果的规定进行是否偷税的定性。税务机关在实施检查前纳税人自我纠正属补报补缴少缴的税款，不能证明纳税人存在偷税的主观故意，不应定性为偷税。

《国家税务总局关于北京聚菱燕塑料有限公司偷税案件复核意见的批复》（税总函〔2016〕274号）明确：根据你局提供的材料，从证据角度不能认定该企业存在偷税的主观故意，不认定为偷税。当然，这些函件仅供参考。也有的法院持这种观点。

例如，再审申请人北京中油国门油料销售有限公司（以下简称中油国门公司）因税务行政处罚一案，不服北京市第三中级人民法院（以下简称二审法院）（2017）京03行终164号行政判决，向北京市高级人民法院申请再审。

再审申请人认为：一、二审判决未对申请人偷税的主观故意作出充分认定，申请人并未授权呼某章以申请人名义从事业务，不具有对中间人呼某章业务行为进行审查的义务和责任。在检察机关经过刑事诉讼程序认定申请人相关负责人"不具有主观故意"的情况下，一、二审判决认为申请人举证不力，就认定申请人具备偷税的主观故意，举证责任分配错误。

北京市高级人民法院认为：根据《税收征收管理法》第六十三条第一款的规定所列举的情形看，当事人的主观方面系认定偷税行为的必要构成要件。行政机关以构成偷税行为为由对当事人作出行政处罚，应当对当事人不缴或者少缴应纳税款的主观方面进行调查认定，并在当事人提起行政诉讼后就此承担举证责任。本案中，北京市顺义区国家税务局没有就中油国门公司少缴应纳税款的主观方面进行调查和认定，在诉讼过程中也没有就此提交相应证据。一审判决认为中油国门公司"提交的证据不能证明其不明知三方没有真实货物交易"，在行政诉讼举证责任的分配上存有错误；二审判决的认定建立在"对中油国门公司所持其不具有主观过错的主张不予支持"的基础上，存在混淆民事法律关系中"主观过错"与行政法律关系中主观故意的问题。根据《行政诉讼法》第九十二条、最高人民法院《关于适用〈行政诉讼法〉的解释》（法释〔2018〕1号）第一百一十六条第一款的规定，2018年5月28日，《北京市高级人民法院政裁定书》（〔2017〕京行申1402号）裁定："指令北京市第三中级人民法院再审。再审期间，中止原判决的执行。"[①]

虚开增值税专用发票罪的"虚开"要有主观目的性的把握

涉税犯罪的案件包括主体、客体、主观、客观四个要件。主体是纳税人、扣缴义务人，或者其他涉税当事人。构成涉税刑事案件的个人必须是达到法定刑事责任年龄（16周岁）、具有刑事责任能力的自然人。客观上实施了涉税违法行为，主观上表现为故意，故意的确定不能以当事人的辩解为标准，应从当事人的业务能力，对财务的了解程度，以及整个涉税违法的情节、过程加以判断。如果只是一般的涉税违法，尚未达到犯罪追诉标准者，对主观故意的认定不是特别强。如果达到犯罪追诉标准者，对主观故意的认定就要特别关注。侵害的客体是国家税收管理制度，实施了法律所禁止的行为，违反了国家在会计账簿、发票、纳税申报等方面的制度。

当前，无论是法学理论界还是司法实务、税务稽查实践，对虚开增值税专用发票的行为是否要求有特定目的，存在肯定说与否定说之争，实践中也已经出现类似案件处理结果迥异的情况。笔者认为，虚开增值税专用发票罪，要求有骗取税款的主观目的，如不具备该目的，则不能认定《刑法》第二百零五条中"虚开"的行为，不能以该罪论处。虚开增值税专用

---

① 案件资料来源：《北京中油国门油料销售有限公司与北京市顺义区国家税务局再审审查与行政审判监督行政裁定书》，中国裁判文书网（有改动），2018年5月28日。

发票可以从以下五个方面来把握。

第一，结合本罪设立的历史渊源来把握。《刑法》规定的虚开增值税专用发票罪是我国税制改革、实行增值税专用发票抵扣税款制度之后出现的新型经济犯罪。与普通发票相比，增值税专用发票不仅具有记载经营活动的功能，更具有凭票依法抵扣税款的功能。在增值税专用发票制度实行的初期，一些不法分子利用增值税专用发票抵扣税款的这一功能，虚开增值税专用发票，套取国家税款。扰乱了正常的增值税专用发票管理秩序，造成国家税款损失，造成的社会危害很大。1995年10月30日全国人大常委会《关于惩治虚开、伪造和非法出售增值税专用发票犯罪的决定》（以下简称《决定》），首次将这种行为规定为犯罪，并设置了最高可判处死刑的严厉法定刑。在当时特定的时代环境下，虚开增值税专用发票行为均是以骗取国家税款为目的的。在《决定》的导语部分有：惩治虚开增值税专用发票进行偷税、骗税等犯罪活动，保障国家税收。对《决定》上述规定的理解，不应脱离当时特定的时代背景，即在增值税专用发票制度刚刚设立之时，虚开增值税专用发票无疑是为了骗取国家税款，除此别无其他目的。

第二，根据刑法理论来把握。《刑法》第二百零五条关于虚开增值税专用发票罪的罪状表述，采用了简单罪状的表述方式，即"虚开增值税专用发票，处三年以下有期徒刑或者拘役，并处二万元以上二十万元以下罚金"的方式。这一规定，仅简单表述了本罪的客观方面特征，对于本罪的主观方面，包括是否要求必须有骗取税款的目的，则从法条表述中并不能得出。立法上使用简单罪状，一般是因为立法者认为这些犯罪的特征易于被人理解和把握，无须在法律上作具体的描述。无论是在理论界，还是在实务界，不少人在分析法条的这一规定后认为，本罪是典型的行为犯，理由是法条并未要求行为人必须具备特定的目的，更未要求本罪必须造成国家税款损失的后果。

其实，行为犯是以法定的实行行为完成作为犯罪既遂标准的犯罪，在犯罪的分类上，它是与结果犯相对应的，而与目的犯不存在对应关系。实际上，行为犯与目的犯在一些犯罪中是兼容的，即某罪可以既是行为犯，同时也是目的犯。

第三，从罪责刑相适应原则来把握。《刑法》第五条规定："刑罚的轻重，应当与犯罪分子所犯罪行和承担的刑事责任相适应。"这一原则不仅是司法实践中的量刑原则，也应该是《刑法》立法所遵循的原则。在我国《刑法》中，法定刑的轻重一般与行为人所犯罪行即社会危害性的大小，和其所承担的责任大小相适应，这也是罪责刑相适应原则的应有之义。从《刑法》分则关于某罪的法定刑配置中，也可以逆向推导出该罪社会危害性的大小。虚开增值税专用发票罪属重罪，在《刑法修正案（八）》之前，最高可判处死刑，即便在《刑法修正案（八）》对本罪法定刑修改后，其法定最高刑依然可达无期徒刑。1997年《刑法》修订时，立法者将《决定》关于虚开增值税专用发票罪的相关规定略作修改后，纳入《刑法》第二百零五条中，但对罪状的表述没有修改，继续采用简单罪状的表述方式。结合前述关于当时虚开增值税专用发票的行为，都是基于骗取国家税款的目的，将"虚开"界定为骗取国家税款的实质意义上的虚开，既符合立法时立法者对本罪的认知，也符合罪责刑相适应的原则。

既然在实践中，虚开增值税专用发票的行为既可以是以骗取国家税款为目的，也可以是不以骗取国家税款为目的，且二者的社会危害性相差甚大，如果不加区分，都按照同样的定罪量刑标准追究行为人的刑事责任，显然有失公允。

在此问题上，最高人民法院的态度一贯明确。2001年最高人民法院答复福建省高级人民法院请示的松苑公司等虚开增值税专用发票一案中，该案被告单位不以抵扣税款为目的，而是为了显示公司实力，以达到与外商谈判中处于有利地位而虚开增值税发票。据此，最高人民法院答复认为，该公司的行为不构成犯罪。

第四，结合社会实践的新情况来把握。随着增值税发票制度的推行，实践中出现了不以骗取税款为目的，客观上也不可能造成国家税款实际损失，但又不具有与增值税专用发票所记载的内容相符的真实交易的"虚开"行为，如为了虚增单位业绩而虚开增值税专用发票，这种行为虽然客观上也破坏了增值税专用发票的管理制度，但与以骗取国家税款为目的虚开增值税专用发票行为相比，已具有质的区别，如果无视这种区别，仅从字面上套用《决定》以及《刑法》关于虚开增值税专用发票罪的相关规定，将这种行为也认为是虚开增值税专用发票罪的实行行为，不仅是对法律的机械理解，也割裂了虚开增值税专用发票罪的立法历史渊源。不以抵扣税款为目的的虚开，不构成虚开增值税专用发票罪。

例如，2000年5月间，林某基在福建省泉州市松苑锦涤实业有限公司（以下简称松苑公司）向公司董事长兼总经理陈某柏（1995年11月1日曾因偷税罪被石狮市人民法院判处有期徒刑三年、缓刑五年，在缓刑考验期内因本案被采取强制措施）推销节能器材的过程中，知悉陈为提高公司现有设备价格，以显示公司的经济实力，欲购买一些伪造票据作公司账目。林某基即表示愿意提供，陈某柏提出虚开票据数额为3 700余万元。双方商定，由陈某柏按虚开面额千分之五的比例支付酬金给林某基，并向林某基提供了3张松苑公司向江苏扬州惠勇物资有限公司、江苏盐城华强化纤机械有限公司、江苏苏州凯美化工有限公司购买设备所开具的增值税专用发票样式。原松苑公司副总经理施某昌在陈某柏的授意下，根据该公司现有设备虚列了一张价格为3 700余万元的设备清单，通过杨某辉交给林某基，林某基则根据陈某柏、施某昌提供的发票样式及设备清单，从他处买来伪造的增值税专用发票942份，以及发票专用章12枚，并以松苑公司为受票人开具发票326份，面额总计37 087 001.15元，税额5 388 709.57元。同年6月23日，林某基指使杨某辉将开具的326份伪造的增值税专用发票拿到松苑公司，经施某昌核对后交由陈某柏，陈某柏付款18.54万元给林某基。案发后，公安机关在林某基家中搜出开错税率及空白的伪造增值税专用发票和伪造的印章12枚。

泉州市人民检察院以被告单位松苑公司、被告人陈某柏和施某昌犯虚开增值税专用发票罪向泉州市中级人民法院提起公诉。

泉州市中级人民法院经审理认为，被告人陈某柏、施某昌为公司牟取非法利益，故意让他人以公司的名义虚开增值税专用发票，且虚开的税款数额巨大，其中被告人陈某柏系直接负责的主管人员，被告人施某昌系直接责任人员，被告单位松苑公司及被告人陈某柏、施某昌均已构成虚开增值税专用发票罪。被告单位松苑公司违反国家对增值税专用发票的管理法规，虚开增值税专用发票数额巨大，社会危害性大，故其辩护人提出被告单位犯罪情节轻微、不认为是犯罪的辩护理由于法无据。被告人陈某柏为谋取单位非法利益，与被告人林某基商定虚开增值税专用发票事宜，指使被告人施某昌虚列设备清单，是主犯，其辩护人提出陈某柏虚开增值税专用发票不是为了抵扣税款，归案后认罪态度好，建议从轻处罚的意见可以采纳。陈某柏在缓刑期间犯罪，应撤销缓刑，数罪并罚。被告人施某昌明知陈某柏为显示松苑公司的经济实力，在其授意下为虚开增值税专用发票而开具公司生产设备价格清单、验收虚开增值税专用发票的事实，有同案人供述，并有扣押的虚开的生产设备清单、虚开的增值税专用发票可佐证，施某昌辩称事先不知道要虚开增值税专用发票及其辩护人提出的施某昌没有虚开增值税专用发票的主观故意和客观行为，不是本案单位犯罪的直接责任人员，施某昌不构成犯罪的辩解和辩护意见均无事实和法律依据，不予采纳。鉴于施某昌系在陈某柏的指使下实施犯罪行为，在本案犯罪中起次要、辅助作用，是从犯，对被告人施某昌应比照陈某柏减轻处罚。依照《刑法》第二百零五条第一、第二款，第二百零八条第一款，第三十条，第三十一条，第二十五条第一款，第二十六条第一款，第二十七条，第七十七条第一款，第六十九条，第六十四条的规定，于2001年3月20日判决如下：撤销石狮市人民法院（1995）狮刑初字第173号刑事判决中以偷税罪判处被告人陈某柏有期徒刑三年、缓刑五年中缓刑部分的判决。被告单位松苑公司犯虚开增值税专用发票罪，判处罚金三十万元。被告人陈某柏犯虚开增值税专用发票罪，判处有期徒刑十年，合并原偷税罪有期徒刑三年，决定执行有期徒刑十二年。被告人施某昌犯虚开增值税专用发票罪，判处有期徒刑五年。

一审宣判后，被告单位松苑公司及被告人陈某柏、施某昌均不服，提出上诉。

福建省高级人民法院二审查明的案件事实与一审认定的案件事实基本一致，认为：上诉单位松苑公司和上诉人陈某柏、施某昌向他人购买伪造的增值税专用发票的行为，不是以抵扣税款为目的的，而是为了提高购进设备的价值，显示公司实力，以达到在与他人合作谈判中处于有利地位的目的。根据国家税法的规定，注明为固定资产的增值税专用发票不能抵扣税款，且陈某柏也没有要抵扣联，国家税款不会因其行为而受损失，松苑公司、陈某柏、施某昌的行为不具有严重的社会危害性，不构成犯罪，各被告人及其辩护人的有关辩护理由可予以采纳。原审以虚开增值税专用发票罪对松苑公司、陈某柏、施某昌定罪处刑不当，应予撤销。依照《刑事诉讼法》第一百八十九条第（二）项及《刑法》第二百零六条第一款、第六十四条的规定，于2002年5月31日判决：撤销泉州市中级人民法院（2000）泉刑初字第196号刑事判决；上诉单位泉州市松苑锦涤实业有限公司、上诉人陈某柏和施某昌无罪。

本案中，对于被告单位松苑公司，被告人陈某柏、施某昌，为了提高购进设备价值，显示公司经济实力，向他人购买虚开的伪造增值税专用发票的行为如何定性，存在较大分歧。

一种观点支持泉州市中级人民法院的判决，认为被告单位松苑公司，被告人陈某柏、施某昌构成虚开增值税专用发票罪。理由是：从《刑法》第二百零五条的规定看，虚开增值税专用发票罪是行为犯，立法并未将抵扣税款或骗取出口退税的目的和国家税款流失的犯罪结果作为该罪的构成要件。对于增值税专用发票，一经虚开达到一定数量，即构成犯罪。松苑公司、陈某柏、施某昌的行为，属于让他人为自己虚开增值税专用发票，且数额巨大，已经构成虚开增值税专用发票罪。不过，对这种不以抵扣税款和骗取出口退税为目的的犯罪，可以根据其犯罪情节适当从轻处罚。

另一种观点为构成购买伪造的增值税专用发票罪。理由是：《刑法》第二百零五条规定的立法本意是为了保障国家流转税制，不仅仅是为了保护发票秩序，打击的主要是利用增值税专用发票非法抵扣国家税款和骗取出口退税款的行为。对于类似本案被告不以偷骗税为目的虚开增值税专用发票的行为，不宜认定构成虚开增值税专用发票罪。被告单位松苑公司和被告人陈某柏、施某昌实施了购买伪造的增值税专用发票的行为，从罪刑相适应的角度看，购买伪造的增值税专用发票罪的法定刑较虚开增值税专用发票罪为轻，对上述被告单位或被告人可以按购买伪造的增值税专用发票罪定罪处刑。①

本案终审法院认为被告单位松苑公司和被告人陈某柏、施某昌无罪。可见，对一个案件，不同的法院有不同的理解，同一法院不同的法官也有不同的理解。作为税务人员就是要多学习，办案时认真收集证据，定性时集思广益，方可无虞。

第五，对比虚开发票罪的把握。从《刑法》对增值税发票的区别性保护制度分析，本罪的虚开行为必须是以骗取国家税款为目的的。增值税

---

① 案例资料来源：牛克乾《福建省泉州市松苑锦涤实业有限公司等伪造、出售伪造的增值税专用发票案——虚开增值税专用发票罪与非罪之认定》，原载《人民司法·案例》，2008年第22期。姚龙兵《如何解读虚开增值税专用发票罪的"虚开"》，原载《人民法院报》，2016年11月16日。

发票包括增值税专用发票和增值税普通发票，在《刑法修正案（八）》之前，虚开普通发票，包括增值税普通发票的行为，不作为犯罪处理。之所以如此，最根本的原因是这些发票本身不具有抵扣税款的功能，行为人虚开这些发票无法凭票直接骗取国家税款。虚开增值税普通发票的行为与虚开增值税专用发票一样，也会扰乱增值税发票的管理秩序。而虚开增值税普通发票，在《刑法修正案（八）》入刑后，也仅设置了最高可判处七年有期徒刑的法定刑，本罪侵犯的客体是增值税发票管理秩序，因此需要从严打击的观点不能成立。

再看一个例子，如果犯罪嫌疑人主观上没有偷逃国家税款的目的，客观上也没有造成国家税款流失，不具有危害国家税收征管的严重社会危害性，不构成虚开增值税专用发票罪。例如，原审被告人李某甲，四川省高县正新煤业有限责任公司原法定代表人，原审被告人李某乙，女，高县白庙乡板厂沟煤矿原会计。两人均于2014年5月8日因本案被刑事拘留，同年6月13日被逮捕，同年11月9日、8月4日分别被取保候审。

高县人民法院审理高县人民检察院指控原审被告人李某甲、李某乙犯虚开增值税专用发票罪一案，于2016年3月18日作出（2015）宜高刑初字第38号刑事判决。原公诉机关高县人民检察院不服，提出抗诉。宜宾市中级人民法院依法组成合议庭，公开开庭审理。

原判认定，2002年7月，余某某退出板厂沟煤矿，由惠某甲经营。2009年7月，正新公司成立，被告人李某甲任公司法定代表人。2011年7月，李某甲登记成立正新公司的分公司，即正新公司白庙乡板厂沟煤矿（以下简称板厂沟煤矿），李某甲为该分公司负责人，被告人李某乙担任会计。该分公司未在税务机关进行税务登记，板厂沟煤矿也未办理注销税务登记。2012年4月9日，李某甲与何某甲签订转让合同，约定将正新公司及其分公司转让给何某甲，同年9月24日，李某甲、李某丙分别与何某甲任法定代表人的四川顺天投资有限公司（以下称顺天公司）及何某甲签订股权转让合同，将其所持全部股份转让给顺天公司及何某甲。同年，李某乙将相关物品、设备移交至丰源集团。2013年1月28日正新公司法定代表人及其分公司负责人由李某甲变更为闫某某。2012年5月，板厂沟煤矿停止生产，截至停产时板厂沟煤矿余煤约2千吨左右。李某乙告知李某甲，丰源集团拿了开票资料及工人工资表等，要求开具增值税专用发票并做假工资表，李某甲让李某乙按丰源集团的要求办理。2012年5月至9月期间，罗某某以板厂沟煤矿的名义找到李某乙，先后向丰源集团开具增值税专用发票38份，金额共计4 148 258.40元，其中，增值税额共计602 738.40元，涉及煤炭14 773吨，丰源集团将该发票全部申报认证抵扣。李某乙利用丰源集团工人工资表等虚造了板厂沟煤矿的工人工资表等资料，并制作虚假账目，虚增板厂沟煤矿产量和费用，2012年5月至2013年11月15日板厂沟煤矿实际缴纳增值税共计1 810 902.63元。

原判认为，被告人李某甲、李某乙按照何某甲的要求，从板厂沟煤矿向丰源集团开具增值税专用发票，丰源集团将该增值税专用发票申报抵扣，但板厂沟煤矿在开具增值税专用发票后，如数缴纳了相关增值税款。被告人李某甲、李某乙主观上不具有偷、骗税目的，客观上也不会造成国家税款流失的虚开行为，不应以虚开增值税专用发票犯罪论处。原判根据《刑事诉讼法》第一百九十五条第（二）项、《最高人民法院关于适用〈刑事诉讼法〉的解释》（法释〔2012〕21号）第二百四十一条第一款第（三）项的规定，判决被告人李某甲、被告人李某乙无罪。

抗诉机关提出：被告人李某甲、李某乙实施了虚开增值税专用发票的行为，其主观上是否具有偷、骗税的目的，以及客观上是否会造成国家税收的流失，并非本罪的构成要件。原判适用法律及宣告二被告人无罪，确有错误，请二审法院依法判处。

原审被告人李某甲提出，他只是让李某乙在不违法的前提下协助丰源集团进行扫尾工作，对丰源集团开具发票的事情是否违法不知情，不构成犯罪，请求二审法院驳回抗诉，维持原判。其辩护人提出，主观上原审被告人李某甲不具有故意虚开的意图，客观上原审被告人李某甲没有实施虚开的行为。本案总体上不具有虚开增值税专用发票性质，请求二审法院维持原判。

原审被告人李某乙提出，煤炭交易和发票真实存在，国家税费也是全额缴纳，她只是协助丰源集团扫尾工作，认定其具有虚开增值税专用发票的行为不成立，请求二审法院维持一审判决。

经二审审理查明的事实和证据与一审认定的相一致，宜宾市中级人民法院对一审判决认定的事实和采信的证据予以确认。

严重的社会危害性是任何犯罪都具有的本质特征，一种行为如果没有严重的社会危害性，则不属于犯罪的范畴。虚开增值税专用发票罪也不例外，司法理论和实践普遍认为，该罪侵犯的是复杂客体，即行为人既侵犯了国家增值税专用发票监督管理制度，又破坏了国家税收征管，造成了国家税款的大量流失。无论是之前的全国人大常委会立法决定，还是之后的《刑法》规定，从立法宗旨和立法体系可以判断，国家刑事法律无不是从保障国家税收不流失这一根本目的出发，从而规定了一系列危害国家的税收犯罪。如果不严厉惩治这些犯罪行为，则有造成国家税收流失的风险，危害国家税收征管。如果根本没有造成国家税收流失的可能，便不存在危害税收征管犯罪的问题。

就本案而言，原审被告人李某甲、李某乙在协助何某甲办理板厂沟煤矿扫尾工作期间，何某甲为了解决其所控制的椰雅煤业公司超能生产煤炭对外销售的实际问题，伙同罗某某及二原审被告人虚增了板厂沟煤矿向丰源集团销售煤炭这一交易环节，利用板厂沟煤矿实际停产但具有煤炭生产资质的有利条件，由板厂沟煤矿开具煤炭过关票和相应38份增值税专用发票，从而将椰雅煤业超能生产的煤炭对外销售。上述开具增值税专用发票的行为虽与实际交易行为不符，但行为人主观上没有偷逃国家税款的目的，而是为了促成超产煤炭的外销，并根据销售煤炭数量如实向国家上缴了增值税和相关规费，即使在下一销售环节将增值税发票进行抵扣，客观上也不会造成国家税款流失。因此，原审被告人李某甲、李某乙等人主观上没有偷逃国家税款的目的，客观上也没有造成国家税款流失，不具有危害国家税收征管的严重社会危害性，不应构成虚开增值税专用发票罪。

宜宾市中级人民法院认为，如果不从立法宗旨和立法体系认识到保障国家税款不流失的立法目的，也不从社会危害性方面认识到客观上不会也没有造成国家税款流失的行为不具有严重的社会危害性，而仅从形式上将只要有虚开行为，一律以虚开增值税专用发票罪追究刑事责任，明显违背了主客观相一致的基本定罪要求，属于客观归罪。如果简单地按照抗诉意见，认定二原审被告人构成虚开增值税专用发票罪，则势必会对其施以严重的刑罚，这也于情理不合，因为本案并未造成国家税款损失的严重危害后果。对上述抗诉意见，本院不予支持，认为原审被告人李某甲、李某乙不构成虚开增值税专用发票罪，依照《刑事诉讼法》第二百二十五条第一款第（一）项的规定，2016年7月22日，该院刑事裁定书（2016）川15刑终113号裁定："驳回抗诉，维持原判。"①

本案一、二审法院均判李某甲、李某乙不构成虚开增值税专用发票罪，其实并不是所有法院都这么认为，断案确定是仁者见仁，智者见智。检察院的观点"虚开增值税专用发票是一种行为犯罪，只要有行为存在即构成犯罪。"是很有代表性的。当然笔者不认同抗诉机关提出的"被告人李某甲、李某乙实施了虚开增值税专用发票的行为。其主观上是否具有偷、骗税的目的，以及客观上是否会造成国家税收的流失，并非本罪的构成要件"这一观点。我们知道一项犯罪，构成要件中的主体、客体、主观、客观四个要素要具全。

---

① 案件资料来源：李某甲、李某乙犯虚开增值税专用发票罪二审刑事裁定书，中国裁判文书网。2016年7月22日。

偷税罪与虚开用于抵扣税款的发票罪的适用

内容参见"定性审"中注意不认定为虚开增值税专用发票的情形，虚开用于抵扣税款的发票是指不真实地填写除增值税专用发票以外可用于出口退税、抵扣税款的发票。《最高人民检察院 公安部关于公安机关管辖的刑事案件立案追诉标准的规定（二）》（公通字〔2010〕23号）第六十一条规定："虚开用于骗取出口退税、抵扣税款的其他发票，虚开的税款数额在一万元以上或者致使国家税款被骗数额在五千元以上的，应予立案追诉。"

例如，芦某兴，男，1962年12月出生，个体运输户。因涉嫌虚开用于抵扣税款的发票犯罪，1999年6月8日被逮捕，浙江省宁波市人民检察院向宁波市中级人民法院提起公诉。

宁波市中级人民法院经公开审理查明：1997年7月至1998年12月，被告人芦某兴以每月支付500元管理费的形式挂靠宁波旭日联运有限公司（以下简称旭日公司），又以支付车辆租金、风险抵押金的形式承租宁波远航集装箱仓储运输公司（以下简称远航公司），并从上述两公司分别获取了全国联运业货运统一发票（以下简称联运发票）和浙江省宁波市公路集装箱运输专用发票及浙江省公路货运专用发票等运输发票。

芦某兴在以旭日公司名义经营运输业务期间，为少缴应纳税款，先后从自己承租的远航公司以及北仑甬兴托运站等5家运输企业接受虚开的联运发票、浙江省宁波市公路集装箱运输专用发票及浙江省公路货运专用发票等运输发票共53张，价税合计6 744 563.77元，并将上述发票全部入账，用于冲减其以旭日公司名义经营运输业务的营业额，实际偷逃营业税200 379.25元，城市维护建设税14 026.55元，企业所得税333 965.41元，合计偷逃税款548 371.21元，且偷逃税额占其应纳税额的30％以上。

为帮助其他联运企业偷逃税款，芦某兴将旭日公司联运发票的发票联共50张提供给浙江省鄞县古林运输公司江北托运部等5家运输企业，将远航公司浙江省宁波市公路集装箱运输专用发票的发票联3张提供给宁波环洋经贸有限公司用于虚开，虚开的发票联金额总计为4 145 265.32元，存根联或记账联金额为54 395元。以上虚开的运输发票均已被以上接受发票的运输企业用以冲减营业额，实际偷逃营业税122 728.84元，城市维护建设税8 561.01元，企业所得税204 548.07元，合计偷税税款335 837.92元。

宁波市中级人民法院认为：被告人芦某兴违反国家税收法规，故意采用虚假手段，虚增营业开支，冲减营业数额，偷逃应纳税款，其行为已构成偷税罪。公诉机关指控芦某兴犯罪的事实清楚，证据确实、充分，但指控被告人芦某兴的行为构成虚开抵扣税款发票罪的依据不足，指控罪名错误，应予纠正。依照《刑法》第二百零一条第一款、第五十二条规定，于2000年4月25日判决：被告人芦某兴犯偷税罪，判处有期徒刑六年，并处罚金100万元。

一审判决后，被告人芦某兴服判。宁波市人民检察院抗诉提出：本案中的运输发票具有抵扣税款的功能，被告人芦某兴虚开了具有抵扣功能的发票，其行为已触犯《刑法》第二百零五条的规定，构成虚开用于抵扣税款发票罪，一审判决因被告人没有将虚开的发票直接用于抵扣税款而认定被告人的行为构成偷税罪不当。

浙江省高级人民法院审理后认为：本案中所有用票单位都是运输企业，均不是增值税一般纳税人，无申报抵扣税款的资格。本案被告人为别人虚开或让别人为自己虚开的发票在运输企业入账号后，均不可能被用于抵扣税款。被告人芦某兴主观上明知所虚开的运输发票均不用于抵扣税款，客观上使用虚开发票冲减营业额的方法偷逃应纳税款，其行为符合偷税罪的构成要件，而不符合虚开用于抵扣税款发票罪的构成要件。原审判决定罪和适用法律正确，量刑适当，审判程序合法。依照《刑事诉讼法》第一百八十九条第（一）项的规定，于2000年12月29日裁定驳回抗诉，维持原判。[①]

在审理本案的过程中，检察机关认为《刑法》第二百零五条规定的虚开用于抵扣税款发票罪是行为犯，行为人只要实施了虚开可以抵扣税款发票（包括使用此种发票）的行为，不管其主观意图是想以虚增成本的方法偷税，还是想用虚开的发票非法抵扣税款，都只构成虚开用于抵扣税款的发票罪。芦某兴虚开的运输发票属于抵扣税款的发票，其行为构成虚开用于抵扣税款发票罪。笔者认为虚开抵扣税款发票罪的成立，必须同时具备以下条件。

第一，行为人必须具有抵扣税款的主体资格。由于"抵扣税款"只发生在增值税的纳税环节，即增值税一般纳税人在缴纳增值税时，将其购进的货物或者接受的应税劳务所支付或者负担的增值税额予以抵扣的活动。根据《增值税暂行条例》第一条的规定："在中华人民共和国境内销售货物或者提供加工、修理修配劳务以及进口货物的单位或者个人，为增值税的纳税义务人。"只有在我国境内销售货物或者提供加工、修理修配劳务以及进口货物的单位或者个人，才有抵扣税款的资格，其虚开可以用于抵扣税款的发票，可以构成虚开抵扣税款发票罪（非增值税纳税义务人虚开可以用于抵扣税款的发票，不能以虚开抵扣税款发票罪追究刑事责任）。非增值税纳税义务人不存在抵扣税款的问题，其为自己虚开或者让他人为自己虚开可以用于抵扣税款的发票，不能以虚开抵扣税款发票罪定罪处罚；只有为增值税一般纳税人虚开或者介绍他人为增值税纳税人虚开可以用于抵扣税款发票的，才能以虚开抵扣税款发票罪定罪处罚。本案中，被告人芦某兴所挂靠和承租的企业，以及接受芦某兴虚开运输发票的企业，均为交通运输企业，依照有关税收法规的规定，不是增值税的纳税义务人，其虚开的发票也不能作为申报抵扣税款的依据。被告人芦某兴为自己

---

① 案件资料来源：芦某兴虚开抵扣税款发票案——虚开可以用于抵扣税款的发票冲减营业额偷逃税款的行为如何定性（有改动），原载《刑事审判参考》2001年第6辑（总第17辑）。

虚开和为其他交通运输企业虚开可以用于抵扣税款的运输发票的行为，不构成虚开抵扣税款发票罪。

第二，行为人客观上实施了虚开用于抵扣税款的发票的行为。根据《刑法》第二百零五条的规定，虚开抵扣税款发票罪是指故意违反国家的发票管理法规，为他人虚开、为自己虚开、让他人为自己虚开或者介绍他人虚开用于抵扣税款的专用发票的行为。所谓"虚开"是指没有购销货物或者没有提供、接受应税劳务而开具用于抵扣税款的发票，或者虽有购销货物或者提供、接受了应税劳务但开具内容不实的用于抵扣税款的发票的行为。仅从这一点来说，被告人芦某兴的行为符合虚开抵扣税款发票罪的构成特征。

所谓"抵扣税款"是指增值税纳税义务人抵扣增值税进项税额的行为，根据《增值税暂行条例》（〔93〕国务院令第134号）第八条的规定，增值税纳税人购进货物或者接受应税劳务支付或者负担的增值税额即进项税额，准予从销项税额中抵扣。能够被用于"抵扣税款"的发票，除增值税专用发票以外，还有运输发票、废旧物品收购发票以及农产品收购发票等其他特定发票。如根据有关规定，增值税纳税义务人购进货物和销售货物所付运输费用，根据运费结算单据（运输发票）所列运费金额（不包括随运费支付的装卸费、保险费等杂费），按照7％的扣除率计算准予抵扣的进项税额，其计算公式为：进项税额＝运费金额×7％。本案被告人芦某兴为自己和他人虚开可以用于抵扣税款的运输发票，可以构成虚开抵扣税款发票罪。

第三，行为人必须具有抵扣税款的故意。虽然虚开抵扣税款发票罪是行为犯，即只要行为人实施了虚开用于抵扣税款的发票，就可构成犯罪，至于是否已将发票用于抵扣税款，不影响虚开抵扣税款发票罪的成立，但行为人没有抵扣税款的故意，即使实施了虚开抵扣税款发票的行为，也不能以虚开抵扣税款发票罪定罪处罚。对《刑法》第二百零五条中的"用于抵扣税款"的理解不能过于宽泛，"用于"应指主观上想用于和客观上实际用于，而不包括虽然可以用于但行为人主观上不想用于，客观上也没有用于，也不能将行为人使用发票意图不明的视为准备用于。

综上，本案被告人芦某兴为自己和他人虚开可以用于抵扣税款的运输发票，虽然造成了少缴应纳税款884 239.13元的后果，但因芦某兴在主观是为了少缴应纳税款，而不是为了抵扣税款，在客观上因无申报抵扣税款的资格，既没有也不可能用于抵扣税款，因此，不能对被告人芦某兴以虚开抵扣税款发票罪定罪处罚，检察机关指控的罪名不能成立。

一、二审法院认为，《刑法》第二百零五条规定的虚开用于抵扣税款发票罪中的"抵扣税款"具有特定含义，行为人虚开可以抵扣税款的发票，如其主观意图不是用于抵扣税款，客观上也没有去抵扣税款，而是为了其他目的去使用虚开的发票，则不能以虚开抵扣税款发票罪定性。被告人芦某兴采用虚开运输发票的手段，达到偷逃税款的主观目的，其所虚开的运输发票均未用于抵扣税款，因此其行为不符合虚开用于抵扣税款发票罪的构成要件，应构成偷税罪。

第四，侵害了国家的税收制度和管理秩序。虚开可以用于抵扣税款的发票不是为了抵扣税款，而是出于其他目的，应当结合行为人的犯罪故意和实施的客观行为择定其他罪名定罪处罚。根据《刑法》第二百零一条的规定，偷税罪的主体是"纳税人"，即负有纳税义务的单位和个人，不受是否具有申报抵扣税款资格的限制；偷税的手段是"伪造、变造、隐匿、擅自销毁账簿、记账凭证，在账簿上多列支出或者不列、少列收入，经税务机关通知申报而拒不申报或者进行虚假的纳税申报"，采取上述手段的目的是不缴或者少缴应纳税款；偷税数额在1万元以上并且占纳税人应纳税额的10%以上，或者因偷税被税务机关给予两次行政处罚后又偷税的，构成偷税罪与非罪数额和情节上的界限。

本案中，被告人芦某兴以个体运输户的名义挂靠在旭日公司和承租远航公司后，依法成为营业税、企业所得税、城市建设维护税的纳税人，为了少缴应纳税款，采取了虚开交通运输发票以虚增营业开支、冲减营业数额的方式，进行虚假的纳税申报，偷逃税款共548 371.21元，且偷逃税额占其应纳税额的30%以上。此外，被告人芦某兴为帮助其他联运企业偷逃税款，还将运输发票提供给其他运输企业进行虚开，用于冲减营业额，接受虚开发票的运输企业因此实际偷逃税款335 867.92元。被告人芦某兴的行为已构成偷税罪，并且应在"三年以上七年以下有期徒刑，并处偷税数额一倍以上五倍以下罚金"的量刑档次和幅度内判处刑罚。一、二审法院根据《刑法》、《刑事诉讼法》和《最高人民法院关于执行〈刑事诉讼法〉若干问题的解释》（法释〔1998〕23号）第一百七十六条第（二）项的规定，改变起诉不当的罪名，以偷税罪判处被告人芦某兴有期徒刑六年，并处罚金100万元，是合适的。

罪刑法定、疑罪从无原则的把握

在审理实践中，合理怀疑不能排除。例如，入选2019年5月16日最高人民法院司法案例研究院第十六期"案例大讲坛"之一的广州市德览贸易有限公司、徐占伟骗取出口退税案。2013年，该公司法定代表人徐某伟让林某坤、张某萌挂靠在其公司从事服装出口业务，由公司负责提供加盖公章的空白采购合同和报关单给后者，由后者自行负责组织货源和报关出口，公司在收到林某坤、张某萌提供的出口合同、报关单证及发票等资料后，再向国税部门申请退税，并按出口金额每美元收取人民币0.03元至0.05元的手续费。2013年10月至2014年11月，公司通过上述方式共接收内蒙古自治区赤峰市金金服装加工有限公司等4家公司开具的增值税专用发票930份，将其中900份发票申报出口退税13 982 187.38元，已经实际退税10 256 301.61元。《广东省广州市中级人民法院刑事判决书》（〔2016〕粤01刑初472号）以"本案并无证据证实被告单位德览公司主观上明知挂靠人具有骗取出口退税的故意，不能排除被告单位德览公司确系被挂靠人蒙蔽的合理怀疑"为由，判处广州市德览贸易有限公司、徐某伟无罪。[①] 原公诉机关广州市人民检察院提出抗诉，广东省人民检察院撤回抗诉，省高级人民法院准许撤回抗诉。

数量稽核审

数据是从量的方面来认识客观事物，每一宗税务案件的违法事实都是通过大量数据反映的，这些数据包括客观事物的数量多少，现象之间的数量关系和数量变化的规律性以及事物性质变化的数量界限等。在审理中，对任何从财务会计资料或者其他有关活动的资料中获得的数据，不能盲目地予以采纳，而应经过审查核实，作出正确判断。案件有关当事人提供的数据，甚至稽查人员调查收集的数据都可能不准确、不真实或缺乏证明力。比如，某些当事人出于不良动机，故意歪曲、伪造事实，使数据失真；或者由于收集程序不合法或不得当，影响数据的真实性；或者稽查人员计算错误。审理时要根据有关数据之间相互控制、相互制约的原理，对各项数据逐项加以验算核实，做到准确无误。要审核《税务稽查报告》中体现的数字与证据反映的数字是否相符，审核数字计算是否正确无误。比如，审查税款、滞纳金等查补收入的计算是否准确。

稽查查补的税款可经核定产生。《税收征收管理法》第三十五条第一款规定了税务机关有权核定其应纳税额的6种情形，各级税务局稽查局属于税务机关。《税收征收管理法》第十四条明确：税务机关包括按照国务院规定设立的并向社会公告的税务机构。这里的税务机构，在《税收征收管理法实施细则》第九条中规定：是指省以下税务局的稽查局。《国家税务总局关于稽查局职责问题的通知》（国税函〔2003〕140号）明确税务稽查

[①] 案件资料来源：广州德览贸易有限公司、徐某伟骗取出口退税一审刑事判决书，中国裁判文书网（有改动），2017年11月3日。

局的职责，显然，税务稽查的权限包括对被查对象所查税款的核定。

例如，上诉人龙岩和鑫房地产开发有限公司（以下简称和鑫公司）与被上诉人龙岩市地方税务局稽查局（以下简称市稽查局）、龙岩市地方税务局、福建省地方税务局税务行政处理一案，不服《福建省龙岩市新罗区人民法院行政判决书》（〔2017〕闽0802行初11号），向龙岩市中级人民法院提起上诉，提出"在本案中和鑫公司不具有《税收征收管理法》第三十五条第一款规定的税务机关有权核定应纳税额的任何一种情形，市稽查局无权对和鑫公司的所有应纳税额进行核定。"龙岩市中级人民法院依法组成了合议庭，于2017年12月11日公开开庭审理了此案。对上诉人的诉求进行分析后，2018年2月9日，《福建省龙岩市中级人民法院行政判决书》（〔2017〕闽08行终147号）第二条认为："根据上述法律规定，市稽查局有权核定其应纳税额。""主张被上诉人市稽查局无权核定应纳税额的理由不成立。"法院肯定了市稽查局对稽查查补的税款进行核定的行为。[①]

在审理偷税案件时，要审查偷税额和偷税比例的计算是否准确。对于偷税额的构成范围，《最高人民法院关于审理偷税抗税刑事案件具体应用法律若干问题的解释》（法释〔2002〕33号）第三条第一款规定："偷税数额，是指在确定的纳税期间，不缴或者少缴各税种税款的总额。"比如，国税局检查被查对象偷增值税的案件，势必涉及城市维持建设税、教育费附加、地方教育附加费的金额，这些都须计算进来。

至于偷税比例的计算，法释〔2002〕33号文第三条第二款规定："偷税数额占应纳税额的百分比，是指一个纳税年度中的各税种偷税总额与该纳税年度应纳税总额的比例。不按纳税年度确定纳税期的其他纳税人，偷税数额占应纳税额的百分比，按照行为人最后一次偷税行为发生之日前一

---

① 案件资料来源：《龙岩和鑫房地产开发有限公司、龙岩市地方税务局稽查局、龙岩市地方税务局、福建省地方税务局二审行政裁定书》。中国裁判文书网，2018年3月28日。

年中各税种偷税总额与该年纳税总额的比例确定。纳税义务存续期间不足一个纳税年度的，偷税数额占应纳税额的百分比，按照各税种偷税总额与实际发生纳税义务期间应当缴纳税款总额的比例确定。"只有把偷税数额和偷税比例计算准确，才好定性是否涉及违法犯罪，或者只是一般违法行为。

作出处理处罚决定书的数量金额要十分准确，否则，一旦诉讼，注定失败。

承本节"定性审"部分第一个案例，2015年12月17日稽查局对金星公司作出《税务处理决定书》（安国税稽处〔2015〕16号），认定金星公司销售啤酒采取在账簿上少列收入的方式，造成少缴2013年增值税、消费税共计21 636 955.51元的行为已构成偷税，责令金星公司于收到该决定书之日起15日内缴纳税款及滞纳金。同日，对金星公司作出《税务行政处罚决定书》（安国税稽罚〔2015〕17号）。金星公司不服《税务处理决定书》和《税务行政处罚决定书》，均申请行政复议，复议机关以复议申请超过法定申请期限为由不予受理。由于税务处理决定提起诉讼前必须先经复议前置程序，税务行政处罚决定可以选择复议或诉讼，金星公司遂以《税务行政处罚决定书》（安国税稽罚〔2015〕17号）为诉讼标的诉至一审法院，请求撤销该处罚决定。

判决后，稽查局不服镇宁布依族苗族自治县人民法院（2016）黔0423行初58号行政判决，向安顺市中级人民法院提起上诉。被上诉人金星公司二审未提交答辩状，其庭上辩称增值税和消费税的计算有误，经核实如下。

2013年度，金星公司实际销售收入为59 339 160.95元，扣除当年该公司促销、折扣折让金额22 952 304.72元、该公司红啤系列产品销售退回及1:1无偿补偿产品金额7 095 771.90元后，按照增值税税率17%核算当年该公司应补缴的增值税为4 979 484.34元。再加上当年该公司退回的产品中包含进项税额72 079.91元，金星公司应补缴增值税合计5 051 564.25元。计算如下：（59 339 160.95 − 22 952 304.72 − 7 095 771.90）× 17% + 72 079.91 = 5 051 564.25（元）。

2013年度，金星公司应当缴纳消费税产品25 760.95吨，按照220元/吨计算，该公司当年应当补缴消费税5 667 409.00元，扣除当年该公司已交消费税2 688 611.40元，应当补缴消费税为2 978 797.60元。计算如下：25 760.95 × 220 − 2 688 611.40 = 2 978 797.60（元）。

2013年度被上诉人金星公司应当补缴增值税、消费税总额为8 030 361.85元。与之前稽查局的处理决定，金额相差13 606 593.66元。依据《行政诉讼法》第七十七条第一款的规定，2017年8月8日，《贵州省安顺市中级人民法院行政判决书》（〔2017〕黔04行终27号）变更稽查局处理和处罚决定书中补税和罚款金额。[①]

职权审

职权审主要审查是否行政越权或者滥用职权。

行政越权

行政越权是指实施行政许可的行政机关工作人员超越法定的权限而作出了不属于自己职权范围的行政许可行为，包括无权限而行权、层级越权、事务越权、地域越权和内容越权等。

无权限而行权是指没有许可权的机关实施了许可行为，是行政越权中最严重的违法形式。审理部门主要须审查以下几点。一是税务机关是否行

---

① 案件资料来源：《安顺市国家税务局稽查局、贵州金星啤酒有限公司税务行政管理（税务）二审行政判决书》，中国裁判文书网，2017年9月18日。

使了非税务机关的行为。税务机关与其他国家机关之间存在不同的分工，税务机关不得行使司法、立法机关以及其他国家机关的权力。二是税务机关内设机构是否行使了外部行政机关的职权。例如，税务机关的内部处科室及派出机构直接以自己的名义（有法律、法规授权的除外）对外行使职权。三是税务机关以外的企事业单位、社会团体和其他组织或个人是否在没有法律法规授权或税务机关依法委托的情况下行使行政机关的职权。四是税务机关被撤销、分解、合并，其行政职权已丧失或转移后，是否仍以原税务机关的名义行使原行政机关的职权。五是受委托人的行政委托权限终了后，是否继续以委托税务机关的名义实施行政行为。六是税务机关党组织是否直接行使行政权或者与行政机关共同行使行政权。七是税务机关工作人员是否在未任职前或免除职务后实施行政行为。

层级越权又称为纵向越权，是指下级行政主体行使了上级行政主体的许可权或者上级行使了下级的许可权，要审查是否下级税务机关行使了上级税务机关的职权，或者上级税务机关行使了下级税务机关的职权。

事务越权又称为横向越权，是指有许可权的行政机关行使了不属于自己权限范围内的许可事项，要审查税务机关是否行使了不属于自己权限范围内的许可事项。

地域越权是指行政许可机关超越了行政许可权限的空间地域范围而行使行政许可权。《税务稽查工作规程》第十条规定："稽查局应当在所属税务局的征收管理范围内实施税务稽查，前款规定以外的税收违法行为，由违法行为发生地或者发现地的稽查局查处。"比如，甲地税务局稽查局到管辖区外的乙地实施税务稽查，就属于地域越权。因此，要审查税务机关是否超越了行政许可权限的空间地域范围而行使行政许可权。

内容越权是指行政机关在行使行政职权时，超越了法定的范围、程度等内容，要审查以下几个方面。一是是否超越法定的时间范围。《税收征收管理法实施细则》第八十六条规定："必要时，经县级以上税务局（分局）局长批准，可以将纳税人、扣缴义务人以前会计年度的账簿、记账凭证、报表和其他有关资料调回税务机关检查，但是税务机关必须向纳税人、扣缴义务人开付清单，并在3个月内完整退还。"如果归还时间超过3个月，即是超越法定的时间范围。被查对象税收违法行为均已超过法定追究期限的，《税务稽查工作规程》第四十五条规定，经稽查局局长批准后终结检查。这个时候，就不得对被查对象作出处理或者处罚决定书。二是是否超越法定的裁量范围。该裁量范围包括法定行为种类、法定数额幅度和对象适用范围等。比如，《税收征收管理法》第六十六条第一款规定："以假报出口或者其他欺骗手段，骗取国家出口退税款的，由税务机关追缴其骗取的退税款，并处骗取税款一倍以上五倍以下的罚款；构成犯罪的，依法追究刑事责任。"对适用本条处罚的骗取国家出口退税案件，处罚的幅度为"骗取税款一倍以上五倍以下"，若是超出这个幅度就是越权，一旦构成犯罪，不移送司法机关追究刑事责任也是越权。三是被授权组织是否超越法定的授权范围。四是受委托组织是否超越权限委托范围。

滥用职权

滥用职权是指权力行使者在主观上故意违背法定的目的、原则，即这种违法的表现形式是从主观层面来予以认定和确定的。如果不能在主观上确定权力行使者是否"滥用"，就不能将它视为一种滥用权力的行为，而宜将它看为一种内容违法的行为，主要审查是否违背法定目的、考虑不当、随意裁量、明显违背常理等方面。

行政权力的行使不仅要符合法律条文的规定，还必须符合法定的目的。如果符合法律条文在具体内容上的规定，却与法定的目的不相符合，即构成滥用权力。比如，执法人员先诱使行政相对人违法，然后再施以处罚，就违背了处罚的目的，即属于滥用权力。再如，税务人隐瞒事实真相，导致结果错误，即属于滥用权力。

例如，1998年～2001年9月，时任延庆县国税局稽查局局长的张兵海，在负责查处北京匡达制药厂偷税案期间，未核实认定偷税数额所依据的审计报告等证明材料的真实性，故意将该厂预缴的50多万元税款认定为应纳税款，向公安机关出具认定该厂1998年1月至1999年1月偷税的重要证据，致使该厂法定代表人王璐林被诬告，蒙受近一年的冤狱。2006年10月18日，北京市第一中级人民法院以滥用职权罪，判处张兵海有期徒刑5年。张兵海不服，提出上诉，同年12月12日，北京市高级人民法院"驳回上诉，维持原判"。①

对于考虑不当的审查，存在以下几种情形。一是是否考虑不相关因素，即行政职权的行使没有基于法律依据或者与法律的规定不相容，如考虑亲友关系而作出的决定等。二是是否没有考虑相关因素，即应该考虑的法定因素却不予考虑，如税务机关在对当事人的违法行为进行处罚时，明知当事人有减免情形却不予考虑。三是是否考虑不周全，即应全面考虑和衡量各种因素却忽略了某些方面的因素。四是是否虽符合法律的规定却没有考虑到具体事件的是非曲直。五是基于不正当动机的考虑，比如，基于不道德信念的考虑（泄私愤、公权私用）等。

随意裁量是指行政机关在行使自由裁量权时，任意而为或者反复无常。比如，对不确定的法律概念（即弹性法律用语）作任意扩大或缩小解释。在事实和其他情况无变化的条件下，因为某些因素的影响，税务机关经常变换自己的主张和决定，以达到非法的目的。行政机关工作人员对违法的决定，不汇报、不停止执行，会构成滥用职权犯罪。

明显违背常理是指行政行为明显不合理，任何一个有理智的人都不会作出这样的行为，要审查是否有不符合事实的客观规律、不符合正常人的理智判断等。

---

① 案件资料来源：《张兵海虚假认定偷税案》，原载驻国家税务总局纪检组监察局编《百案说法——税务人员违法犯罪案例选编》，中国税务出版社，2011年6月。

处理意见审

提出对税务违法案件的处理意见，主要依据有违法案件的违法性质；违法案件违法行为的情节和造成的不良后果；被查处对象在违法案件中应负的责任。除此之外，在提出处理意见时，还有些参考因素，如被查对象以往执行税法的一贯表现；被查处对象对其所犯违法事实的认识态度和改正错误的表现等。

对拟定的处理意见是否得当的审查，可以采取比较法和平衡法。既要用过去处理的同类案件进行纵向的比较平衡；也要同本地区、本部门、兄弟地区和部门，乃至全国范围内处理的同类案件进行横向比较平衡，审查拟处理意见是否全面、恰当。

审查税务处罚的自由裁量权是否正确行使

法律、法规规定的行政处罚标准，一般只是处罚幅度。比如，对偷税等违法行为，《税收征收管理法》规定了0.5倍以上五倍或者三倍以下的罚款，这就需要负责作出处罚决定的税务机关用好自由裁量权。税务处罚的自由裁量权是指税务机关及其工作人员在法律事实要件确定的情况下，在法律、法规规定的范围内，依据立法目的和公正、合理的原则，自行判断行为条件、自行选择行为方式和自由做出行政决定的权力。自由裁量权在美国《布莱克法律词典》中的解释为："是指为法官和行政人员享有的，在特定情况下，依职权以适当和公正的方式作出行为的权力。如果没有表明滥用自由裁量权的证据，这种行为便不能被推翻。"中国司法部与教育部共同编写的《行政法概要》中对自由裁量权定义为："凡法律没有详细规定，行政机关在处理具体事件时，可以依照自己的判断采取适当方法的，是自由裁量的行政措施。"行政机关的自由裁量权可以理解为是在不违反法律前提下的行政行为自由选择权。

行使行政自由裁量权是世界各国的通用做法，对行政处罚自由裁量权要有正确的理解。首先，自由裁量权是法律、法规赋予行政机关的法定职权。比如，中国现行有效法律、行政法规1 200多部，地方性法规、地方政府规章及部门规章约21万件。涉及行政处罚条款占95%以上，授予行政机关处罚裁量条款的有90%以上。其次，自由裁量权是立法局限性让渡给行政机关的事实职权。法律、法规的制定具有抽象性，不可能规范现实行政管理的所有情形。再次，是具体执法差异的需要。在行使职权时，行政力量差异、收集证据多寡、执法地域惯例等，会使每一次具体的行政执法都有不同的考虑因素，在多样性因素的影响下，不同的执法案件需要自由裁量来补偿现实因素的差异，以达到大致的行罚相适，遵循公平、公正的原则。

当缺乏足够的监管时，行政权力的自由裁量可能被滥用，出现权力腐败或寻租现象，破坏法治。因此，对行政自由裁量进行限制有其必要。法国启蒙时期思想家、律师、西方法学理论的奠基人夏尔·德·塞孔达·孟德斯鸠男爵（Charles de Secondat，Baron de Montesquieu）说过："一切有权力的人都容易滥用权力，这是万古不易的一条经验，有权力的人们使用权力一直到遇有界限的地方才休止。"

如何达到对税务行政自由裁量权的限制？首先，处罚要合法。任何一项处罚都要在法律、法规、规章等规定的范围之内。税务行政处罚除了依据《行政处罚法》之外，还得严格遵守《国家税务总局关于发布〈税务行政处罚裁量权行使规则〉的公告》（2016年第78号）等规范性文件的规定，一个违法行为不可以经甲行政机关处理完后又经乙行政机关处理。其次，处罚要合理。自由裁量要符合《行政处罚法》的合理性原则，执法人员不得给予轻微违法以重罚，对严重违法给予轻罚或不罚。

如何实现税务处罚的合理？一个税务机关对不同的税务违法对象，在违法行为、危害结果、经济条件基本相同的情况下，处理结果差异很大是不被允许的。比如，对国有企业宽对私营企业严、对企业宽对个体严、对张三宽对李四严、对本地企业宽对外地投资者严等。

税务机关对不同程度的税务违法行为，处理结果相同也是不可以的。比如，有法定从轻情节和无法定从轻情节一样、有法定从重情节和无法定从重情节一样、主观故意违法和过失违法一样、危害大的和危害相对较小的一样、一般条件下的违法和遭受不公正对待而违法一样等。

因素的考虑要全面，不考虑相关因素是不可以的。比如，税收法律、法规、规章规定的某些情节可以从轻，某些情节可以从重，但在具体处理时不加考虑；偶犯或屡犯不加区别；虽然不是法定从轻或从重情节，但是，对应当酌定从轻或从重的情节置之不理。例如，税务稽查进入检查环节，检查人员在调查过程中，虽然一些问题露出端倪，但鉴于被查对象的态度比较好，积极配合，处罚可考虑从轻。考虑了不相关因素也是不可以的。比如，被处罚人的地位高、权力大，便免于或减轻处罚，却对社会地位低微的重罚；财大气粗、关系网密集的轻罚或不罚，少势无财的重罚；据理力争的加重处罚，委屈接受的相对轻罚。

涉嫌犯罪案件是否先处罚后移送

在稽查办案过程中，对涉嫌犯罪的偷税、逃避追缴欠税、骗取出口退税、抗税等案件是先实施行政处罚再移送，还是不能处罚必须直接移送公安机关，税务机关内部对此的认识仁者见仁，智者见智。有的地方检察院、法院、公安机关提出，涉嫌犯罪的涉税案件不能先处罚再移送，凡已处罚的要撤销，其理由是《行政处罚法》第三十八条第一款第（四）项规定，调查终结，行政机关负责人应当对调查结果进行审查，违法行为已构成犯罪的移送司法机关。也有的税务机关及其税务人员嫌麻烦，不愿意处罚，或者想当老好人不想处罚，进而说不能处罚。笔者认为上述案件要先实施行政处罚再移送，这是法律赋予税务机关的权利，也是税务机关的责任。具体理由如下。

对税案实施处罚是税务机关应尽的职责，《税收征收管理法》第六十三条、第六十五条、第六十六条、第六十七条都规定追缴不缴或者少缴的税款、滞纳金，"并处"罚款，它们是一种并列关系，说明税务机关追缴其不缴或者少缴的税款、滞纳金后，必须处以罚款。

是否实施行政处罚，由行政执法部门依法决定。《行政处罚法》第三十八条第一款第（一）、第（二）、第（三）项规定，调查终结，行政机关负责人应当对调查结果进行审查，根据不同情况，分别作出如下决定：确有应受行政处罚的违法行为的，根据情节轻重及具体情况，作出行政处罚决定；违法行为轻微，依法可以不予行政处罚的，不予行政处罚；违法事实不能成立的，不得给予行政处罚。也就是说，对于是否要作出行政处罚，行政执法部门有权根据案情、调查结果依法决定。

行政罚款折抵罚金。《行政处罚法》第二十八条第二款规定："违法行为构成犯罪，人民法院在判处罚金时，行政机关已经给予当事人罚款的，应当折抵相应罚金。"《行政执法机关移送涉嫌犯罪案件的规定》（国务院令310号）第十一条第三款规定："依照行政处罚法的规定，行政执法机关向公安机关移送涉嫌犯罪案件前，已经依法给予当事人罚款的，人民法院判处罚金时，依法折抵相应罚金。"相关的法律、法规都规定行政机关给予当事人的罚款折抵罚金。《最高人民法院关于在司法机关对当事人虚开增值税专用发票罪立案侦查之后刑事判决之前，税务机关又以同一事实以偷税为由对同一当事人能否作出行政处罚问题的答复》（〔2008〕行他字第1号）明确："税务机关在移送公安机关之前已经给予当事人罚款处罚的，法院在判处罚金时应当折抵罚金。"

税案移送公安机关后，税务机关不得再行处罚。

税务机关应当向公安机关移送的涉嫌犯罪案件必须移送，不得以罚代刑。《行政处罚法》第七条第二款规定："违法行为构成犯罪，应当依法追究刑事责任，不得以行政处罚代替刑事处罚。"《行政执法机关移送涉嫌犯罪案件的规定》（国务院令第310号）第十一条规定："行政执法机关对应当向公安机关移送的涉嫌犯罪案件，不得以行政处罚代替移送。"《国家税务总局关于印发〈税务稽查工作规程〉的通知》（国税发〔2009〕157号）第六十条规定："税收违法行为涉嫌犯罪的，填制《涉嫌犯罪案件移送书》，经所属税务局局长批准后，依法移送公安机关。"

案件移送公安机关后，在公安机关结论还没有出来之前，税务机关不得再进行处理。《行政执法机关移送涉嫌犯罪案件的规定》第八条规定："公安机关应当自接受行政执法机关移送的涉嫌犯罪案件之日起3日内，依照刑法、刑事诉讼法以及最高人民法院、最高人民检察院关于立案标准和公安部关于公安机关办理刑事案件程序的规定，对所移送的案件进行审查。认为有犯罪事实，需要追究刑事责任，依法决定立案的，应当书面通知移送案件的行政执法机关；认为没有犯罪事实，或者犯罪事实显著轻微，不需要追究刑事责任，依法不予立案的，应当说明理由，并书面通知移送案件的行政执法机关，相应退回案卷材料。"

税务机关不等公安机关的结论便进行处理，便是程序违法。例如，原南昌市国税局稽查局根据上级局要求，于2010年11月25日至2011年3月3日对江西鸿源科创房地产开发有限公司（以下简称鸿源科创公司）2006年至2009年缴纳税款情况进行检查，认定鸿源科创公司收取款项未作收入，转让所得未进行账务处理，未进行纳税申报，应调增应纳税所得额为247 437 300.00元，扣除相关成本、费用174 953 453.20元，2009年应纳税所得额为72 483 846.80元，应纳企业所得税18 120 961.70元。2011年4月6日，原南昌市国税局对鸿源科创公司作出了《税务行政处罚听证通知书》。13日将案卷材料移送经济犯罪侦查支队，15日下午举行税务行政处罚的听证会。根据《税收征收管理法》第六十三条第一款及《江西省国税系统税务行政处罚自由裁量权参照执行标准》，对鸿源科创公司少缴企业所得税处以0.7倍的罚款，金额为12 684 673.19元。鸿源科创公司不服，向原江西省国家税务局申请行政复议，该局于2011年10月8日作出《复议决定书》（赣国税复决字〔2011〕第01号），维持市国税局的处罚决定。

鸿源科创公司不服，向一审法院提起行政诉讼，请求撤销市国税局作出的处罚决定书，一审法院维持税务机关的决定，鸿源科创公司不服，上诉到中级法院。中级法院认为，原南昌市国税局在将案件移交公安机关后，应等待司法机关作出处理，如司法机关认定构成犯罪并对鸿源科创公司处以刑罚，原南昌市国税局就不应再作出罚款的行政处罚，如鸿源科创公司不构成犯罪，公安机关应将本案退回，原南昌市国税局才可追究鸿源科创公司的行政责任。本案中，原南昌市国税局未待司法机关作出处理前，就对鸿源科创公司作出了罚款的行政处罚，违反法定程序，且本案所作出的行政处罚并非其向公安机关移送涉嫌犯罪案件前已经依法给予当事人罚款的行政处罚，缺乏法律明确授权，属适用法律错误。依照《行政处罚法》第七条第二款，《行政执法机关移送涉嫌犯罪案件的规定》第三条、第五条、第八条、第十一条，《行政诉讼法》第八十九条第一款第二项、第三款的规定，《江西省南昌市中级人民法院行政判决书》（〔2016〕赣01行终89号）判决：撤销南昌市东湖区人民法院（2011）东行初字第28号行政判决；撤销国家税务总局南昌市税务局《行政处罚决定书》（洪国税罚〔2011〕1号）。①

法院的观点是案件移送公安机关后，税务机关不再进行处罚，纳税人涉嫌犯罪已被处刑罚后，税务机关不再对其实施行政处罚。最高人民法院〔2008〕行他字第1号文规定："税务机关在发现涉嫌犯罪并移送公安机关进行刑事侦查后，不再针对同一违法行为作出行为罚和申诚罚以外的行政处罚；刑事被告人构成涉税犯罪并被处以人身和财产的刑罚后，税务机关

---

① 案件资料来源的：《江西鸿源科创房地产开发有限公司、国家税务总局南昌市税务局税务行政管理（税务）二审行政判决书》，中国裁判文书网，2019年9月2日。

不应再作出罚款的行政处罚。"

对此，《国家税务总局关于进一步做好税收违法案件查处有关工作的通知》（税总发〔2017〕30号）第三条第一款第（二）项规定："在涉嫌犯罪移送时未作出行政处罚决定的，原则上应当在公安机关决定不予立案或者撤销案件、人民检察院作出不起诉决定、人民法院作出无罪判决或者免予刑事处罚后，再决定是否给予行政处罚。"这一规定值得商榷，按现行法律涉嫌犯罪应该先处罚再移送的规定，法院也是认可的。

例如，2013年7月15日，北京市顺义区国家税务局（以下简称顺义国税局）对北京中油国门油料销售有限公司（以下简称中油国门公司）作出《税务行政处罚决定书》（顺国罚〔2013〕212号），决定对中油国门公司偷税行为处以罚款31 209 130.26元，对虚开增值税专用发票行为没收违法所得601 100元并处罚款50万元。中油国门公司不服，向北京市顺义区人民法院提起行政诉讼。

中油国门公司提出被诉处罚决定发生在司法机关没有作出结论之前，违反法定程序。法院认为：根据《税务稽查工作规程》第六十条、《国家税务总局关于纳税人取得虚开的增值税专用发票处理问题的通知》（国税发〔1997〕134号）第四条的规定，行政处罚并非必须等待司法机关追究刑事犯罪的结论作出之后才能进行。中油国门公司认为顺义国税局在司法机关对本案作出结论前就作出被诉处罚的决定，属于程序违法的意见，缺少法律依据，不予支持。[①]

行政处罚后被移送起诉的案件，人民法院应当依法受理。《最高人民法院关于审理偷税抗税刑事案件具体应用法律若干问题的解释》（法释〔2002〕33号）第二条第五款规定："纳税人、扣缴义务人因同一偷税犯

---

① 案件资料来源：《北京中油国门油料销售有限公司与北京市顺义区国家税务局再审审查与行政审判监督行政裁定书》，中国裁判文书网，2018年5月28日。

罪行为受到行政处罚，又被移送起诉的，人民法院应当依法受理。依法定罪并判处罚金的，行政罚款折抵罚金。"

笔者曾就涉嫌犯罪税务案件的移送问题，与福建省南平市中级法院相关审判庭沟通、咨询，法官们也赞成笔者的认识。

下面用案例来说明：福建省某县国税局2005年12月至2006年4月曾先后移送该县鑫业纺织袋厂、紫光细木工板厂、利剑竹木制品厂、三协木业有限责任公司等四起偷税案件给公安机关，该县检察院、法院认为税务机关不能处罚，已实施的处罚应撤销，罚款要退还纳税人。经县国税局据理力争，县检察院、法院采纳了税务机关的意见，现摘其中一例以飨读者。某县三协木业有限责任公司隐匿销售收入，未如实申报纳税，属偷税行为，县国税局对其处以所偷税款135 099.30元的50%罚款，罚款金额为67 549.65元。2006年4月26日此案移送公安机关，县人民法院于2006年12月1日开庭，审理认定该公司总经理陈某某擅自指使公司出纳用收款收据收取应税销售收入，采取销售收入不入账的方法，隐匿应税销售收入581 137.68元，造成偷税98 793.40元，占应纳税额的20.35%，犯偷税罪，判处有期徒刑一年，缓刑一年，并处罚金100 749.65元。法院实际收取罚金33 200元，为行政罚款折抵罚金后的数额。

通过核实征收税款，滞纳金可考虑不征收

核实征收往往证据不充分，事实也查得不太清楚，当征收税款没有问题时，滞纳金可不征收。

例如，再审申请人（一审原告、二审上诉人）广州德发房产建设有限公司（以下简称德发公司）因诉广东省广州市地方税务局第一稽查局（以下简称稽查局）税务处理决定一案，不服广州市中级人民法院（2010）穗中法行终字第564号行政判决，向最高人民法院申请再审，其中一项诉求，认为稽查局核定应纳税款后加收滞纳金不合法。

最高人民法院认为，《税收征收管理法》对税务机关在纳税人已经缴纳税款后重新核定应纳税款并追征税款的期限虽然没有明确规定，但并不意味着税务机关的核定权和追征权没有期限限制，税务机关应在统筹兼顾保障国家税收、纳税人的信赖利益和税收征管法律关系的稳定等因素的基础上，在合理的期限内核定和追征。在纳税义务人不存在违反税法和税收征管过错的情况下，税务机关可以参照《税收征收管理法》第五十二条第一款规定中确定的税款追征期限，原则上在三年内可追征税款。本案核定应纳税款之前的纳税义务发生在2005年1月，稽查局自2006年对涉案纳税行为进行检查，经过三年多的调查后，未查出德发公司存在偷税、骗税、抗税等违法行为，但依法启动的调查程序期间应当予以扣除，因而稽查局2009年9月重新核定应纳税款并作出被诉税务处理决定，并不违反上述有关追征期限的规定，德发公司关于追征税款决定必须在2008年1月15日以前作出的主张不能成立。

有权核定并追缴税款，与加收滞纳金属于两个不同的问题。根据《税收征收管理法》第三十二条、第五十二条第二款、第三款规定，加收税收滞纳金是因为纳税人未按规定期限缴纳税款，比如存在计算错误等失误或者故意偷税、抗税、骗税导致未缴或者少缴税款。本案中德发公司在拍卖成交后依法缴纳了税款，不存在计算错误等失误，税务机关经过长期调查也未发现德发公司存在偷税、抗税、骗税的情形，因此德发公司不存在缴纳滞纳金的法定情形。被诉税务处理决定认定的拍卖底价成交和一人竞买拍卖行为，虽然能证明税务机关对成交价格未形成充分竞价的合理怀疑具有正当理由，但拍卖活动和拍卖价格并非德发公司所能控制和决定的，稽查局在依法进行的调查程序中也未能证明德发公司在拍卖活动中存在恶意串通等违法行为。同时本案还应考虑德发公司基于对拍卖行为以及地方税务局完税凭证的信赖而形成的信赖利益保护问题，在税务机关无法证明纳税人存在责任的情况下，可以参考《税收征收管理法》第五十二条第一款关于"因税务机关的责任，致使纳税人、扣缴义务人未缴或者少缴税款的，税务机关在三年内可以要求纳税人、扣缴义务人补缴税款，但是不得加收滞纳金"的规定，作出对行政相对人有利的处理方式。因此，稽查局重新核定德发公司拍卖涉案房产的计税价格后新确定的应纳税额，纳税义务应当自核定之日发生，其对德发公司征收确定该税款之前的滞纳金，没有法律依据。此外，被诉税务处理决定没有明确具体的滞纳金起算时间和截止时间，也属认定事实不清。

综上，稽查局核定了德发公司的应纳税额，追缴8 671 188.75元税款，符合《税收征收管理法》第三十五条、《税收征收管理法实施细则》第四十七条的规定；追缴156 081.40元堤围防护费，符合《广州市市区防洪工程维护费征收、使用和管理试行办法》的规定；稽查局认定的德发公司存在违法违章行为没有事实和法律依据；责令德发公司补缴上述税费产生的滞纳金的决定属于认定事实不清且无法律依据。据此，依照《行政诉讼法》第七十条第一项、第二项，第八十九条第一款第二项，《中华人民共和国国家赔偿法》第三十六条第一项、第七项，参照《最高人民法院关于审理民事、行政诉讼中司法赔偿案件适用法律若干问题的解释》第十五条第一款的规定，2017年4月7日，《中华人民共和国最高人民法院行政判决书》（〔2015〕行提字第13号）判决如下：撤销广州市中级人民法院（2010）穗中法行终字第564号行政判决和广州市天河区人民法院（2010）天法行初字第26号行政判决；撤销稽查局穗地税稽一处〔2009〕66号税务处理决定中对德发公司征收营业税滞纳金2 805 129.56元和堤围防护费滞纳金48 619.36元的决定；责令稽查局在本判决生效之日起三十日内返还已经征收的营业税滞纳金2 805 129.56元和堤围防护费滞纳金48 619.36元，并按照同期中国人民银行公布的一年期人民币整存整取定期存款基准利率支付相应利息。①

---

① 案件资料来源：《广州德发房产建设有限公司与广东省广州市地方税务局第一稽查局再审行政判决书》，中国裁判文书网，2016年12月15日。

本案经过广州市天河区人民法院一审、广州市中级人民法院二审，都认为稽查局对德发公司征收的营业税、堤围防护费加收滞纳金是合法的。德发公司不服，向广东省高级人民法院申请再审，该院作出（2012）粤高法行申字第264号驳回再审申请通知，驳回德发公司再审申请。最高人民法院再审，撤销了一、二审法院的行政判决，也不能认为最高人民法院的观点就是对的，只不过最高人民法院是终审法院，有最终的裁定权，笔者还是支持一、二审法院的观点。可见，对同样一起案件，不同的法院、不同的人对其认识是有差异的。在办案时，只能尽量凭自己的敬业精神和学识去判断，只求耕耘，不问结果。

基于实质课税原则核定、征缴税款，加收滞纳金应严格依法进行

例如，在陈某伟对原莆田市地方税务局、莆田市地方税务局稽查局、福建省地方税务局的决定，以及一审、二审法院的判决不服，直至向最高人民法院申请再审的涉税纠纷案件中，莆田市地方税务局稽查局对陈某伟2013年度和2014年度取得利息收入未申报缴纳营业税、个人所得税、城市维护建设税、教育费附加及地方教育附加共5 258 275元，加收滞纳金171 781.71元。

对于经核定依法属于税收征收范围的民间借贷行为，只要不存在恶意逃税或者计算错误等失误，税务机关经调查也未发现纳税人存在偷税、抗税、骗税等情形，而仅系纳税义务人对相关法律关系的错误理解和认定，税务机关按实质课税的同时并不宜一律征缴滞纳金甚至处罚。本案中莆田市地方税务局稽查局认定案涉系民间借贷关系而非房屋买卖关系，因此决定征缴税款并无不当，且决定加收相应滞纳金也有一定的法律依据。但是，考虑到有关民间借贷的征税立法不具体，以及当地税务机关实施税收征收管理的实际情况，仍宜参考《税收征收管理法》第五十二条第一款"因税务机关的责任，致使纳税人、扣缴义务人未缴或者少缴税款的，税务机关在三年内可以要求纳税人、扣缴义务人补缴税款，但是不得加收滞纳金"的规定,在实际执行被诉税务处理决定时予以充分考虑,并在今后加大对税法相关规定的宣传和执行力度。[①]

最高人民法院的分析很到位,税务实践中要对其予以充分尊重和考虑。根据依法行政的基本原则,在没有法律、法规和规章的规定时,行政机关不得作出影响行政相对人合法权益或者增加行政相对人义务的决定;在法律规定存在多种解释时,应当首先考虑选择适用有利于行政相对人的解释。莆田税务当局作出《税务处理决定书》时间在2015年,最高人民法院行政裁定书下达时间在2018年12月28日,滞纳金加收率54.75%(=365×3×0.05%),滞纳金金额超过287.89万元(=525.83×54.75%)。

第四节　制作文书

制作文书是税务稽查审理工作的一个重要组成部分,税务稽查文书制作的好坏,直接决定着税务违法案件查处的成与败,因税务文书问题而败诉的税务案件屡见不鲜。审理文书基本上都要对外,制作时除了要遵守与检查环节相同的规则外,还要有严谨的态度。

文书种类和内容

审理环节有较多的文书需要制作,国家税务总局对稽查文书的设计、填写说明撰写,是认真对照现行法律、法规、规章和规范性文书的要求进行的。2002年冬,在天津,笔者代表福建国税稽查局与来自河南、广东、天津等地税务稽查同行,对此前全国各地稽查文书讨论的成果,再次开展修订讨论。现行稽查文书的种类、填写规范主要参考《国家税务总局关于

---

① 案件资料来源:陈某伟、福建省地方税务局税务行政管理(税务)再审审查与审判监督行政裁定书,中国裁判文书(有改动),2019年4月19日。

印发全国统一税收执法文书式样的通知》（国税发〔2005〕179号）、《国家税务总局关于发布〈税务稽查执法文书式样〉的公告》（2012年第2号）所列表格。比如，《税务行政处罚事项告知书》《税务处理决定书》《税务行政处罚决定书》《不予税务行政处罚决定书》《税务稽查结论》《涉嫌犯罪案件移送书》等。

《税务处理决定书》

《税务处理决定书》是指税务机关就被查对象税收违法事实作出处理决定的一种文书。《税务稽查工作规程》第五十五条第一款第一项规定："认为有税收违法行为，应当进行税务处理的，拟制《税务处理决定书》。"《税务稽查工作规程》第五十六条明确了该文书的内容：包括被查对象的姓名或者名称及地址；检查范围和内容；税收违法事实及所属期间；处理决定及依据；税款金额、缴纳期限及地点；税款滞纳时间、滞纳金计算方法、缴纳期限及地点；告知被查对象不按期履行处理决定应当承担的责任；申请行政复议或者提起行政诉讼的途径和期限；处理决定的文号、制作日期、税务机关名称及印章等。

税收管理过程中可能涉及纳税担保，《纳税担保试行办法》（国家税务总局令第11号）第二条规定："纳税担保，是指经税务机关同意或确认，纳税人或其他自然人、法人、经济组织以保证、抵押、质押的方式，为纳税人应当缴纳的税款及滞纳金提供担保的行为。"《担保法》第二条第二款规定："担保方式为保证、抵押、质押、留置和定金。"纳税人可任选一种方式，税务机关不得拒绝。

纳税人对税务机关作出的征收税款、加收滞纳金的税务处理决定，若有疑异，可以缴纳税款及滞纳金，也可提供相应的担保后，采取相应的法律救济措施。《税收征收管理法》第八十八条规定，纳税人同税务机关在纳税上发生争议时，必须先依照税务机关的纳税决定，缴纳或者解缴税款及滞纳金，或者提供相应的担保，然后可以依法申请行政复议，对行政复议决定不服的，可以依法向人民法院起诉。

税务稽查局制作的《税务处理决定书》的内容，在《税务稽查工作规程》第五十六中有明确，但没有提到"告知纳税人应向谁办理纳税担保及办理的地点、期限、救济途径及法律后果"，就这一点，纳税人可能会提起诉讼。

例如，2015年6月8日，河南省郑州市地方税务局稽查局（以下简称稽查局）作出《税务处理决定书》（郑地税稽处〔2014〕60201号），责令郑州手拉手集团有限公司（以下简称手拉手公司）限期补缴2012年、2013年城镇土地使用税、企业所得税合计2 034 112.07元，并从税款滞纳之日起至实际缴纳之日止按日加收滞纳税款万分之五的滞纳金。同时告知手拉手公司，如在纳税上存在争议，应先依《税务处理决定书》规定的期限缴纳税款及滞纳金或者提供相应的担保。同日，稽查局还作出《税务行政处罚决定书》（郑地税稽〔2014〕60201号），处以手拉手公司存在未申报缴纳税款2.1倍罚款4 271 635.35元。手拉手公司认为"稽查局没有明确告知被申请人应向谁办理纳税担保及办理的地点、期限、救济途径及法律后果"，在向稽查局申请办理纳税担保未果后，向郑州市中级人民法院起诉，诉请确认稽查局不为手拉手公司办理纳税担保的行政行为违法。郑州市中级人民法院（2018）豫01行终430号行政判决，判令稽查局限期为手拉手公司办理纳税担保有关手续。

2018年7月5日，市级国、地税机构合并后，国家税务总局郑州市税务局稽查局（以下简称税务稽查局）不服，向河南省高级人民法院申请再审。省高级人民法院认为，原审判决限稽查局在判决生效后的法定期限内对手拉手公司的纳税担保申请作出处理。税务稽查局在申请本院再审的审查过程中，郑州市税务局于2019年4月15日作出《行政复议决定书》（郑税复决字〔2019〕3号），撤销稽查局作出《税务处理决定书》（郑地税稽处

〔2014〕60201号）的具体行政行为，责令税务稽查局依职权在法定期限内重新作出处理决定，故税务稽查局申请再审撤销原审判决已失去法律上的必要性，且税务稽查局不能证明原审判决认定事实、适用法律确有错误，故对税务局稽查局的再审申请，依照《最高人民法院关于适用〈行政诉讼法〉的解释》（法释〔2018〕1号）第一百一十六条第二款的规定，2019年6月10日，《河南省高级人民法院行政裁定书》（〔2018〕豫行申2373号）裁定："驳回税务稽查局的再审申请。"①

本案税务稽查局向法院申请再审时，《税务处理决定书》还在，随后，郑州市税务局又撤销了这一决定，"当事人再审事由不成立"，法院也就驳回了税务稽查局的再审申请。

其实，当郑州市税务局作出撤销稽查局的《税务处理决定书》（郑地税稽处〔2014〕60201号）时，税务稽查局应该主动撤诉。由人民法院依据《行政诉讼法》第六十二条的规定，裁定是否准许撤诉，那么税务稽查局的工作就会变得主动。

另外，今后税务稽查局在制作《税务处理决定书》时，应告诉纳税人纳税担保的路径。

如何确定税款追征期？纳税人、扣缴义务人未缴或者少缴税款，属于税务机关的责任，可在3年内追征；如果是纳税人的责任，可在5年内追征；如果属于偷税、抗税、骗税情形的，可无限期追征。《税收征收管理法》第五十二条规定："因税务机关的责任，致使纳税人、扣缴义务人未缴或者少缴税款的，税务机关在三年内可以要求纳税人、扣缴义务人补缴税款，但是不得加收滞纳金。因纳税人、扣缴义务人计算错误等失误，未缴或者少缴税款的，税务机关在三年内可以追征税款、滞纳金；有特殊情

---

① 案件资料来源：《国家税务总局郑州市税务局稽查局、郑州手拉手集团有限公司税务行政管理（税务）再审审查与审判监督行政裁定书》，中国裁判文书网，2019年7月2日。

况的，追征期可以延长到五年。对偷税、抗税、骗税的，税务机关追征其未缴或者少缴的税款、滞纳金或者所骗取的税款，不受前款规定期限的限制。"比如，2019年9月17日，某县税务局发现一家企业因有特殊情况造成计算错误导致少缴税款，可以追征自2014年9月18日以来少缴税款，但在2014年9月17日之前，即使有同样的问题，税款不得追征。

追征期指的是在一个区间内，有起始日和终止日。

如何确定税款追征期的起始日？《税收征收管理法实施细则》第八十三条规定："《税收征收管理法》第五十二条规定的补缴和追征税款、滞纳金的期限，自纳税人、扣缴义务人应缴未缴或者少缴税款之日起算。"比如，2019年9月16日，某市税务局稽查局对纳税人实施检查，发现纳税人实施偷税行为，是在2015年3月隐瞒增值税销售收入，计算纳税人应缴未缴或者少缴税款之日就是2015年4月16日。至于网络有文说以《税务检查通知书》送达之日、《税务稽查工作底稿》签字之日、《税务处理决定书》下达之日，都是不正确的。甚至举了最高人民法院再审的广东省清远市伟华实业有限公司、广州德发房产建设有限公司两个案例佐证他们观点的正确性。必须说明，中国不适用判例法，每个案例有其特殊性。以广州德发房产建设有限公司为例，这是一个核定征收的案例，与查账征收不同，切不可生搬硬套。

终止日是指税务机关下达文书送达之日。比如，税务稽查案件税款追征期的终期，应以《税务检查通知书》送达之日为准，有时被查对象会认为是《税务处理决定书》下达日。例如，上诉人南京雨花园林绿化工程有限公司（以下简称雨花园林公司）因与被上诉人江苏省南京地方税务局稽查局（以下简称南京地税稽查局）、南京市人民政府及原审第三人江苏省南京地方税务局税务行政处理及行政复议一案，不服南京铁路运输法院（2016）苏8602行初1521号行政判决，向南京市中级人民法院提起上诉，提出税款追征期以《税务处理决定书》下达日为终期。2018年5月25日，

《江苏省南京市中级人民法院行政判决书》（〔2017〕苏01行终1120号）判决："南京地税稽查局以送达《税务检查通知书》时间作为追征期终期，与税务机关的通行做法相符，且不违反相关法律规定。"[①] 法院的判决，维持了税务机关的决定，维护了税法的尊严。

需要注意，《税务处理决定书》中不要包含处罚决定的内容。《税务处理决定书》与《税务行政处罚决定书》不分开制作，有时会很麻烦。

例如，黑河市国家税务局稽查局于2015年1月12日作出《税务处理决定书》（黑市稽国税处〔2015〕1号），并于同日送达黑河市锦程经贸有限公司（以下简称锦程公司）。该决定书认定锦程公司存在违法事实，应补缴增值税44 904.57元、企业所得税37 522.71元，并按《税收征收管理法》第六十三条"虚假申报是偷税，并处不缴或少缴税款50%以上至五倍以下罚款"的规定处理，对该公司补缴的增值税、企业所得税分别处以50%罚款22 452.29元、18 761.36元。

锦程公司于2015年3月12日缴纳上述税款82 427.28元、滞纳金37 609.07元，同日向黑河市国家税务局申请行政复议，该局以锦程公司未按期缴纳税款、滞纳金，而是滞后45天为由，作出不予受理行政复议申请的决定。

锦程公司不服，向爱辉区人民法院提起行政诉讼，请求撤销《税务行政处理决定书》、返还已缴纳的税款和滞纳金。爱辉区人民法院经审理后认为，本案适用复议前置程序，裁定驳回锦程公司的起诉。

《税务处理决定书》与《税务行政处罚决定书》是两种不同的稽查文书，《国家税务总局关于印发全国统一税收执法文书式样的通知》（国税发〔2005〕179号）也是分别规定的。将处罚的内容放于处理决定书中，会导致爱辉区人民法院将必须缴纳税款和滞纳金的复议前置程序，放在处罚

---

① 案件资料来源：《南京雨花园林绿化工程有限公司与江苏省南京地方税务局稽查局、南京市人民政府行政复议一审行政判决书》，中国裁判文书网，2018年12月25日。

的执行上，违背法律规定。后来，该案上诉到黑河市中级人民法院。2015年11月6日，《黑河市中级人民法院行政裁定书》（〔2015〕黑中行终字第24号）裁定：撤销爱辉区人民法院（2015）爱行初字第4号行政裁定，指令爱辉区人民法院继续审理。①

2016年4月8日，原告锦程公司向爱辉区人民法院提出撤诉申请。同日，《爱辉区人民法院行政裁定书》（〔2016〕黑1102行初6号）裁定：准许原告锦程公司撤回起诉，案件受理费50元由原告承担。②

需要说明的是，本案中锦程公司不服税务行政处理决定书中的处罚决定部分，可以直接提起行政复议或行政诉讼。《税收征收管理法》第八十八条第一款规定："纳税人、扣缴义务人、纳税担保人同税务机关在纳税上发生争议时，必须先依照税务机关的纳税决定，缴纳或者解缴税款及滞纳金或者提供相应的担保，然后可以依法申请行政复议，对行政复议决定不服的，可以依法向人民法院起诉。"本条所指的"纳税争议"，在《税收征收管理法实施细则》第一百条中明确："是指纳税人、扣缴义务人、纳税担保人对税务机关确定纳税主体、征税对象、征税范围、减税、免税及退税、适用税率、计税依据、纳税环节、纳税期限、纳税地点以及税款征收方式等具体行政行为有异议而发生的争议。""纳税争议"不包括处罚，因此，本案中锦程公司不服税务行政处理决定书中的处罚决定部分，无须先行缴纳罚款，既可以向复议机关申请复议，也可以直接向人民法院提起诉讼。

本案中在计算处罚基数时，城市维护建设税要考虑在内，否则计算会不准确。教育费附加、地方教育附加属于政府性基金，为非税收入，不能

---

① 案件资料来源：《关于上诉人黑河市锦程经贸有限公司与被上诉人黑河市国家税务局稽查局税务行政处理一案的行政判决书》，中国裁判文书网，2015年11月20日。

② 案件资料来源：《黑河市锦程经贸有限公司与黑河市国家税务局行政复议不予受理一案行政裁定书》，中国裁判文书网，2016年7月28日。

计算在内。

加收滞纳金的起始日，为税款滞纳之日，终止日为实际缴纳之日。有时纳税人不能理解，虽然实施了复议、诉讼等一串的法律救济措施，但也于事无补。例如，2007年11月13日，黄某柯与广西鼎铭房地产开发有限公司签订《商品房买卖合同》，总金额为115 011元。2014年11月25日，黄某柯到南宁市西乡塘区地税局办理纳税事宜。地税局根据《中华人民共和国契税暂行条例》第八条规定，认定黄某柯缴纳契税义务发生的时间为合同签订当天。根据《广西壮族自治区实施〈中华人民共和国契税暂行条例〉办法》（政府令第5号）第十一条的规定："纳税人应当自纳税义务发生之日起10日内，向土地、房屋所在地的契税征收机关办理纳税申报，并在纳税义务发生之日起30日内缴纳税款。"据此认定黄某柯滞纳契税2540天（从2007年12月14日至2014年11月26日），向其按日加收滞纳税款万分之五的滞纳金4 381.50元（＝3 450×0.05%×2 540）。黄某柯不服，向南宁市地方税务局申请复议，经法院一审和二审，以及申请再审，再审法院认为，该行政行为认定事实清楚，适用法律正确，程序合法。依照《行政诉讼法》第九十一条、《最高人民法院关于适用〈行政诉讼法〉的解释》第一百一十六条第二款的规定，《广西壮族自治区高级人民法院行政裁定书》（〔2018〕桂行申235号）裁定："驳回黄某柯的再审申请。"[1]

税务行政处理决定和税务行政处罚的关联性不可忽略。

按照《税务稽查工作规程》规定的稽查程序，检查部门检查结束，制作《税务稽查报告》，审理部门据此审理。案情复杂的，稽查局集体审理；案情重大的，稽查局报请所属税务局集体审理。拟对被查对象或者其他涉税当事人作出税务行政处罚的，向其送达《税务行政处罚事项告知书》，告知其依法享有陈述、申辩及要求听证的权利。被查对象或者其他

---

[1] 案件资料来源：黄某柯、南宁市西乡塘区地方税务局税务行政管理（税务）再审审查与审判监督民事裁定书，中国裁判文书网（有改动），2018年12月18日。

涉税当事人要求听证的，应当依法组织，听证主持人由审理人员担任。

认为被查对象有税收违法行为，应当进行税务处理的，拟制《税务处理决定书》；应当进行税务行政处罚的，拟制《税务行政处罚决定书》。

税务行政处理决定和税务行政处罚决定虽是两个不同的行政行为，但在行政法上二者属于关联行政行为。先行政行为与后行政行为存在程序上的先后关系，即前行为的产生对后行为有一定的影响，在某种程度上，后行为以前行为为依据或前提，先行政行为与后行政行为既相互独立又相互联系。当税务机关基于同一税收违法事实作出了税务处理决定和税务行政处罚，税务处理决定是税务行政处罚的基础性和关联性行政行为。

如果不注意二者的衔接，在税务行政诉讼中可能会有导致败诉的危险。例如，2016年11月16日，河南省信阳市平桥区地方税务局稽查局（以下简称稽查局）根据上级交办，对信阳九安昌平置业有限公司（以下简称九安公司）2010年至2015年纳税情况实施调账检查。2017年9月30日，稽查局向九安公司送达《税务行政处理决定书》（信平地税稽处〔2017〕2号）和《税务行政处罚事项告知书》。

法院认为，被诉的税务处理决定作出之前，上诉人未告知被上诉人税务违法行为事实、证据及法律依据，未告知陈述、申辩及要求听证等权利，构成程序违法。程序正当是依法行政的基本原则，行政机关在作出对行政相对人权利义务产生重大不利影响的决定之前，必须告知行政相对人拟作出决定认定的事实、证据及法律依据，告知其拥有陈述、申辩及要求听证等权利。

依照《行政诉讼法》第七十条第（一）项、第（三）项，第七十九条的规定，《河南省信阳市浉河区人民法院行政判决书》（〔2019〕豫1502行初89号）判决：撤销被告平桥区地税局《税务行政处理决定书》（信平地税稽处〔2017〕2号）、《行政处罚决定书》（信平地税稽罚〔2017〕2号）。

平桥区地税局不服，提起上诉。根据《行政诉讼法》第八十九条第一款第一项规定，《河南省信阳市中级人民法院行政判决书》（〔2019〕豫15行终184号）判决："驳回上诉，维持原判。"[①]

虽然法律上只是规定行政处罚才要告知当事人行政处罚事项，以满足管理相对人的知情权、参与权、陈述权与申辩权。本案先作处理决定后对行政处罚进行告知，忽略了行政处罚事项告知后，案件基本事实可能会发生变化。纵使不发生变化，也可能因为稽查局在作出处理决定之前未与被查对象沟通或者沟通不畅，而引发诉讼，法院就可能以税务机关忽略税务行政处理决定和税务行政处罚的关联性，作出对税务机关不利的判决。

《税务行政处罚事项告知书》

《税务行政处罚事项告知书》是指向将要给予税务行政处罚的被查对象或者其他涉税当事人告知其依法享有陈述、申辩、听证等权利的一种文书，拟对被查对象或者其他涉税当事人作出税务行政处罚。《税务稽查工作规程》第五十一条规定：向其送达《税务行政处罚事项告知书》，告知其依法享有陈述、申辩及要求听证的权利。具体内容包括：认定的税收违法事实和性质；适用的法律、行政法规、规章及其他规范性文件，拟作出的税务行政处罚；当事人依法享有的权利；告知书的文号、制作日期、税务机关名称及印章等。

对于一起税务稽查案件，对被查对象最好只发一次《税务行政处罚事项告知书》。《行政处罚法》第三十一条规定："行政机关在作出行政处罚决定之前，应当告知当事人作出行政处罚决定的事实、理由及依据，并

[①] 案件资料来源：《国家税务总局信阳市平桥区税务局、信阳九安昌平置业有限公司税务行政管理（税务）二审行政判决书》，中国裁判文书网，2020年3月16日。

告知当事人依法享有的权利。"本规定明确凡处罚必先知，但没有说明次数，但从税务机关执法的严肃性考虑，最好是一次。从被查对象的角度来讲，也最好是一次。如果案件要经过重大案件审理委员会审理，应在该委员会作出处罚之前，由稽查局实施处罚告知。

例如，2014年5月起，某市国家税务局稽查局（以下简称稽查局）对建华房地产开发有限公司（以下简称建华房地产）实施检查，经查建华房地产少申报地块拍卖分成款。2016年5月，稽查局根据《市局重大案件审理委员会的审理意见书》作出《税务行政处罚事项告知书》（×税稽罚告〔2016〕1号），拟对建华房地产偷税行为，处少缴税款160.46万元0.5倍的罚款，即80.23万元。建华房地产进行陈述、申辩，最终稽查局还是作出《税务行政处罚决定书》（×国税稽罚〔2016〕1号），案件的性质不变，处罚的额度不变。建华房地产不服，继续陈述、申辩。2018年7月，经市局重大案件审理委员会审理后，撤销此前的处罚决定，11月2日，再次发出《税务行政处罚事项告知书》（×税稽罚告〔2018〕2号），拟处1倍罚款。

本案中，稽查局根据《市局重大案件审理委员会的审理意见书》向被查对象发了两次《税务行政处罚事项告知书》，且第二次处罚的额度比每一次还重，显然不合适。就同一违法事实，只宜一次性告知。如果违法事实发生变化，需要再次告知的除外。

《税务行政处罚决定书》

《税务行政处罚决定书》是指就被查对象税收违法事实作出处罚决定的一种文书。《税务稽查工作规程》第五十五条第一款第二项规定："认为有税收违法行为，应当进行税务行政处罚的，拟制《税务行政处罚决定书》。"《税务稽查工作规程》第五十七条对该文书的内容进行了规定：包括被查对象或者其他涉税当事人姓名或者名称及地址；检查范围和内容；税收违法事实及所属期间；行政处罚种类和依据；行政处罚履行方式、期限和地点；告知当事人不按期履行行政处罚决定应当承担的责任；申请行政复议或者提起行政诉讼的途径和期限；行政处罚决定的文号、制作日期、税务机关名称及印章。

需要注意的是，《税务行政处罚决定书》要在《税务行政处罚事项告知书》送达三日后下达。

重大案件审理委员会作出的处罚决定不得实施比《税务行政处罚事项告知书》更重的处罚，处罚的比例和金额，要小于等于《税务行政处罚事项告知书》所告知的比例和金额。《行政处罚法》第三十二条第二款规定"行政机关不得因当事人申辩而加重处罚。"承前例，11月15日，稽查局发出《税务行政处罚决定书》（×税稽罚〔2018〕1号）。建华房地产于2019年1月向省局申请复议。2019年3月，省局根据《行政复议法》第二十八条、《税务行政复议规则》第七十五条规定，《行政复议决定书》（×税复决字〔2019〕4号）撤销《税务行政处罚决定书》（×税稽罚〔2018〕1号）。

税务行政处罚相关内容见本节附表。

《不予税务行政处罚决定书》

《不予税务行政处罚决定书》是指就被查对象轻微税收违法行为不处罚决定的一种文书。《税务稽查工作规程》第五十五条第一款第三项规定："认为税收违法行为轻微，依法可以不予税务行政处罚的，拟制《不予税务行政处罚决定书》。"《税务稽查工作规程》第五十八条对该文书的内容进行了规定：包括被查对象或者其他涉税当事人姓名或者名称及地址；检查范围和内容；税收违法事实及所属期间；不予税务行政处罚的理由及依据；申请行政复议或者提起行政诉讼的途径和期限；不予行政处罚决定的文号、制作日期、税务机关名称及印章。

在日常工作中，多数不予处罚决定，只是口头告知，这是不合法的，应该将书面文书下达给被查对象。

例如，新大洲控股股份有限公司的控股子公司内蒙古牙克石五九煤炭有限责任公司2005年～2008年共计在账簿上多列支出18 309 389.16元，少缴企业所得税6 355 037.06元。鉴于上述税务违法行为均已超过5年，依照《税收征收管理法》第八十六条及《行政处罚法》第二十七条第二款、第三十八条第一款第（二）项规定，《内蒙古自治区地方税务局直属第三稽查局不予税务行政处罚决定书》（内地税直三稽不罚〔2015〕016号）明确："不予行政处罚"。[①]

需要说明的是，《税务行政处罚事项告知书》下达后，经与被查对象协商、沟通，税务局、税务稽查局内部案件审理讨论后，也可能作出《不予税务行政处罚决定书》。

《税务稽查结论》

《税务稽查结论》是指就没有发现被查对象的税收违法行为而制作的一种文书。《税务稽查工作规程》第五十五条第一款第四项规定："认为没有税收违法行为的，拟制《税务稽查结论》。"《税务稽查工作规程》第五十九条对该文书的内容进行了明确：包括被查对象姓名或者名称及地址；检查范围和内容；检查时间和检查所属期间；检查结论；结论的文号、制作日期、税务机关名称及印章等。

《涉嫌犯罪案件移送书》

《涉嫌犯罪案件移送书》是指就发现被查对象涉嫌犯罪移送公安机关而制作的一种文书。《涉嫌犯罪案件移送书》式样参见《国家税务总局关

---

① 案件资料来源：《内蒙古自治区地方税务局直属第三稽查局税务处理决定书及不予税务行政处罚决定书的公告》，原载2016年8月12日证券时报网。

于发布〈税务稽查执法文书式样〉的公告》（2012年第2号），税务机关的移案主要根据《行政执法机关移送涉嫌犯罪案件的规定》（国务院310号令），还有文件对此有补充，如《福建省人民检察院 福建省整顿和规范市场经济秩序工作领导小组综合办公室 福建省公安厅 福建省监察厅关于印发〈福建省行政执法与刑事执法衔接工作机制规定〉的通知》（闽检会〔2004〕8号）、《中共福建省委办公厅 省人民政府办公厅转发省政府法制办公室等部门〈关于完善我省行政执法与刑事司法衔接工作机制的意见〉的通知》（闽委办〔2011〕59号）等。

《税务稽查工作规程》第六十条规定，税收违法行为涉嫌犯罪的，填制《涉嫌犯罪案件移送书》，经所属税务局局长批准后，附送相关资料，依法移送公安机关。这些资料包括《涉嫌犯罪案件情况的调查报告》《税务处理决定书》《税务行政处罚决定书》的复印件；涉嫌犯罪的主要证据材料复印件；补缴应纳税款、缴纳滞纳金、已受行政处罚情况明细表及凭据复印件。

总之，制作好《税务处理决定书》《税务行政处罚决定书》《不予税务行政处罚决定书》《税务稽查结论》等文书后，按《税务稽查工作规程》第五十五条第三款规定："经稽查局局长或者所属税务局领导批准后由执行部门送达执行。"

不构成犯罪的案件不要移送司法机关。比如，涉嫌虚开增值税专用发票的金额达不到起刑点，不构成犯罪，税务机关将其定性为虚开发票，按照《发票管理办法》第三十七条规定，以虚开发票进行处罚，可以不移送公安机关处理。即使公安机关受理了，人民检察院也不会起诉。

对于达到立案标准的案件，由于金额较小，也可能不立案。

例如，潘某某，因涉嫌虚开增值税专用发票罪，2015年6月23日被浙江省玉环县公安局取保候审，2016年3月15日向玉环县检察院移送审查起诉。后来经历补充侦查、补查重报，2016年6月23日被检察院取保候审。经审查查明：2013年11月19日，潘某某在担任玉环县××机械配件厂负责人期间，为了本企业利益，在没有实际货物交易的情况下，通过他人为该厂虚开了2张增值税专用发票。销货单位均为"××股份有限公司浙江××分公司"，税额合计6 753.5元，该厂将上述发票全部用于抵扣。2015年6月23日，潘某某主动到玉环县公安局有组织犯罪侦查队投案并如实供述上述犯罪事实。案发后，补缴了相应的税款。

《最高人民检察院 公安部关于公安机关管辖的刑事案件立案追诉标准的规定（二）》（公通字〔2010〕23号）第六十一条规定，虚开增值税专用发票，虚开的税款数额在一万元以上或者致使国家税款被骗数额在5 000元以上的，应予立案追诉。检察院认为，潘某某为单位利益虚开增值税专用发票用于抵扣税款，致使国家税款损失6 753.5元，但数额尚未达到虚开增值税专用发票罪中单位犯罪的构罪标准，不构成犯罪。依照《刑事诉讼法》第一百七十三条第一款的规定，2016年8月31日，玉环县人民检察院不起诉决定书（玉检公诉刑不诉〔2016〕137号）决定对潘某某不起诉。[①]

本案中，虚开增值税专用发票金额39 725元，金额比较小，公安机关审查后，移送起诉，但玉环县人民检察院决定不起诉。

第五节　法律适用中应注意的问题

稽查实践中，要用到诸多法律。在进行税法适用选择时，必须坚持三段论推理，即以一个一般性的原则（大前提）以及一个附属于一般性原则的特殊化陈述（小前提），由此引申出一个符合一般性原则的特殊化陈述（结论）。比如，《国家税务总局关于走逃（失联）企业开具增值税专用

---

① 案件资料来源：不起诉决定书（潘某某虚开增值税专用发票），人民检察院案件信息公开网，2017年2月21日。

发票认定处理有关问题的公告》（2016年第76号）是针对走逃（失联）企业开具增值税专用发票认定处理的规范性文件，小前提是纳税人的违法事实，如果走逃（失联）事实成立，那么按这个公告的处理没有问题。如果一个纳税接受异常凭证，即小前提成立，而当地税务机关按大前提，即本公告处理，得出的结论就可能不正确。所以，《国家税务总局关于异常增值税扣税凭证管理等有关事项的公告》（2019年第38号）将2016年第76号公告第二条第（二）项自2020年2月1日起废止。

广义上的法律包括法律、行政法规、地方性法规、部门规章、地方政府规章和规范性文件，根据法律的适用原则，在稽查文书制作时，要注意几个问题。

下位法与上位法抵触，下位法无效

法律优位原则是行政立法中重要的原则，是指其他国家机关制定的一切规范，都必须与全国人大制定的法律保持一致，不得抵触。

位阶高的法律效力高于位阶低的。《中华人民共和国立法法》（以下简称《立法法》）第八十八条规定："法律的效力高于行政法规、地方性法规、规章，行政法规的效力高于地方性法规、规章。"

当位阶低的法律与位阶高的发生矛盾时，位阶低的法律无效。比如，《税收征收管理法》第六十九条规定："扣缴义务人应扣未扣、应收而不收税款的，由税务机关向纳税人追缴税款，对扣缴义务人处应扣未扣、应收未收税款百分之五十以上三倍以下的罚款。"《国家税务总局关于贯彻〈税收征收管理法〉及其实施细则若干具体问题的通知》（国税发〔2003〕47号）第二条第三款规定："扣缴义务人违反征管法及其实施细则规定，应扣未扣、应收未收税款的，税务机关除按征管法及其实施细则的有关规定对其给予处罚外，还应当责成扣缴义务人限期将应扣未扣、应收未收的税款补扣或补收。"前后两个规定比较可以发现，规范性文件规定，将扣缴义务人应扣未扣、应收而不收税款"由税务机关向纳税人追缴税款"的义务，转移到"扣缴义务人"身上，二者发生矛盾，此时规范性文件的规定便是无效规定。

法不溯及既往

法不溯及既往是指不能用当前制定的法律去指导人们过去的行为，更不能由于人们过去从事了某种当时是合法，但是现在看来是违法的行为，而依照当前的法律处罚他们。

通常情况下，发文时间早于执行时间。比如，《财政部 国家税务总局关于简并增值税税率有关政策的通知》（财税〔2017〕37号）2017年4月28日下发文件，同年7月1日起执行。

特殊情况下，法溯及既往。《立法法》第九十三条规定："法律、行政法规、地方性法规、自治条例和单行条例、规章不溯及既往，但为了更好地保护公民、法人和其他组织的权利和利益而作的特别规定除外。"比如，《国家税务总局关于纳税人对外开具增值税专用发票有关问题的公告》（2014年第39号）规定："本公告自2014年8月1日起施行，此前未处理的事项，按照本公告规定执行。"《财政部 税务总局关于资源综合利用增值税政策的公告》（2019年第90号）2019年10月24日发布，自2019年9月1日起施行。显然，按第39号、第90号公告处理更有利于纳税人，因此作出如此规定。

新法优于旧法

新法优于旧法原则是指新法、旧法对同一事项有不同规定时，新法的效力优于旧法。比如，根据第十三届全国人大第五次会议修改后的《个人所得税法》规定，应纳税所得额的计算扣除费用每年6万元，优于原先的《个人所得税法》月扣除3 500元的规定。

特别法优于一般法

特别法优于一般法是指对于同一位阶的一般法和特别法，在对同一问题都有规定的情形下，后者优先前者。《立法法》第九十二条规定："同一机关制定的法律、行政法规、地方性法规、自治条例和单行条例、规章，特别规定与一般规定不一致的，适用特别规定；新的规定与旧的规定不一致的，适用新的规定。"

《行政强制法》第四十五条明确规定：行政机关依法作出金钱给付义务的行政决定，当事人逾期不履行的，行政机关可以依法加收滞纳金。加收滞纳金的数额不得超出金钱给付义务的数额。从《税收征收管理法》的规定看，加收滞纳金似乎没有上限限制，但《行政强制法》的规定显然要遵守，且两部法律均为全国人大常委会制定的，按《立法法》第九十二条规定，此处适用《行政强制法》。

税务机关在行政过程中，认识不到这一点，会有败诉的危险。例如，在原告佛山市顺德区金冠涂料集团有限公司（以下简称金冠涂料）不服被告广东省国家税务局（以下简称广东国税局）行政管理案件中，2012年11月29日，被告广东省国家税务局向金冠涂料作出《税收强制执行决定书》（粤国税稽强扣〔2012〕2号）称：根据《税收征收管理法》第四十条的规定，经广东国税局局长批准，决定从2012年11月29日起从金冠涂料的存款账户中扣缴税款2 214.86元和滞纳金3 763.04元，合计5977.90元。同日，征收机关向金冠涂料填发了税收通用缴款书。

法院认为，《行政强制法》自2012年1月1日起施行，被上诉人广东国税局于2012年11月29日作出被诉税收强制执行的决定应符合该法的规定。被诉税收强制执行决定从金冠涂料的存款账户中扣缴税款和滞纳金，加处滞纳金的数额超出了金钱给付义务的数额，明显违反上述法律的强制性规定，应予以撤销。

特别法优于一般法，但仍然受法律优位原则的限制。所谓"特别法优于普通法原则打破了税法效力等级的限制，即居于特别法地位的级别较低的税法，其效力可以高于作为普通法的级别较高的税法。"①的说法是错误的。

法律之间、行政法规之间或者地方性法规之间对同一事项的新的一般规定与旧的特别规定不一致的，《最高人民法院关于审理行政案件适用法律规范问题的座谈会纪要》（法〔2004〕第96号）第二条第（二）项规定：新的一般规定允许旧的特别规定继续适用的，适用旧的特别规定；新的一般规定废止旧的特别规定的，适用新的一般规定。不能确定新的一般规定是否允许旧的规定继续适用的，人民法院应当中止行政案件的审理，属于法律、行政法规、地方性法规的，逐级上报最高人民法院，分别送请全国人民代表大会常务委员会、国务院、制定机关裁决。

实体从旧，程序从新

实体从旧、程序从新是指判断行政行为合法性的标准应当"从旧"，须按照行政行为作出时的法律规范来判断；而行政行为合法性的评判程序和裁判方式，可以"从新"适用审理和裁判的规则。比如，稽查局查处涉及营业税的违法案件，适用原来的政策规定，程序按新规定。《最高人民法院关于审理行政案件适用法律规范问题的座谈会纪要》（法〔2004〕96号）第三条明确：根据行政审判中的普遍认识和做法，行政相对人的行为发生在新法施行以前，具体行政行为作出在新法施行以后，人民法院审查具体行政行为的合法性时，实体问题适用旧法规定，程序问题适用新法规定；适用新法对保护行政相对人的合法权益更为有利；按照具体行政行为的性质应当适用新法的实体规定的除外。

---

① 资料来源：中国注册会计师协会组织编写《税法CPA》，2019年注册会计师统一考试辅导教材，p7，2019年3月第1版。

税务部门在进行案件处理时，应注意吸纳前述规定意见。比如，A市有一家国有企业于1995年对B市的某国有企业进行投资，土地已经过户，土地上的附着物没有过户。2019年在对附着物过户时，税务机关依据《中华人民共和国契税暂行条例细则》（以下简称《契税暂行条例细则》，1997年10月1日起施行）第八条第（一）项规定：以房屋权属作价投资，视同房屋买卖或者房屋赠与征税。经过计算，要征收契税200多万元，滞纳金1 200多万元。

企业认为过户免征契税，按《国家税务总局关于契税征收管理若干具体事项的通知》（国税发〔1997〕176号）第七条规定："凡1997年10月1日前已签订房地产权属转移合同，但未办理纳税手续的，对其征税处理仍按原政策执行。"在原来政策中，按《契税暂行条例》（1950年4月3日起施行）第八条规定："凡机关、部队、学校、党派、受国家补贴的团体，国营和地方国营的企业与事业单位，以及合作社等，凡有土地房屋的买、典、承受赠与或交换行为者，均免纳契税。"

税务机关认真分析对照适用的政策，采纳了企业的意见。

程序优于实体

程序优于实体是指纳税人通过税务行政复议或税务行政诉讼来寻求法律救济的前提条件，是履行法律规定的次序；否则，税务行政复议机关或司法机关对纳税人的申诉不予受理。比如，《税收征收管理法》第八十八条规定："纳税人、扣缴义务人、纳税担保人同税务机关在纳税上发生争议时，必须先依照税务机关的纳税决定缴纳或者解缴税款及滞纳金或者提供相应的担保，然后可以依法申请行政复议；对行政复议决定不服的，可以依法向人民法院起诉。"

第六节　注意税法的解释

法律语言具有多义性和模糊性，社会环境极端复杂且不断变化，原有规定会产生新的解释。税法解释包括立法解释、文义解释、体系解释、扩张解释、限缩解释、当然解释和目的解释。税法解释的适用要准确，不能一叶障目，不见泰山；不能只看到一项法律条款，一份规范性文件，而是要连贯起来看，全面地看。

稽查实践中适用解释的文种，级别最低的是规章。《行政诉讼法》第六十三条规定：人民法院审理行政案件，以法律和行政法规、地方性法规为依据，参照规章。不过规范性文件也可以用，《最高人民法院关于审理行政案件适用法律规范问题的座谈会纪要》（法〔2004〕96号）第一条第三款规定："人民法院经审查认为被诉具体行政行为依据的具体应用解释和其他规范性文件合法、有效并合理、适当的，在认定被诉具体行政行为合法性时应承认其效力。"

税法的立法解释

税法的立法解释又称税法的法律解释，是立法机关根据税收立法原意，对税收法律规范具体条文的含义以及所使用的概念、术语、定义所作的说明，主要有三种形式。一是法律草案在审议中，立法机关所作的起草说明或者对法律草案的修改说明，当法律草案通过后，其"说明"也视为一并通过，"说明"中有关适用法律的具体解释也自然就属于立法解释的范畴。比如，2007年3月8日在第十届全国人民代表大会第五次会议上，时任财政部部长的金人庆代表国务院所作的《关于〈中华人民共和国企业所得税法（草案）〉的说明》；2005年12月24日在第十届全国人大第十九次会议上，人大法制工作委员会副主任安建所作的《关于〈全国人民代表大会常务委员会关于刑法有关出口退税、抵扣税款的其他发票规定的解释（草案）〉的说明》。二是全国人大常委会对正在施行的法律中有关条款的具体含义等问题所作的解释。比如，2005年12月29日第十届全国人大十九次会议通过的《全国人大常委会关于〈刑法〉有关出口退税、抵扣税款的其他发票规定的解释》。三是在国务院、最高人民法院、最高人民检察院对法律规范的行政解释和司法解释出现原则分歧或者对有关法律适用的理解不一致报请全国人大常委会处理时，全国人大常委会所作的立法解释。

有法律解释权的机关才能作出法律解释，《立法法》第四十五条规定："法律解释权属于全国人民代表大会常务委员会。"法律授权者除外。比如，《个人所得税法》第二十一条规定："国务院根据本法制定实施条例。"对此，国务院相应制定出《中华人民共和国个人所得税法实施条例》（以下简称《个人所得税法实施条例》）。《税收征收管理法》第四十五条规定："税务机关征收税款，税收优先于无担保债权，法律另有规定的除外。"《国家税务总局关于税收优先权包括滞纳金问题的批复》（国税函〔2008〕1084号）规定："《税收征收管理法》第四十五条规定的税收优先权执行时包括税款及其滞纳金。"首先，国家税务总局无权对此作出解释。其次，纵使解释了法院也不认可。

比如，上诉人国家税务总局大英县税务局因与被上诉人四川盛马化工股份有限公司破产债权确认纠纷一案中，不服四川省大英县人民法院（2018）川民初2952号民事判决，向遂宁市中级人民法院提起上诉，上诉人大英县税务局以《国家税务总局关于税收优先权包括滞纳金问题的批复》以及《税收征收管理法》为依据，主张滞纳金属于优先债权。法院认为，应当适用《最高人民法院关于税务机关就破产企业欠缴税款产生的滞纳金提起的债权确认之诉应否受理问题的批复》（法释〔2012〕9号），确定本案中因欠缴税款产生的滞纳金属于普通破产债权。[①]

---

① 案件资料来源：《国家税务总局大英县税务局、四川盛马化工股份有限公司破产债权确认纠纷二审民事判决书》，中国裁判文书网，2019年1月10日。

税法的文义解释

税法的文义解释又称税法的文理解释，是按照表述税收法律规范文字的字面意义进行的一种法律解释，包括对条文中的字词、概念、术语的文字字义的解释。

比如，《企业所得税法》第二条第二款规定，居民企业是指依法在中国境内成立，或者依照外国（地区）法律成立但实际管理机构在中国境内的企业。对此，《企业所得税法实施条例》第三条解释：依法在中国境内成立的企业，包括依照中国法律、行政法规在中国境内成立的企业、事业单位、社会团体以及其他取得收入的组织；依照外国（地区）法律成立的企业，包括依照外国（地区）法律成立的企业和其他取得收入的组织。

再如，《中华人民共和国印花税暂行条例》（以下简称《印花税暂行条例》）之《印花税税目税率表》"11. 产权转移书据包括财产所有权和版权、商标专用权、专利权、专有技术使用权等，转移书据按所载金额的0.5‰贴花。"其中，"财产所有权"转移书据的征税范围，在《国家税务总局关于印花税若干具体问题的解释和规定的通知》（国税发〔1991〕155号）第十条中解释为："经政府管理机关登记注册的动产、不动产的所有权转移所立的书据，以及企业股权转让所立的书据。"其中，"等"是指正列举的等内事项，比如《印花税暂行条例施行细则》（〔1988〕财税字第255号）第十条规定："印花税只对税目税率表中列举的凭证和经财政部确定征税的其他凭证征税。"对此，法院也认可这种扩张性解释。《最高人民法院关于审理行政案件适用法律规范问题的座谈会纪要》（法〔2004〕96号）在第四条规定：法律规范在列举其适用的典型事项后，又以"等""其他"等词语进行表述的，属于不完全列举的例示性规定，均为明文列举的事项以外的事项，且其所概括的情形应为与列举事项类似的事项。

处理、处罚决定书不采用无权机构的文义解释。《中华人民共和国城镇土地使用税暂行条例》（以下简称《城镇土地使用税暂行条例》）第三条规定："土地使用税以纳税人实际占用的土地面积为计税依据，依照规定税额计算征收。前款土地占用面积的组织测量工作，由省、自治区、直辖市人民政府根据实际情况确定。"第十三条规定："本条例的实施办法由省、自治区、直辖市人民政府制定。"从这一规定可以看出，国务院、省级人民政府可以对城镇土地使用税的相关问题作出解释，其他单位或者部门则无权解释。

例如，2004年3月，淄博万达包装印刷物资有限公司（以下简称万达物资公司）与淄博市国土资源局签订了《国有土地使用权出让合同》，合同约定出让淄博市张店区傅家镇唐家村的土地，面积为33 549.00平方米（50.32亩）；3月18日，万达物资公司取得了该土地的土地使用权证〔证号为淄国用（2004）第A00115号〕。淄博市地方税务局张店分局稽查局（以下简称稽查局）于2014年12月4日接到群众投诉举报，于2015年3月4日对万达物资公司税收违法问题立案检查。2018年1月8日作出《税务行政处理决定书》（淄张店地税稽处〔2018〕1号）、《税务行政处罚决定书》（淄张店地税稽罚〔2018〕1号）。

万达物资公司对处罚决定不服，认为实际占用的土地面积仅为12亩，而税务机关按50.32亩进行处罚。税务机关对"实际占用的土地面积"引用的文件是《国家税务局关于发布〈关于土地使用税若干具体问题的解释和暂行规定〉的通知》第六条，即："纳税人实际占用的土地面积，是指由省、自治区、直辖市人民政府确定的单位组织测定的土地面积。尚未组织测量，但纳税人持有政府部门核发的土地使用证书的，以证书确认的土地面积为准；尚未核发土地使用证书的，应由纳税人据实申报土地面积。"万达物资公司特向法院提起行政诉讼，《山东省淄博市张店区人民法院行政判决书》（〔2018〕鲁0303行初26号）判决：撤销被告稽查局于2018年1月8日对原告万达物资公司作出的《税务行政处罚决定书》（淄张店地税稽罚〔2018〕1号）。①

　　稽查局不服，提起上诉。依照《行政诉讼法》第八十九条第一款第
（一）项规定，《山东省淄博市中级人民法院行政判决书》（〔2018〕鲁
03行终159号）判决："驳回上诉，维持原判。"②

　　本案中，如果稽查局采用的依据是《山东省实施〈城镇土地使用税暂
行条例〉办法》（鲁政发〔1989〕7号文）第四条第二款，笔者认为情况
可能会好些，该条规定："纳税人实际占用的土地面积，应以市、县人民
政府组织测定的土地面积为准。纳税人持有县以上人民政府核发的土地使
用证书的，依证书确认的土地面积计算纳税；尚未核发土地使用证书的，
暂按纳税人据实申报、市县税务机关核定的土地面积纳税。"其实，国家
税务总局、山东省人民政府都是主张"纳税人持有政府核发的土地使用证
书，依证书确认的土地面积计算纳税"。

　　至于按实际面积12亩的问题，二审法院认为："特别是在国土资源
部门经测定证明，政府出让给被上诉人的土地之证载面积与实际占用使用
土地面积相差巨大等实际情况下，仍按证载面积核算税款，有失公平公
正，不利于统筹兼顾保障国家税收和保护纳税人的合法权益以及促进经济
社会发展。"稽查局如果经国土资源部门测定证明是可以的，在鲁政发
〔1989〕7号文第四条第二款规定中，"测定的土地面积"排在"依证书确
认的土地面积"之前。

税法的体系解释

　　税法的体系解释是指一种联系法律整体的解释方法，根据法律的编、
章、节、款、项的前后关联位置以及相关法律条文的关系，阐明法律规范

---

① 案件资料来源：《淄博万达包装印刷物资有限公司与淄博市地方税务局张店分局稽查局税务行政管理
　（税务）一审行政判决书》，中国裁判文书网，2018年12月13日。
② 案件资料来源：《国家税务总局淄博市税务局第一稽查局、淄博万达包装印刷物资有限公司税务行政
　管理（税务）二审行政判决书》，中国裁判文书网，2020年3月10日。

的意义。比如，《财政部 国家税务总局关于企业重组业务企业所得税处理若干问题的通知》（财税〔2009〕59号）第五条规定："企业重组同时符合下列条件的，适用特殊性税务处理规定。"第六条解释："企业重组符合本通知第五条规定条件的，交易各方对其交易中的股权支付部分，可以按以下规定进行特殊性税务处理。"

《企业所得税法》第二条第一款明确："企业分为居民企业和非居民企业。"财税〔2009〕59号文第七条解释："企业发生涉及中国境内与境外之间（包括港澳台地区）的股权和资产收购交易，除应符合本通知第五条规定的条件外，还应同时符合下列条件，才可选择适用特殊性税务处理规定。"

税法的扩张解释

税法的扩张解释是指根据立法精神，结合社会的现实需要，将税法法律条文含义作扩大范围的解释。比如，《个人所得税法》第六条第一款第二项、第四项、第六项规定：非居民个人的工资、薪金所得以每月收入额减除费用五千元后的余额为应纳税所得额；劳务报酬所得、稿酬所得、特许权使用费所得以每次收入额为应纳税所得额；财产租赁所得，每次收入不超过四千元的减除费用八百元，四千元以上的减除百分之二十的费用，其余额为应纳税所得额；利息、股息、红利所得和偶然所得以每次收入额为应纳税所得额。

国务院对"次"作出解释。《中华人民共和国个人所得税法实施条例》（以下简称《个人所得税法实施条例》）第十四条解释：《个人所得税法》第六条第一款第二项、第四项、第六项所称每次，劳务报酬所得、稿酬所得、特许权使用费所得属于一次性收入的，以取得该项收入为一次；属于同一项目连续性收入的，以一个月内取得的收入为一次。财产租赁所得以一个月内取得的收入为一次。利息、股息、红利所得以支付利息、股息、红利时取得的收入为一次。偶然所得以每次取得该项收入为一次。

再如，《印花税暂行条例》之《印花税税目税率表》"11．产权转移书据包括财产所有权和版权、商标专用权、专利权、专有技术使用权等转移书据按所载金额0.5‰贴花。"《财政部 国家税务总局关于印花税若干政策的通知》（财税〔2006〕162号）第三条规定："对土地使用权出让合同、土地使用权转让合同按产权转移书据征收印花税。"《印花税暂行条例》第十五条规定："本条例由财政部负责解释。"因此，财税〔2006〕162号文的解释合法、有效。

规范性文件的解释，一般也是由制定机关进行。《财政部 国家税务总局关于企业重组业务企业所得税处理若干问题的通知》（财税〔2009〕59号）第七条规定："企业发生涉及中国境内与境外之间（包括港澳台地区）的股权和资产收购交易，除应符合本通知第五条规定的条件外，还应同时符合下列条件，才可选择适用特殊性税务处理规定。"对此，《国家税务总局关于非居民企业股权转让适用特殊性税务处理有关问题的公告》（2013年72号）第一条解释：本公告所称股权转让是指非居民企业发生财税〔2009〕59号文件第七条第（一）项、第（二）项规定的情形；其中财税〔2009〕59号第七条第（一）项规定的情形包括因境外企业分立、合并导致中国居民企业股权被转让的情形。

从这一规定可以看出，并没有对土地使用权出让合同、土地使用权转让合同进行列举。

税法的限缩解释

税法的限缩解释是指税法法律条文文义过于广泛，不足以表示立法真意，则限缩法律条文的文义，使其局限于核心，以求正确解释法律意义的一种解释方法。《立法法》第四十五条规定："法律解释权属于全国人民代表大会常务委员会。"法律授权者除外，比如，《个人所得税法》第二十一条规定："国务院根据本法制定实施条例。"例如，《个人所得税法》第一条第二款规定："在中国境内有住所，或者无住所而一个纳税年度内在中国境内居住累计满一百八十三天的个人，为居民个人。居民个人从中国境内和境外取得的所得，依照本法规定缴纳个人所得税。"《个人所得税法实施条例》第二条解释："《个人所得税法》所称在中国境内有住所，是指因户籍、家庭、经济利益关系而在中国境内习惯性居住；所称从中国境内和境外取得的所得，分别是指来源于中国境内的所得和来源于中国境外的所得。"

在一部法律中，后面的条款对前面的条款可能会作出限缩解释。比如，《税收征收管理法》第三十二条规定："纳税人未按照规定期限缴纳税款的，扣缴义务人未按照规定期限解缴税款的，税务机关除责令限期缴纳外，从滞纳税款之日起，按日加收滞纳税款万分之五的滞纳金。"《税收征收管理法》第五十二条解释："因税务机关的责任，致使纳税人、扣缴义务人未缴或者少缴税款的，税务机关在三年内可以要求纳税人、扣缴义务人补缴税款，但是不得加收滞纳金。因纳税人、扣缴义务人计算错误等失误，未缴或者少缴税款的，税务机关在三年内可以追征税款、滞纳金；有特殊情况的，追征期可以延长到五年。对偷税、抗税、骗税的，税务机关追征其未缴或者少缴的税款、滞纳金或者所骗取的税款，不受前款规定期限的限制。"

全国人民代表大会常务委员会以外的机关，或者未经授权对《税收征收管理法》作出的限缩解释为无效解释。比如，《税收征收管理法》第六十四条第二款规定："纳税人不进行纳税申报，不缴或者少缴应纳税款的，由税务机关追缴其不缴或者少缴的税款、滞纳金，并处不缴或者少缴的税款百分之五十以上五倍以下的罚款。"《国家税务总局办公厅关于税收征管法有关条款的复函》（国税办函〔2007〕647号）解释："征管法六十四条第二款仅适用六十三条规定之外的未办理税务登记的纳税人在发生纳税义务以后不进行纳税申报，从而造成不缴或少缴税款结果的情形。"

全国人民代表大会常务委员会并没有将本法或者本条款的解释权，授予国家税务总局或者国家税务总局办公厅，因此后者的解释是无效解释，人民法院也不认账，基层税务机关若采用会带来执法风险。

税法的目的解释

税法的目的解释又称税法的理论解释，是指按照立法精神，根据具体案件，从逻辑上进行解释，即从现阶段社会发展的需要出发，以合理的目的所进行的解释。比如，房地产开发产品已经完工的条件，在《国家税务总局关于房地产开发经营业务征收企业所得税问题的通知》（国税发〔2006〕31号）第二条中规定，开发产品竣工证明材料已报房地产管理部门备案，开发产品已开始投入使用，或者开发产品已取得了初始产权证明。《中华人民共和国城市房地产管理法》（以下简称《城市房地产管理法》）第二十七条第二款规定："房地产开发项目竣工，经验收合格后，方可交付使用。"《中华人民共和国建筑法》（以下简称《建筑法》）第六十一条第二款规定："建筑工程竣工经验收合格后，方可交付使用；未经验收或者验收不合格的，不得交付使用。"房地产开发项目、建筑工程交付使用的前提是经验收合格。

2009年，海南税务机关与海南永生实业投资有限公司在税务管理问题上引发争议，海南省国家税务局向税务总局请示。《国家税务总局关于房地产企业开发产品完工标准税务确认条件的批复》（国税函〔2009〕342号）明确：根据国税发〔2006〕31号文规定，房地产开发企业建造、开发的产品，无论工程质量是否通过验收合格，或是否办理完工（竣工）备案手续以及会计决算手续，当其开发产品开始投入使用时，均应视为已经完工。房地产开发企业应按规定，及时结算开发产品计税成本并计算此前以预售方式销售开发产品所取得收入的实际毛利额，同时将开发产品实际毛利额与其对应的预计毛利额之间的差额，计入当年（完工年度）的应纳税所得额。

税务机关的解释目的是解决税收问题，而《城市房地产管理法》《建筑法》的规定，更多的可能基于解决企业与购房人之间的纠纷，目的不同。基层税务机关在执法过程中，对相关的解释都要加以关注，以便作出准确判断。

税法的当然解释

税法的当然解释即自然解释，是税法论理解释的一种，是指法律规范虽然没有明示某一事项，但依形式逻辑、规范目的及事物的当然道理，将该事项解释为包括在该规定的使用范围之内。比如，《税收征收管理法》第六十八条规定："纳税人、扣缴义务人在法规期限内不缴或者少缴应纳或者应解缴的税款，经税务机关责令限期缴纳，逾期仍未缴纳的，税务机关除依照本法第四十条的法规采取强制执行措施追缴其不缴或者少缴的税款外，可以处不缴或者少缴的税款百分之五十以上五倍以下的罚款。"《税收征收管理法》第六十九条解释："扣缴义务人应扣未扣、应收而不收税款的，由税务机关向纳税人追缴税款，对扣缴义务人处应扣未扣、应收未收税款百分之五十以上三倍以下的罚款。""扣缴义务人""百分之五十以上三倍以下"均在第六十八条规定的范围之内，属于合理解释。

最高人民法院可以对在审判工作中具体应用的法律作出解释。《立法法》第一百零四条规定：最高人民法院作出的属于审判工作中具体应用法律的解释，应当主要针对具体的法律条文，并符合立法的目的、原则和原意。比如，《最高人民法院关于税务机关就破产企业欠缴税款产生的滞纳金提起的债权确认之诉应否受理问题的批复》（法释〔2012〕9号）规定："税务机关就破产企业欠缴税款产生的滞纳金提起的债权确认之诉，人民法院应依法受理。依照企业破产法、税收征收管理法的有关规定，破产企业在破产案件受理前因欠缴税款产生的滞纳金属于普通破产债权。"

比如，某企业破产，欠税500万元，欠税收滞纳金350万元。税款属于优先破产债权得到清理，而滞纳金可能因为企业资金的原因得不到清偿。

文书的制作规范

《税务处理决定书》《税务行政处罚决定书》等文书的制作时间不可滞后，一般情况下，在送达《税务检查通知书》之日起，60日内送达。《税务稽查工作规程》第二十二条第四款规定："检查应当自实施检查之日起60日内完成；确需延长检查时间的，应当经稽查局局长批准。"

例如，上诉人宁波埃斯科光电有限公司因诉国家税务总局宁波市税务局稽查局税务行政处罚一案，不服宁波市鄞州区人民法院于2018年4月20日作出的（2017）浙0212行初290号行政判决，向宁波市中级人民法院提起上诉，提出："被上诉人于2016年8月29日作出《税务检查通知书》，直至2017年9月5日才作出被诉处罚决定，严重超期。"二审法院认为，"原国税稽查局未提交证据证明本案曾延长过检查时间，因此已超过了《税务稽查工作规程》规定的检查时间，但对原告依法享有的听证、陈述、申辩等重要程序性权利不产生实质损害，属于程序轻微违法。""依照《行政诉讼法》第七十四条第一款第（二）项的规定，判决确认原国税稽查局作出甬国税稽罚〔2017〕7号务行政处罚决定违法。"法院判决撤销该处罚决定。①

制作各种税务稽查文书前后的时间顺序不能颠倒。比如，《税务行政处罚事项告知书》要在《税务行政处罚决定书》之前，《税务处理决定

---

① 案件资料来源：《宁波埃斯科光电有限公司、宁波市税务局稽查局其他二审税务行政判决书》，中国裁判文书网，2018年11月9日。

书》要在《涉嫌犯罪案件移送书》之前等。

各种税务稽查文书的格式、内容要规范。《税务稽查工作规程》第五十五条第二款规定："《税务处理决定书》《税务行政处罚决定书》《不予税务行政处罚决定书》《税务稽查结论》引用的法律、行政法规、规章及其他规范性文件，应当注明文件全称、文号和有关条款。"违法事实要表述清楚，观点材料要一致；文字要精练、准确，层次结构清晰；引用税收法律、法规、规章条文要注明名称、文号和有关条款，不能断章取义、牵强附会，措词要准确适度。

例如，上诉人国家税务总局建昌县税务局（以下简称建昌县税务局）因被上诉人田某山诉其税务行政处罚决定一案，不服绥中县人民法院（2018）辽1421行初14号行政判决，向辽宁省葫芦岛市中级人民法院提起上诉。中院经审理另查明，建昌县税务局作出本案税务行政处罚决定的主文部分表述如下："基于上述违法事实，拟对你作出如下处理：根据《税收征收管理法》第六十四条第二款的规定，对追缴的营业税、城建税、土地增值税、个人所得税、印花税共计408 000.00元处以0.5倍的罚款204 000.00元。……"

"拟对你作出如下处理"，建昌县税务局在庭审中陈述此种表述虽然系笔误，但是法院认为作为行政法律文书，此种表述影响了处罚结果的效力和公文的权威性，欠缺妥当。综上，建昌县税务局作出的建地税罚〔2017〕0001号税务行政处罚决定应予撤销，一审判决结果并无不当。依据《行政诉讼法》第八十九条第一款第（一）项的规定，《辽宁省葫芦岛市中级人民法院行政判决书》（〔2018〕辽14行终102号）判决："驳回上诉，维持原判。"[①]《税务处罚决定书》是一份十分规范的文书，制作应该严谨，用"拟"字，说明并不是建昌县税务局的最后意见表达，被查对

[①] 案件资料来源：国家税务总局建昌县税务局诉田某山诉其税务行政处罚决定一案二审行政判决书，中国裁判文书网（有改动），2018年12月1日。

象不可能按此缴税，人民法院也认为不妥。

适用法律条文不准确，会招来麻烦。

例如，再审申请人衢州市柯城丽新帽厂因与被申请人浙江省衢州市国家税务局税务行政强制一案，不服衢州市中级人民法院（2014）浙衢行终字第15号行政判决，向浙江省高级人民法院申请再审。衢州市柯城丽新帽厂提出："涉案税务处理决定认定的违法事实与适用法律之间没有一一对应的关系。"2016年8月2日，浙江省高级人民法院《衢州市柯城丽新帽厂与浙江省衢州市国家税务局再审行政裁定书》（〔2015〕浙行申字第355号）裁定："涉案的违法行为由两部分构成：一是利用虚开的增值税专用发票和运输发票非法抵扣应缴税款，二是利用虚假的纳税申报行为少缴税款，应适用《税收征收管理法》第六十三条的规定追缴国家税收损失。但涉案税务处理决定却适用《税收征收管理法》第三十二条和四十条的规定，以未按规定期限缴纳税款而追缴税款，明显不当。"[①]

在制作处理或者处罚文书时，适用的法律条款一定要准确。《税收征收管理法》第三十二条、第四十条分别是关于加收滞纳金、采取税收强制执行措施的规定，衢州市国家税务局适用的法律条款不正确。本案中，法院认为"鉴于涉案税务处理决定认定追缴税款的数额正确，上述问题并未对衢州市柯城丽新帽厂的实体权益造成影响，故不足以据此提起再审"。但是，税务机关及其工作人员在制作文书时，使用的法律条文一定要准确，否则可能会担负败诉的危险。

例如，在国家税务总局滁州市税务局稽查局（以下简称市税务稽查局）与被上诉人凯迪控股集团有限公司（以下简称凯迪公司）税务管理行政强制一案中，一审法院认为，市税务稽查局作出的《税收强制执行决定

---

① 案件资料来源：《衢州市柯城丽新帽厂与浙江省衢州市国家税务局再审行政裁定书》，中国裁判文书网，2016年8月25日。

书》（滁税稽强扣〔2018〕1号），根据《税收征收管理法》规定，未写明强制执行的具体法律依据，属适用法律错误。同时，该《税收强制执行决定书》未明确滞纳金的具体起算时间、计算方式，市税务稽查局也未举证证明其向凯迪公司送达或告知凯迪公司滞纳金的起算时间和计算公式，该《税收强制执行决定书》决定从凯迪公司账户扣缴21 764 504.84元，没有依据。

依照《行政诉讼法》第七十条的规定，《安徽省滁州市南谯区人民法院行政判决书》（〔2018〕皖1103行初37号）判决：撤销被告市税务局稽查局作出的《税收强制执行决定书》（滁税稽强扣〔2018〕1号）；市税务局稽查局于本判决生效后三十日内返还原告凯迪控股集团有限公司21 764 504.84元。

市税务稽查局不服，向滁州市中级人民法院提起上诉。依照《行政诉讼法》第八十九条第一款第（一）项的规定，《安徽省滁州市中级人民法院行政判决书》（〔2019〕皖11行终55号）判决："驳回上诉，维持原判。"[①]

税务稽查实践中要发出许多文书，各种税务稽查文书的格式、内容要规范，《税务稽查工作规程》第五十五条第二款对此也有要求，引用的法律、行政法规、规章及其他规范性文件，应当注明文件全称、文号和有关条款；不能断章取义、牵强附会，措词要准确适度。滁州市中级人民法院驳回市税务局稽查局上诉的理由充分，判决合理、合法。

关于"未明确滞纳金的具体起算时间、计算方式"的问题。市税务稽查局在《税务处理决定书》（滁地税稽处〔2017〕12号）和《催告书》（滁地税稽催〔2017〕1号）两份行政法律文书中均明确告知凯迪公司"从

---

① 案件资料来源：《国家税务总局滁州市税务局稽查局、凯迪控股集团有限公司税务行政管理（税务）二审行政判决书》，中国裁判文书网，2019年7月3日。

滞纳税款之日起，按日加收滞纳税款万分之五的滞纳金。"笔者认为，两份文书已经按照《行政强制法》第四十五条的规定告知了当事人加处罚款或者滞纳金的标准，法院认为"没有依据"的意见，值得商榷。

系统文书的格式，应该转换成符合规定的文书，文书制作不规范可能引发诉讼或者成为被查对象攻击的隐患。

承上例，衢州市柯城丽新帽厂提出："被诉税收强制执行措施的决定存在基本事实未载明、适用法律不明确等问题。"2016年8月2日，浙江省高级人民法院《衢州市柯城丽新帽厂与浙江省衢州市国家税务局再审行政裁定书》（〔2015〕浙行申字第355号）裁定："经了解，造成上述不规范的原因在于税务系统文书制作的格式化，被申请人在今后的工作中应予改进。"金税三期征收管理系统或者之前的中国税收征管信息系统（CTAIS）的文书格式比较简单，在制作对外正式文书时，要转换成符合公文处理要求的文书。本案中，法院认为"鉴于涉案税务处理决定认定追缴税款的数额正确，故不足以据此否定其效力"。但是，人民法院的建议，税务机关及其工作人员是要采纳的，否则可能担负败诉的风险。

无独有偶，海南也有一例。原告五指山剑英杰土建工程有限公司因不服被告海南省五指山市地方税务局第四税务分局《税务事项通知书》（五地税四通〔2017〕167号）的判决，向法院提起诉讼。法院认为，被告在通知书中告知原告的起诉期限为3个月，根据《行政诉讼法》第四十六条规定，起诉期限为6个月，告知诉权内容错误，程序违法。被告辩称，该告知内容是税务机关系统中自动生成的格式文本，无法进行修改，其主观上不存在过错，不属于程序违法。法院认为，任何办公系统均应随着法律规定的变化进行修改、完善，而不能让法律屈从于办公系统，系统的滞后不能成为违法的理由。法院对其行为确认违法，保留效力。根据《行政诉讼法》第七十四条的规定，《海南省五指山市人民法院行政判决书》（2017）琼9001行初26号判决：被告作出的《税务事项通知书》（五地税四通（2017）167号）行为违法。①

本案中税务分局称系统无法修改是真，但转换WORD文档后可以修改。给纳税人的文书必须是准确的，告知诉权时间更不可以缩水。程序违法，行为就违法。

告知被查对象救济的途径要准确。如对原地方税务局，可以向本级人民政府申请行政复议，也可以向上一级地方税务局申请行政复议。对原国家税局，只能向上一级国家税务局申请行政复议。《中华人民共和国行政复议法》第十二条规定：对县级以上地方各级人民政府工作部门的具体行政行为不服的，由申请人选择，可以向该部门的本级人民政府申请行政复议，也可以向上一级主管部门申请行政复议。对国税等实行垂直领导的行政机关的具体行政行为不服的，向上一级主管部门申请行政复议。告知不准确的，在行政诉讼中会处于不利地位。

例如，上诉人宁波埃斯科光电有限公司因诉国家税务总局宁波市税务局稽查局税务行政处罚一案，不服宁波市鄞州区人民法院于2018年4月20日作出的（2017）浙0212行初290号行政判决，向宁波市中级人民法院提起上诉，提出："被上诉人对复议机关引导错误，导致上诉人不能提起复议，侵害了上诉人的复议权利。"二审法院审理查明，原国税稽查局在处罚决定书上告知原告"如对本决定不服，可以自收到本决定书之日起六十日内依法向宁波市国家税务局申请行政复议……"，但原宁波市国家税务局却在原告申请行政复议时告知原告，应当向国家税务总局申请行政复议，故原国税稽查局对原告救济权利的告知存在错误。法院认为，"鉴于原宁波市国家税务局已书面告知原告正确的救济方式，未对原告救济权的行使造成影响，对此予以指正。"②

---

① 案件资料来源：《五指山剑英杰土建工程有限公司与海南省五指山市地方税务局第四税务分局其他行政行为一审行政判决书》，中国裁判文书网，2019年3月4日。

② 案件资料来源：《宁波埃斯科光电有限公司、宁波市税务局稽查局其他二审税务行政判决书》，中国裁判文书网，2018年11月9日。

附表一：《税收征收管理法》所规定的法律责任表

条款	行为	处罚
60	（1）未按照规定的期限申报办理税务登记、变更或者注销登记的； （2）未按照规定设置、保管账簿或者保管记账凭证和有关资料的； （3）未按照规定将财务、会计制度或者财务、会计处理办法和会计核算软件报送税务机关备查的； （4）未按照规定将其全部银行账号向税务机关报告的； （5）未按照规定安装、使用税控装置，或者损毁或者擅自改动税控装置的	（1）纳税人有所列行为之一的，由税务机关责令限期改正，可以处 2 000 元以下的罚款；情节严重的，处 0.2～1 万元的罚款； （2）纳税人不办理税务登记的，由税务机关责令限期改正；逾期不改正的，经税务机关提请，由工商行政管理机关吊销其营业执照； （3）纳税人未按照规定使用税务登记证件，或者转借、涂改、损毁、买卖、伪造税务登记证件的，处 0.2～1 万元以下的罚款；情节严重的，处 1～5 万元的罚款
61	扣缴义务人未按照规定设置、保管代扣代缴、代收代缴税款账簿或者保管代扣代缴、代收代缴税款记账凭证及有关资料的	由税务机关责令限期改正，可以处 2 000 元以下的罚款；情节严重的，处 2 000～5 000 元的罚款
62	纳税人未按照规定的期限办理纳税申报和报送纳税资料的，或者扣缴义务人未按照规定的期限向税务机关报送代扣代缴、代收代缴税款报告表和有关资料的	同 60 条"（1）"
63	偷税。纳税人伪造、变造、隐匿、擅自销毁账簿、记账凭证，或者在账簿上多列支出或者不列、少列收入，或者经税务机关通知申报而拒不申报或者进行虚假的纳税申报，不缴或者少缴应纳税款的。扣缴义务人采取前款所列手段不缴或者少缴已扣、已收税款	除构成犯罪的，依法追究刑事责任外，其他同 64 条"（2）"
64	（1）纳税人、扣缴义务人编造虚假计税依据的； （2）纳税人不进行纳税申报，不缴或者少缴应纳税款的	（1）由税务机关责令限期改正，并处 5 万元以下的罚款； （2）由税务机关追缴其不缴或者少缴的税款、滞纳金，并处不缴或者少缴的税款 0.5～5 倍罚款
65	纳税人欠缴应纳税款，采取转移或者隐匿财产的手段，妨碍税务机关追缴欠缴的税款的	由税务机关追缴欠缴的税款、滞纳金，并处欠缴税款 0.5～5 倍的罚款；构成犯罪的，依法追究刑事责任
66	以假报出口或者其他欺骗手段，骗取国家出口退税款的	由税务机关追缴其骗取的退税款，并处骗取税款 1～5 倍的罚款；构成犯罪，依法追究刑事责任
	对骗取国家出口退税款的	税务机关可以在规定期间内停止为其办理出口退税

条款	行为	处罚
67	抗税。以暴力、威胁方法拒不缴纳税款的	除由税务机关追缴其拒缴的税款、滞纳金外，依法追究刑事责任。情节轻微，未构成犯罪的，由税务机关追缴其拒缴的税款、滞纳金，并处拒缴税款 1 ~ 5 倍的罚款
68	纳税人、扣缴义务人在规定期限内不缴或者少缴应纳或者应解缴的税款	经税务机关责令限期缴纳，逾期仍未缴纳的，税务机关除依照本法第40条的规定采取强制执行措施追缴其不缴或者少缴的税款外，还可以处不缴或者少缴的税款 0.5 ~ 5 倍罚款
69	扣缴义务人应扣未扣、应收而不收税款的	由税务机关向纳税人追缴税款，对扣缴义务人处应扣未扣、应收未收税款 0.5 ~ 3 倍罚款
70	纳税人、扣缴义务人逃避、拒绝或者以其他方式阻挠税务机关检查的	由税务机关责令改正，可以处 1 万元以下的罚款；情节严重的，处 1 ~ 5 万元罚款
71	违反本法第22条规定，非法印制发票的	由税务机关销毁非法印制的发票，没收违法所得和作案工具，并处 1 ~ 5 万元罚款；构成犯罪的，依法追究刑事责任
72	从事生产、经营的纳税人、扣缴义务人有本法规定的税收违法行为，拒不接受税务机关处理的	税务机关可以收缴其发票或者停止向其发售发票
73	纳税人、扣缴义务人的开户银行或者其他金融机构拒绝接受税务机关依法检查纳税人、扣缴义务人存款账户，或者拒绝执行税务机关作出的冻结存款或者扣缴税款的决定，或者在接到税务机关的书面通知后帮助纳税人、扣缴义务人转移存款，造成税款流失的	由税务机关处 10 ~ 50 万元罚款，对直接负责的主管人员和其他直接责任人员处 0.1 ~ 1 万元的罚款

备注：
（1）本法规定的税务处罚，罚款额在 2 000 元以下的，可以由税务所决定。（74条）
（2）税务机关和司法机关的涉税罚没收入，应当按照税款入库预算级次上缴国库。（75条）
（3）纳税人、扣缴义务人有本法第六十三条、第六十五条、第六十六条、第六十七条、第七十一条规定的行为涉嫌犯罪的，税务机关应当依法移交司法机关追究刑事责任。（77条）
（4）未经税务机关依法委托征收税款的，责令退还收取的财物，依法给予行政处分或者税务处罚；致使他人合法权益受到损失的，依法承担赔偿责任；构成犯罪的，依法追究刑事责任。（78条）

表二：违反《发票管理办法》的违法行为的处罚标准表

条款	行为	标准	处罚
35	（1）应当开具而未开具发票，或者未按照规定的时限、顺序、栏目、全部联次一次性开具发票，或者未加盖发票专用章的； （2）使用税控装置开具发票，未按期向主管税务机关报送开具发票的数据的； （3）使用非税控电子器具开具发票，未将非税控电子器具使用的软件程序说明资料报主管税务机关备案，或者未按照规定保存、报送开具发票的数据的； （4）拆本使用发票； （5）扩大发票使用范围； （6）以其他凭证代替发票使用； （7）跨规定区域开具发票； （8）未按照规定缴销发票； （9）未按照规定存放和保管发票	有所列情形之一	由税务机关责令改正，可以处1万元以下的罚款；有违法所得的予以没收
36	（1）跨规定的使用区域携带、邮寄、运输空白发票； （2）携带、邮寄或者运输空白发票出入境的； （3）丢失发票或者擅自损毁发票的	有所列情形之一	由税务机关责令改正，可以处1万元以下的罚款；情节严重的，处1～3万元罚款；有违法所得的予以没收
37	（1）为他人、为自己开具与实际经营业务情况不符的发票； （2）让他人为自己开具与实际经营业务情况不符的发票； （3）介绍他人开具与实际经营业务情况不符的发票； （4）非法代开发票	有所列情形之一	由税务机关没收违法所得；虚开金额在1万元以下的，可以并处5万元以下的罚款；虚开金额超过1万元的，并处5～50万元罚款；构成犯罪的，依法追究刑事责任
38	（1）私自印制、伪造、变造发票； （2）非法制造发票防伪专用品； （3）伪造发票监制章	有所列情形之一	由税务机关没收违法所得，没收、销毁作案工具和非法物品，并处1～5万元罚款；情节严重的，并处5～50万元以下的罚款；对印制发票的企业，可以并处吊销发票准印证；构成犯罪的，依法追究刑事责任

条款	行为	标准	处罚
39	（1）转借、转让、介绍他人转让发票、发票监制章和发票防伪专用品的； （2）知道或者应当知道是私自印制、伪造、变造、非法取得或者废止的发票而受让、开具、存放、携带、邮寄、运输的	有所列情形之一	由税务机关处1～5万元罚款；情节严重的，处5～50万元以下的罚款；有违法所得的予以没收

第五章

执　行

　　执行是指付诸实施。这里所指的执行是指依据《税务稽查工作规程》第六章的规定，依法将税务文书送达被执行人，被执行人自行或者税务机关依法采取措施，组织税款、罚款和滞纳金入库。出现税务机关无法执行文书时，申请人民法院执行或者依据其他法定措施执行；出现异常情况时调整执行。

第一节　送达文书

执行部门在接到《税务处理决定书》《税务行政处罚决定书》《不予税务行政处罚决定书》《税务稽查结论》等税务文书后，《税务稽查工作规程》第六十一条规定，依法及时将税务文书送达被执行人，并通过税收征管信息系统将税收违法案件查处情况通报给税源管理部门。其中"税收征管信息系统"现为金税三期税收管理系统，此前为中国税收征管信息系统（CTAIS）。通报给税源管理部门主要是分送税收违法案件处理和处罚决定书，送达文书的方式、要求均为法定。

税务文书的法定送达方式

税务文书送达按法定程序才能达到预期效果，才能保证涉税案件及时结案。根据《税收征收管理法实施细则》第八章规定，税务文书的法定送达方式包括直接送达、留置送达、委托送达、邮寄送达和公告送达等。

直接送达是指执行送达任务的税务人员将应送达的税务文书，直接交付给受送达人签收的送达方式。这是一种常用的送达方式，凡是能够直接送达的尽量直接送达。直接送达税务文书的送达标志，《税收征收管理法实施细则》第一百零二条规定："由受送达人或者本细则规定的其他签收人在送达回证上记明收到日期，签名或者盖章，即为送达。"《税收征收管理法实施细则》第一百零一条规定："受送达人是公民的，应当由本人直接签收；本人不在的，交其同住成年家属签收。受送达人是法人或者其他组织的，应当由法人的法定代表人、其他组织的主要负责人或者该法人、组织的财务负责人、负责收件人签收。受送达人有代理人的可以送交其代理人签收。"

例如，福建某市国税局稽查局处理和处罚决定书下达后，被查对象财务负责人在送达回证上也签了名，但时间一天天过去，就是不见税款和罚款的入库。稽查人员下户督促，企业回答财务负责人辞职了，企业没有收到处理和处罚决定书。应如何解决签收文书上的困局？笔者建议，由法定代表人或者财务负责人签名之后，加盖受送达人的公章。可签收文书的人员较多，尽可能让法定代表人或者其他组织的主要负责人签字。甚至有一个国税稽查局，在被查对象法定代表人被逮捕后，相关的文书还送到了他的手中，让他签字。

受送达人处于羁押状态，文书送达算不算直接送达？2016年7月26日，安徽省淮北市国家税务局稽查局（以下简称稽查局）对淮北市天奥物资贸易有限公司（以下简称天奥物资）作出《税务处理决定书》（淮北国税稽处〔2016〕19号）。7月28日，该局向处于羁押状态的天奥物资财务负责人卓秀芹送达该决定书，天奥物资认为这种送达不视为送达。[①] 其实不然，稽查局的做法属于直接送达。卓秀芹作为天奥物资财务负责人，只要在送达回证上签字确认，即为送达，法律并没有规定受送达人一定是享有人身自由的。

税务稽查文书由代理人签收，为法规所认可，也有的法院会认为由其本人签收才算数。

例如，在原告饶某飞诉被告四川省乐山市地方税务局稽查局（以下简称稽查局）、原四川省地方税务局（以下简称省地税局）税务行政处罚一案中，一审法院认为，"虽然原告委托李某涛代其申请行政复议，但省地

---

① 案件资料来源：《淮北市天奥物资贸易有限公司与国家税务总局安徽省税务局行政管理（税务）一审行政判决书》，2019年11月29日。

税局作出《行政复议决定书》并邮寄送达李某涛之时，原告正处于服刑期间，人身自由受到限制。为了充分保障行政相对人诉讼权利的行使，原告的起诉限期应当从原告实际收到《行政复议决定书》的时间开始计算。"四川省峨眉山市人民法院（2018）川1181行初47号行政判决：撤销稽查局《税务行政处罚决定书》（乐市地税稽罚〔2014〕2号）、省地税局《行政复议决定书》（川地税复决字〔2014〕001号）。[①]

国家税务总局乐山市税务局稽查局、四川省税务局不服，向上一级法院上诉。二审法院认为，2013年11月13日饶某飞向稽查局出具《授权委托书》，委托李某涛处理税务检查的涉税事项，包括涉税文书的签收；涉税资料的提供、核实和确认；书面陈述涉税调查事实的意见；涉税事项听证、行政复议和提起行政诉讼等。2014年1月28日，稽查局作出《税务行政处罚决定书》（乐市地税稽罚〔2014〕2号），告知申请行政复议或提起诉讼的权利。1月29日稽查局向饶某飞送达该《税务行政处罚决定书》，由李某涛代为签收。3月20日李某涛作为饶某飞的代理人向省地税局申请行政复议，并提交了3月17日饶某飞出具的《授权委托书》。6月25日，省地税局作出《行政复议决定书》（川地税复决字〔2014〕001号），维持行政处罚决定，并告知诉权和起诉期限，同日向李某涛邮寄，李某涛于次日签收。省地税局向饶某飞送达该《行政复议决定书》的行为，符合《行政复议法》四十条第一款、《民事诉讼法》第八十四条、第八十五条第一款的规定。《四川省乐山市中级人民法院行政裁定书》（〔2019〕川11行终67号）裁定：撤销四川省峨眉山市人民法院（2018）川1181行初47号行政判决；驳回饶某飞的起诉。[②]

本案的焦点是税务稽查文书受送达的是否一定为本人。一审法院持肯

[①] 饶某飞、四川省乐山市地方税务局稽查局、四川省税务局其他一审行政判决书，中国裁判文书网（有改动），2019年9月23日。

[②] 饶某飞诉国家税务总局乐山市税务局稽查局、国家税务总局四川省税务局税务行政处罚二审行政裁定书，中国裁判文书网（有改动），2019年9月23日。

定态度，二审法院持否定态度。笔者认为二审法院的观点与做法，更加符合行政法规的要求，更加客观、公正。

留置送达是指受送达人或者他的同住成年家属、税务代理人、代收人在拒绝接收税务文书的情况下，把税务文书留在受送达人处的一种送达方式。《税收征收管理法实施细则》第一百零三条规定："送达人应在送达回证上记明拒收理由和日期，并由送达人和见证人签名或者盖章，将税务文书留在受送达人处，即视为送达。"留置送达是直接送达的派生方式，与直接送达具有同等法律效力。

委托送达是指税务文书在难以直接送达的情况下，税务机关可以委托其他有关机关或者其他单位代为送达的送达方式，这主要适用于受送达人不在本税务机关辖区内经营或居住的情况。在国际税收管理中，也可能存在委托当事人所在国税务当局送达文书的情形。《税收征收管理法实施细则》第一百零五条规定，采取委托送达以签收人或者见证人在送达回证上签收或者注明的收件日期为送达日期。

邮寄送达是指税务机关通过邮局，将税务文书挂号寄给受送达人的送达方式。《税收征收管理法实施细则》第一百零五条规定："以挂号函件回执上注明的收件日期为送达日期，并视为已送达。"笔者曾经经历，检查人员下户检查，被查对象以忙为由，软拒绝检查。检查人员将《税务检查通知书》邮寄给被查对象，对方居然写上"查无此人"，退回税务稽查局。最后，我们选择直接送达。

有时尽管受送达人否认文书已经邮寄送达，但相关的证据能证明送达的，也足以认定送达。

例如，2013年7月15日，北京市顺义区国家税务局（以下简称顺义国税局）对北京中油国门油料销售有限公司（以下简称中油国门公司）作出《税务行政处罚决定书》（顺国罚〔2013〕212号），决定对中油国门公司偷税行为处以罚款31 209 130.26元，对中油国门公司虚开增值税专用发票行为没收违法所得601 100元并处50万元罚款，以上应缴款项共计32 310 230.26元。中油国门公司不服该处罚决定，向北京市顺义区人民法院提起行政诉讼，请求撤销被诉处罚决定。

在确定顺义国税局是否依法向中油国门公司送达了处罚决定书时，法院有一段精彩的描述：尽管庭审中中油国门公司否认收到被诉处罚决定书，但该处罚决定书和《税务处理决定书》（顺国处〔2013〕7号）均于2013年7月15日作出，通过顺义国税局提交的挂号信回执和投递邮件清单可以看出，当日顺义国税局向中油国门公司邮寄了材料，该材料于同年7月19日被中油国门公司的门卫魏远签收。现中油国门公司没有提交证据证明其于2013年7月19日收到的是顺义国税局邮寄的其他材料，故一审法院可以认定中油国门公司收到的材料就是顺义国税局所说的《税务处理决定书》（顺国处〔2013〕7号）和被诉处罚决定书。[①]

公告送达是指税务机关以张贴公告、登报或者广播等方式，将需要送达的税务文书中的有关内容告知受送达人的送达方法。采取公告送达税务文书，要符合《税收征收管理法实施细则》第一百零六条的规定，即同一送达事项的受送达人众多，或者采用直接送达、留置送达、委托送达及邮寄送达方式无法送达的情形。采取公告送达的自公告之日起满三十日，即视为送达。

有时被查对象不认可公告的送达方式或者故意找茬。

例如，原告安徽省界首市国家税务局与被告姜某因代位权纠纷一案，阜阳市中级人民法院受理后，界首市国家税务局给股权受让人姜某提供的2010年8月4日《浙江日报》刊登的界首市国家税务局关于送达给浙江嘉得

---

① 案件资料来源：《北京中油国门油料销售有限公司与北京市顺义区国家税务局再审审查与行政审判监督行政裁定书》，中国裁判文书网，2018年5月28日。

莱控股集团股份有限公司的《税务处理决定书》（界国税处〔2010〕0701号）和《税务行政处罚事项告知书》（界国税罚告〔2010〕0701号），2010年9月16日刊登的关于送达给浙江嘉得莱控股集团股份有限公司的《税务行政处罚决定书》（界国税罚〔2010〕0701号）的公告，姜某认为"公告送达税务文书程序违法"，而界首市国家税务局认为该三份税务文书已合法送达并生效。《阜阳市中级人民法院民事判决书》（〔2011〕阜民一初字第00013号）认为："界首市国家税务局在采取其他方式无法送达税务文书时，采取公告形式送达，不违反《税收征收管理法实施细则》第一百零六条的规定，其辩称理由不能成立，本院不予采信。"①公告送达方式是法规规定的送达文书方式，行政和司法机关可以放心执行。

此外，还有其他送达方式，比如传真、电子邮件、QQ、微信等，司法机关对此出台了相应规定。比如，《最高人民法院关于涉台民事诉讼文书送达的若干规定》（法释〔2008〕4号）第三条规定，人民法院向住所地在台湾地区的当事人送达民事诉讼文书，有明确的传真号码、电子信箱地址的，可以通过传真、电子邮件方式向受送达人送达。税务机关也可以试用，建议国务院对《税收征收管理法实施细则》第八章所规定的送达方式及时修改。

特别提醒，税务稽查、行政复议文书的送达，按《税收征收管理法实施细则》第八章的规定办理，不适用电子送达规定。《国家税务总局关于发布〈税务文书电子送达规定（试行）〉的公告》（2019年第39号）第八条规定："税务处理决定书、税务行政处罚决定书（不含简易程序处罚）、税收保全措施决定书、税收强制执行决定书、阻止出境决定书以及税务稽查、税务行政复议过程中使用的税务文书等暂不适用本规定。"

---

① 案件资料来源：安徽省界首市国家税务局与姜某因代位权纠纷一案二审民事判决书，中国裁判文书网（有改动），2017年10月31日。

税务文书的法定送达要求

采取直接送达、留置送达以及委托送达税务文书，税务稽查部门需填制送达回证由签收人、送达人或见证人在送达回证上记明收到日期，并签名或盖章；采取邮寄送达，以挂号函件回执代送达回证。

采取直接送达、留置送达、委托送达以及邮寄送达税务文书，执行部门在接到审理部门移送的税务处理文书后，在5个工作日内送达被查对象，遇有特殊情况无法在期限内送达的，应报经稽查局长批准；采取公告送达方式的，应在15个工作日内办理公告手续。

邮寄送达税务稽查文书，一般选择邮政企业挂号的方式。千万注意如果用快件邮寄税务稽查文书，只能交给邮政特快专递服务（EMS，在中国大陆提供该项服务的为中国邮政速递物流公司），而不能是其他快递公司。《中华人民共和国邮政法》第五十五条规定："快递企业不得经营由邮政企业专营的信件寄递业务，不得寄递国家机关公文。"《国家邮政局关于进一步加强国家机关公文寄递管理的通知》（国邮发〔2015〕1号）第一条规定："国家机关公文是指国家机关在公务活动中，按照特定的体式、经过一定的处理程序形成，用以联系事务、指导工作、处理问题的书面材料，是国家机关依法履行职责、处理公务活动的重要工具。"显然，税务稽查文书属于国家机关公文的范畴。

税务文书的送达依次采取直接送达、留置送达、委托送达、邮寄送达、公告送达等方式。《税收征收管理法实施细则》第一百零四条规定："直接送达税务文书有困难的，可以委托其他有关机关或者其他单位代为送达，或者邮寄送达。"第一百零六条规定，采用本章规定的其他送达方式无法送达的，税务机关可以公告送达税务文书。各种送达方式均用尽，手续完备，即使有诉讼发生，也可以应对自如。

例如，再审申请人沭阳金华国际贸易有限公司（以下简称沭阳金华公司）诉被申请人国家税务总局江苏省税务局税务行政复议一案，江苏省南京市中级人民法院作出（2017）苏01行初74号行政判决，驳回沭阳金华公司的诉讼请求。沭阳金华公司不服提起上诉后，江苏省高级人民法院作出（2017）苏行终1315号行政判决，驳回上诉，维持一审判决。沭阳金华公司仍不服，在法定期限内向最高人民法院申请再审。

最高人民法院认为，根据当事人提交的证据及一、二审查明的事实，原江苏省宿迁市国家税务局（以下简称原宿迁市国税局）于2014年4月9日作出的《税务事项通知书》（宿国税退通〔2014〕001号）（以下简称1号《税务事项通知书》），其工作人员于2014年4月10日前往沭阳金华公司位于沭城镇人民中路27号的住所地直接送达，因工作人员在该地址未发现沭阳金华公司，联系电话亦无法接通，未能送达。同年4月11日，原宿迁市国税局以邮寄方式向沭阳金华公司送达，收件地址为沭阳金华公司工商登记的住所地"沭阳县沭城镇人民中路27号"并注明"备用：沭阳县沭城镇工业园区纬二路中段（十字社区）""如未妥投请将邮件退回宿迁同城部，请按两地址投递"，该邮件于同年4月16日因"原址查无此人"被退回，未能妥投。原宿迁市国税局于同年4月25日在《宿迁日报》刊登税务文书送达公告，并注明了原宿迁市国税局的地址、联系人及联系方式，后来在其网站发布《关于沭阳金华国际贸易有限公司税务文书公告送达有关事项的说明》，并将1号《税务事项通知书》作为该说明的附件予以发布。根据《中华人民共和国公司登记管理条例》第二十九条第一款规定："公司变更住所的，应当在迁入新住所前申请变更登记，并提交新住所使用证明。"《税收征收管理法》第十六条规定，从事生产、经营的纳税人，税务登记内容发生变化，自工商行政管理机关办理变更登记之日起三十日内，持有关证件向税务机关申报办理变更税务登记。本案中，沭阳金华公司虽提出其住所已经变更，但至其向本院申请再审，其登记住所仍为沭城镇人民中路27号，其应自行承担未依法申请变更登记造成的法律后果，对其提出的因住所地变更造成其未收到税务法律文书及其存在关联公司接收文书等主张，本院依法不予支持。原宿迁市国税局作出的税务文书送达公告系对1号《税务事项通知书》的送达，沭阳金华公司可根据公告指引依法取得税务文书并知晓税务文书中载明的行政复议权利的相关内容，对沭阳金华公司提出的送达公告未告知行政复议相关权利的主张，本院依法亦不予支持。在此情况下，原宿迁市国税局按照其登记地址向其进行直接送达、邮寄送达，并在无法送达后以公告方式送达税务文书，原江苏省国税局作为复议机关送达合法有效，并无不当。2018年11月28日，依照《最高人民法院关于适用〈行政诉讼法〉的解释》第一百一十六条第二款的规定，《中华人民共和国最高人民法院行政裁定书》（〔2018〕最高法行申9492号）裁定如下："驳回再审申请人沭阳金华公司的再审申请。"①

若受送达人或者他的同住成年家属拒绝税务文书，破解该尴尬局面可参考《民事诉讼法》第八十六条规定："送达人可以邀请有关基层组织或者所在单位的代表到场，说明情况，在送达回证上记明拒收事由和日期，由送达人、见证人签名或者盖章，把诉讼文书留在受送达人的住所；也可以把诉讼文书留在受送达人的住所，并采用拍照、录像等方式记录送达过程，即视为送达。"

《税务行政处理决定书》《税务处罚决定书》可以于同一天送达被查对象，因为两个文书涉及的是税务机关两种不同的行政程序，针对的是不同事项，两者没有前后关系，并行不悖。

例如，2017年7月5日，福建省闽侯县国家税务局稽查局（以下简称稽查局）对福建永嘉祥矿业有限公司（以下简称永嘉祥公司）涉嫌逃避缴纳税款一案立案，次日检查人员持《税务检查通知书》下户检查。11月22日送达《税务行政处罚事项告知书》（侯国税罚告〔2017〕172号）。11月

---

① 案件资料来源：《沭阳金华国际贸易有限公司、国家税务总局江苏省税务局税务行政管理（税务）再审审查与审判监督行政裁定书》，中国裁判文书网，2019年2有26日。

24日，永嘉祥公司提交听证申请。12月7日，稽查局组织听证。此后，闽侯县国家税务局重大税务案件审理委员会研究了处罚意见。2018年1月23日稽查局作出《税务处罚决定书》（侯国税罚〔2018〕20号），次日送达永嘉祥公司。

永嘉祥公司不服，诉至福州市仓山区人民法院。永嘉祥公司认为，行政处罚应以行政处理为依据，而该行政处理未经司法确认。被告作出《税务处理决定书》（侯国税处〔2018〕2号）的同一天，就作出《税务行政处罚决定书》（侯国税罚〔2018〕20号），该《税务行政处罚决定书》没有事实依据，且程序错误，应依法予以撤销。

法院认为，本案行政处罚的事实认定虽然与之前税务机关所作的行政处理事实认定一致，但分属不同的行政程序，并行不悖。依照《行政诉讼法》第六十九条规定，2018年12月18日，《福建省福州市仓山区人民法院行政判决书》（〔2018〕闽0104行初318号）判决："驳回原告永嘉祥公司的诉讼请求。"

永嘉祥公司不服，提出上诉。依照《行政诉讼法》第八十九条第一款第（一）项规定，《福建省福州市中级人民法院行政判决书》（〔2019〕闽01行终177号）判决："驳回上诉，维持原判。"[1]

一起涉税案件往往会作出追缴税款、税务行政处罚两个不同的具体行政行为，其处罚的基础是未缴、少缴或者骗取的税款等。通常情况下，先处理再进行处罚，但这不是必经程序。

---

[1] 案件资料来源：《福建永嘉祥矿业有限公司、国家税务总局闽侯县税务局稽查局行政处罚二审行政判决书》，中国裁判文书网，2019年6月份3日。

第二节 执行决定

被查对象对送达的文书可能认真执行，缴纳相应的税款、滞纳金和罚款；也可能不执行，招致税务机关强制执行，或者申请人民法院强制执行。被执行人在限期内缴清或者稽查局依法采取强制执行措施追缴税款、滞纳金、罚款后，《税务稽查工作规程》第六十八条规定："执行部门应当制作《税务稽查执行报告》，记明执行过程、结果、采取的执行措施以及使用的税务文书等内容，由执行人员签名并注明日期，连同执行环节的其他税务文书、资料一并移交审理部门整理归档。"执行完毕，执行人员于5日内制作《税务稽查执行报告》。结案后60日仍无法完全执行税务处理、处罚决定的，执行人员制作阶段性《税务稽查执行报告》，与执行中形成的各种文书、证据、资料于60日内移交，以确保案卷装订归档，案卷归档后再形成的执行资料归入副卷。

被查对象自动执行

税务处理和处罚决定的自动履行是指被查对象按照税务机关下达的《税务处理决定书》或《税务行政处罚决定书》规定的时间，自动履行查补税款、滞纳金及罚款的解缴入库或办理退还税款等事宜。

执行中可能出现被执行人对税款、滞纳金的缴纳有疑义，提起诉讼的情形。请注意该诉讼的前置条件是复议，否则法院也不会受理。例如，昊天嘉业（北京）科技发展有限公司（以下简称昊天公司）用于申报纳税的24份增值税专用发票，经深圳市国家税务局稽查局以及该市国税局第一、第二、第四稽查局分别出具了《已证实虚开通知单》，北京市海淀区国家税务局稽查局根据《增值税暂行条例》第九条及《国家税务总局关于纳税人虚开增值税专用发票征补税款问题的公告》（2012年第33号）的规定，于2018年2月7日，作出《税务处理决定书》（海国税稽处〔2018〕68

号），决定追缴增值税394 337.36元，并按《税收征收管理法》第三十二条的规定，对上述少缴税款按日加收滞纳金。昊天公司不服，向北京市海淀区人民法院提起诉讼。

法院认为，当事人提起行政诉讼，应当符合法定的起诉条件。根据《行政诉讼法》第四十四条第二款、《税收征收管理法》第八十八条第一款的规定，纳税人与税务机关在纳税上发生争议时，申请行政复议是提起行政诉讼的前置程序。依照《行政诉讼法》第四十四条第二款、《最高人民法院关于适用〈行政诉讼法〉的解释》第六十九条第一款第（五）项的规定，同年7月24日，《海淀区人民法院行政裁定书》（〔2018〕京0108行初574号）裁定：驳回昊天公司的起诉。

昊天嘉业不服，上诉至北京市第一中级人民法院。依照《行政诉讼法》第八十九条第一款第（一）项的规定，2018年10月29日，《北京市第一中级人民法院行政裁定书》（〔2018〕京01行终910号）裁定："驳回上诉，维持一审裁定。"①

被查对象按税务处理决定和处罚决定规定的期限和方式，将查补税款、滞纳金、罚款及没收的非法所得及时足额地解缴入库后，根据《税务稽查工作规程》第六十八条规定，执行部门将税务文书、资料移交审理部门整理归档。移交时双方按规定办理执行资料的交接手续，同时，被执行人应按税务处理决定的要求，将缴库凭证的复印件连同税务稽查账务调整记录的复印件报送税务稽查执行部门，执行部门按税务稽查取证的要求收集缴库凭证的复印件及调账凭证的复印件，归入案卷存档。

《税收征收管理法》第五十一条规定："纳税人超过应纳税额缴纳的税款，税务机关发现后应当立即退还。"被查对象多申报缴纳税款的，按

---

① 《昊天嘉业（北京）科技发展有限公司与北京市海淀区国家税务局稽查局其他二审行政裁定书》，中国裁判文书网，2018年11月7日。

税务处理决定规定的期限和方式，到税收征收部门办理退库手续，或将多缴的税款抵缴应纳税款，并将税款退库凭证的复印件或抵缴税款的复印件连同税务稽查账务调整记录的复印件报送稽查局执行部门。

对于未按税务机关下达的《税务处理决定书》缴纳税款的被查对象，根据《税收征收管理法》第三十二条规定，对其未缴税款自限期缴纳期届满次日起，按日加收万分之五的滞纳金。由于横向联网电子缴税系统故障等非纳税人、扣缴义务人原因造成税款缴库不成功的，《税款缴库退库工作规程》（国家税务总局令2014年第31号）第十九条规定："对纳税人、扣缴义务人不加征滞纳金。"针对未按税务机关下达的《税务处罚决定书》缴纳罚款的被查对象，对其未缴罚款的情况按《行政处罚法》第五十一条的规定处理。

《行政强制法》第四十五条第二款规定："滞纳金的数额不得超出金钱给付义务的数额。"但是，金税工程三期征管系统不支持这个观点，欠税时间越长，带出的滞纳金就会越多，甚至远远超出所欠税款。超出本金的这部分滞纳金，如果税务机关认可不予加收，必须在系统中作出"不予加收滞纳金"的操作。有人批尚可，但一般没有人敢批。解决的方案是，要么动员企业及时缴纳，要么按《行政强制法》第四十五条的规定办理，由相关领导在金税工程三期征管系统内签署"不予加收滞纳金"的意见。

从《税收征收管理法》的规定看，加收滞纳金似乎没有上限限制，但《行政强制法》的规定显然要遵守，且两部法律均为全国人大常委会制定。《中华人民共和国立法法》第九十二条规定：同一机关制定的法律，特别规定与一般规定不一致的，适用特别规定；新的规定与旧的规定不一致的，适用新的规定。

税务机关在行政过程中，认识不到这一点，会有败诉的危险。

例如，在原告佛山市顺德区金冠涂料集团有限公司不服被告广东省国家税务局行政管理案件中，2012年11月29日，被告广东省国家税务局向原告作出《税收强制执行决定书》（粤国税稽强扣〔2012〕2号）称：根据《税收征收管理法》第四十条的规定，经广东省国家税务局局长批准，决定从2012年11月29日起从佛山市顺德区金冠涂料集团有限公司在农行佛山顺德支行的存款账户中扣缴税款2 214.86元和滞纳金3 763.04元，合计5 977.90元。同日，征收机关向原告填发了税收通用缴款书。

法院认为，《行政强制法》自2012年1月1日起施行，被上诉人于2012年11月29日作出被诉税收强制执行决定应符合该法的规定。被诉税收强制执行决定从原告的存款账户中扣缴税款2 214.86元和滞纳金3 763.04元，加处滞纳金的数额超出了金钱给付义务的数额，明显违反上述法律的强制性规定，应予以撤销。

依照《中华人民共和国行政诉讼法》第五十四条第（二）项第1目、第2目的规定，《广东省广州市中级人民法院行政判决书》（〔2013〕穗中法行初字第21号）判决：撤销被告广东省国家税务局《税收强制执行决定书》（粤国税稽强扣〔2012〕2号）。

不过，也不是所有法院都这么看。在原告吉林省德卡房地产开发有限公司扶余分公司诉被告国家税务总局扶余市税务局税务行政征收一案中，欠缴税款6 208 282.76元，对原告追缴滞纳金12 731 101.51元。法院没有认为税务行政行为有错，《吉林省扶余市人民法院行政裁定书》（〔2019〕吉0781行初6号）裁定：驳回原告的起诉。[①]

在上诉人深圳市广源机电发展有限公司因诉被上诉人国家税务总局深圳市税务局稽查局（原深圳市国家税务局稽查局）行政强制执行决定纠纷一案，不服广东省深圳市盐田区人民法院（2019）粤0308行初1836号行政

---

① 案件资料来源：《吉林省德卡房地产开发有限公司扶余分公司因税务行政征收不服扶余市人民法院行政裁定书》，中国裁判文书网，2019年6月12日。

判决，向深圳市中级人民法院提起上诉。也面临同样的问题，深圳市中级人民法院认为，《税收征收管理法》是税收征管领域的特别法，《税收征收管理法实施细则》为行政法规。被上诉人依据上述规定对上诉人作出强制执行决定，扣缴滞纳金数额超过税款数额，并不违反法律规定。① 笔者认为，这些案件的审判应该结合《行政强制法》第四十五条、《立法法》第九十二条的规定，税款滞纳金不宜超过本金。

强制执行

强制执行包括税务行政强制执行、申请人民法院强制执行。

税务行政强制执行

税务行政强制执行是指税务机关依照法律、法规赋予的权力，对依法作出的已经发生法律效力的税务处理决定，在负有义务的当事人不履行其义务时，强制其履行义务的一种行为。税务机关将处理决定书下达给被查对象，该对象为从事生产、经营的纳税人、扣缴义务人，该被查对象未按照规定的期限缴纳或者解缴税款；如果有提供纳税担保的，该纳税担保人未按照规定的期限缴纳所担保的税款；下达处理决定书的税务机关责令限期缴纳，纳税人、扣缴义务人逾期仍未缴纳，可按《税收征收管理法》第四十条的规定采取强制执行措施。

请注意这里所指的强制执行的内容除税款外，按《税收征收管理法》第四十条第二款的规定，还包括税款产生的滞纳金，按《税收征收管理法》第八十八条第三款的规定，还包括罚款。

执行行政强制，催告在前执行在后。《行政强制法》从三十五条至

---

① 案件资料来源：《深圳市广源机电发展有限公司、国家税务总局深圳市税务局稽查局税务行政管理（税务）二审行政判决书》，中国裁判文书网，2020年6月18日。

三十七条规定，行政机关作出强制执行决定前，应事先催告当事人履行义务，当事人收到催告书后有权进行陈述和申辩；经催告当事人逾期仍不履行行政决定，且无正当理由的，行政机关可以作出强制执行决定；在催告期间有证据证明有转移或者隐匿财物迹象的，行政机关可以作出立即强制执行决定。在稽查实际工作中，执行部门应注意在实施税收强制执行措施前，责令被查对象限期缴纳。

实施税务行政强制措施讲究程序以及查封、扣押规定的明确。

税务行政强制措施实施的一般程序

程序是执法的生命，程序出错，执法不免会出错，《行政强制法》第十八条规定了实施行政强制措施的一般程序。

① 实施税务行政强制措施前须向行政机关负责人报告并经批准。情况紧急需要当场实施行政强制措施的，《行政强制法》第十九条规定："行政执法人员应当在二十四小时内向行政机关负责人报告，并补办批准手续。行政机关负责人认为不应当采取行政强制措施的，应当立即解除。"

② 由两名以上行政执法人员实施行政强制措施。执法人员必须拥有行政执法资格，更不能是临时工。《行政强制法》第十七条第三款规定："行政强制措施应当由行政机关具备资格的行政执法人员实施，其他人员不得实施。"税务机关执行扣押、查封商品、货物或者其他财产时，《税收征收管理法实施细则》第六十三条规定："应当由两名以上税务人员执行。"

③ 行政执法人员出示执法身份证件。税务机关派出人员进行税务检查时，《税收征收管理法》第五十九条规定："应当出示税务检查证和税务检查通知书。"

④ 实施税务行政强制措施要通知当事人到场。《税收征收管理法实施

细则》第六十三条规定："被执行人是自然人的，应当通知被执行人本人或者其成年家属到场；被执行人是法人或者其他组织的，应当通知其法定代表人或者主要负责人到场；拒不到场的，不影响执行。"

⑤ 当场告知当事人采取行政强制措施的理由、依据以及当事人依法享有的权利、救济途径。税收保全措施属于行政强制措施，《税务稽查工作规程》第三十五条规定："稽查局采取税收保全措施时，应当向纳税人送达《税收保全措施决定书》，告知其采取税收保全措施的内容、理由及依据，并依法告知其申请行政复议和提起行政诉讼的权利。"

⑥ 听取当事人的陈述和申辩。

⑦ 制作现场笔录。

⑧ 现场笔录由当事人和行政执法人员签名或者盖章，当事人拒绝的，应在笔录中予以注明。比如，《税务稽查工作规程》第三十一条第三款规定，当事人拒绝在现场笔录上签章的，检查人员应当在笔录上注明原因；如有其他人员在场，可以由其签章证明。

⑨ 当事人不到场的，邀请见证人到场，由见证人和行政执法人员在现场笔录上签名或者盖章。

⑩ 法律、法规规定的其他程序。违法行为涉嫌犯罪应当移送司法机关的，《行政强制法》第二十一条规定："行政机关应当将查封、扣押、冻结的财物一并移送，并书面告知当事人。"

查封、扣押

查封、扣押是指对涉案场所、设施或者财物贴上封条不准动用。查封、扣押的目的在于将税款、滞纳金追缴回来。查封、扣押对象明确，使用的文书、查封扣押物的保管、查封扣押期限法定，走完相应程序实现相关目的，或者发现不属于查封、扣押对象的，应立即解除查封、扣押。

《税收征收管理法》第三十八条将冻结纳税人开户银行或者其他金融机构纳税人的金额相当于应纳税款的存款作为税收保全措施，而《行政强制法》将其作为强制执行措施，二者不一致，按《立法法》第八十三条规定特别法优于一般法的原则，税收强制执行措施只限于《税收征收管理法》第四十条规定的两个措施。

① 查封、扣押的前提。税务机关对税款、滞纳金的强制执行，其前提是从事生产、经营的纳税人、扣缴义务人满足《税收征收管理法》第四十条的规定。注意不得对非从事生产、经营者实施查封、扣押，否则一旦诉讼，会有败诉的危险；注意破产管理人、村民委员会不是从事生产、经营的纳税人，不得从其账户查封、扣押税款；破产重整前税款及滞纳金等，也不在查封、扣押之列。

承接第一章第1个案例，福清地税局、稽查分局不服，向福州市中级人民法院提出上诉。

2003年11月20日福州市中级人民法院作出（2003）榕行终字第174号行政判决：撤销福清市人民法院（2003）融行初字第15号行政判决；驳回被上诉人海瑶村委会的诉讼请求。

海瑶村委会不服，向检察机关提出申诉。2004年7月29日，福建省人民检察院以闽检行抗（2004）3号行政抗诉书向省高级人民法院提出抗诉，抗诉理由：福州市中级人民法院终审判决认定福清地税局对海瑶村委会采取的税收强制执行措施合法，适用法律错误。根据《税收征收管理法》第四十条的规定，税务机关采取税收强制执行措施的对象要区分"从事生产、经营的纳税人、扣缴义务人"和"不从事生产、经营的纳税人、扣缴义务人"，税务机关对前者可以采取强制执行措施，但对后者无权采取税收保全措施和强制执行措施。根据《中华人民共和国村民组织法》第二条规定："村民委员会是村民自我管理、自我教育、自我服务的基层群众性自治组织。"村民委员会不从事生产、经营活动，不属于税务机关采取税收保全措施和强制执行措施的对象。福清地税局直接对海瑶村委会采取税收强制执行措施缺乏法律依据，超越了职权范围，是无效的行政行为，应予以撤销。

福建省高级人民法院受理抗诉后，指令福州市中级人民法院再审。2005年3月3日，福州市中级人民法院作出（2004）榕行再终字第7号行政判决：稽查分局将海瑶村委会作为强制执行税款的对象，从海瑶村委会银行账户内强行划缴税款15万元，属超越职权的行政行为，侵犯了海瑶村委会的合法权利。判决撤销福州市中级人民法院（2003）榕行终字第174号行政判决；维持福清市人民法院（2003）融行初字第15号行政判决，即撤销福清地税局、稽查分局对海瑶村委会作出的税务强制执行措施，退还海瑶村委会被强行扣划的15万元。[①]

税务机关扣缴破产重整企业重整前税款及滞纳金的行为违法。税务机关追缴欠税时，要遵守相关法律规定，尤其是对于破产重整企业。经人民法院裁定，批准的重整计划对于接盘人十分重要，因为资金的投入是经过周密策划过的。《中华人民共和国企业破产法》（以下简称《企业破产法》）第九十二条规定："经人民法院裁定批准的重整计划，对债务人和全体债权人均有约束力。债权人未依照本法规定申报债权的，在重整计划执行期间不得行使权利；在重整计划执行完毕后，可以按照重整计划规定的同类债权的清偿条件行使权利。"

例如，在原告浙江银杭建设有限公司（下简称银杭公司）诉被告国家税务总局温州市洞头区税务局（下简称洞头税务局）、第三人陈某吉、林某丽税务行政强制及行政赔偿一案中，银杭公司系破产重整后新的公司，

---

① 案件资料来源：《福建省福清市三山镇海瑶村委会诉福清市地方税务局、福清市地方税务局稽查分局税务强制执行措施纠纷抗诉案》，税收法务博客http://blog.sina.com.cn/u/1160835105《税务机关能否直接从村委会的银行账户上强行划扣其应缴的税款？》，2018年10月16日。

破产重整时其重整计划已经温州市洞头区人民法院裁定批准，明确未受偿债权今后不得向转让后的新公司主张偿还，洞头税务局向银杭公司扣缴破产重整前税款及滞纳金的行为与该法及法院生效的裁定相抵触。况且，洞头税务局在已向破产管理人申报债权等待财产清偿分配的情况下，又向重整后的银杭公司扣缴税款及滞纳金，并且扣缴税款及滞纳金后也没有撤回债权申报，其行为显然与情理不符、与法律相悖。

由于被告洞头税务局的行政行为属于已经发生的事实行为，不具有可撤销内容。依照《行政诉讼法》第七十四条第二款第（一）项、第七十六条，《国家赔偿法》第二条、第三十六条第（七）项的规定，《浙江省温州市洞头区人民法院行政判决书》（〔2018〕浙0305行初29号）判决：确认被告洞头税务局向原告银杭公司扣缴税款及滞纳金2 008 922.64元的强制执行行为违法；责令被告洞头区税务局于本判决生效之日起十日内返还原告银杭公司2 008 922.64元并赔偿利息损失（以2 008 922.64元为基数，按中国人民银行同期存款利率从起诉之日起算至款项还清之日止）。[①]

本案中，洞头税务局已向破产管理人申报债权等待财产分配已经尽到责任，没必要也不可以向银杭公司扣缴税款及滞纳金。

税务机关实施查封、扣押由法定税务机关实施。《行政强制法》第二十二条规定："查封、扣押应当由法律、法规规定的行政机关实施，其他任何行政机关或者组织不得实施。"《税收征收管理法》第四十一条规定，本法第四十条规定的采取强制执行措施的权力，不得由法定的税务机关以外的单位和个人行使。

执行环节与检查环节采用强制措施的前提不同。《税收征收管理法》第三十七条的规定，稽查局不适用。通常是税源管理部门，日常管征时对未按照规定办理税务登记的从事生产、经营的纳税人以及临时从事经营的

---

① 案例资料来源：《浙江银杭建设有限公司与国家税务总局温州市洞头区税务局税务行政管理（税务）一审行政判决书》，中国裁判文书网，2019年12月17日。

纳税人，由税务机关核定其应纳税额时采用。

②查封、扣押的对象。涉税案件证据收集时，查封、扣押的对象只能涉及税收案件场所、设施或者财物。《行政强制法》第二十三条第一款规定："查封、扣押限于涉案的场所、设施或者财物，不得查封、扣押与违法行为无关的场所、设施或者财物。"税法上查封、扣押的其他财产，《税收征收管理法实施细则》第五十九条第一款规定："包括纳税人的房地产、现金、有价证券等不动产和动产。"

涉案的场所、设施、财物或者其他财产不得重复查封。《行政强制法》第二十三条第二款规定："当事人的场所、设施或者财物已被其他国家机关依法查封的，不得重复查封。"

公民个人生活必需品不得查封、扣押。《行政强制法》第二十三条第一款规定："不得查封、扣押公民个人及其所扶养家属的生活必需品。"个人及其所扶养家属维持生活必需的住房和用品，《税收征收管理法》第三十八条第三款规定："不在查封、扣押范围之内。"机动车辆、金银饰品、古玩字画、豪华住宅或者一处以外的住房，《税收征收管理法实施细则》第五十九条第二款规定："不属于个人及其所扶养家属维持生活必需的住房和用品。"个人所扶养家属，《税收征收管理法实施细则》第六十条规定："是指与纳税人共同居住生活的配偶、直系亲属以及无生活来源并由纳税人扶养的其他亲属。"

单位价值小的财物不在查封、扣押的之列。《税收征收管理法实施细则》第五十九条第三款规定，税务机关对单价5 000元以下的其他生活用品，不采取查封、扣押措施。

查封、扣押涉案场所、设施或者财物的价值与应纳税款相当。《税收征收管理法》第三十八条第一款第（二）项规定："扣押、查封纳税人的价值相当于应纳税款的商品、货物或者其他财产。"商品、货物或者其他财产价值的确定，《税收征收管理法实施细则》第六十四条规定，参照同类商品的市场价、出厂价或者评估价估算。同时，还应当包括滞纳金和拍卖、变卖所发生的费用。当然，对价值超过应纳税额且不可分割的商品、货物或者其他财产，税务机关在纳税人、扣缴义务人或者纳税担保人无其他可供强制执行的财产的情况下，《税收征收管理法实施细则》第六十五条规定："可以整体扣押、查封。"

③ 查封、扣押的文书。行政机关实施查封、扣押需要下达决定书，并交付清单。《行政强制法》第二十四条规定，制作并当场交付查封、扣押决定书和清单。查封、扣押决定书应当载明：当事人的姓名或者名称、地址；查封、扣押的理由、依据和期限；查封、扣押场所、设施或者财物的名称、数量等；申请行政复议或者提起行政诉讼的途径和期限；行政机关的名称、印章和日期。查封、扣押清单一式二份，由当事人和行政机关分别保存。《税收征收管理法实施细则》第四十七条规定，税务机关查封商品、货物或者其他财产时，必须开付清单。《税务稽查工作规程》第三十五条第三款规定："采取查封商品、货物或者其他财产措施时，应当填写《查封商品、货物或者其他财产清单》，由纳税人核对后签章。"

税务机关实施扣押时，还应开具专用收据。《税收征收管理法实施细则》第四十七条规定："税务机关扣押商品、货物或者其他财产时，必须开付收据。"《税务稽查工作规程》第三十五条第三款规定："采取扣押纳税人商品、货物或者其他财产措施时，应当出具《扣押商品、货物或者其他财产专用收据》，由纳税人核对后签章。"

税务机关采取查封、扣押有产权证件的动产或者不动产措施时，通知产权交易部门不得办理过户手续。《税务稽查工作规程》第三十五条第四款规定："应当依法向有关单位送达《税务协助执行通知书》，通知其在查封、扣押期间不再办理该动产或者不动产的过户手续。"

④查封、扣押的场所、设施或者财物的保管。被查封、扣押的场所、设施或者财物的保管人包括行政机关、第三人和被执行人（当事人），《行政强制法》第二十六条规定，对查封、扣押的场所、设施或者财物，行政机关应当妥善保管，也可以委托第三人保管。实施扣押、查封时，对有产权证件的动产或者不动产，《税收征收管理法实施细则》第六十六条规定："税务机关可以责令当事人将产权证件交税务机关保管。"对查封的商品、货物或者其他财产，《税收征收管理法实施细则》第六十七条规定："税务机关可以指令被执行人负责保管。"

⑤查封、扣押的期限。《行政强制法》规定查封、扣押的期限在三十日以内，情况复杂的掌握在六十日以内。《行政强制法》第二十五条规定，查封、扣押的期限不得超过三十日；情况复杂的，行政机关负责人批准，可以延长，但是延长期限不得超过三十日。对物品需要进行检测、检验、检疫或者技术鉴定的，查封、扣押的期间不包括检测、检验、检疫或者技术鉴定的期间。

税法规定查封、扣押的期限为六个月，比《行政强制法》规定的期限更长，应按税法规定执行。《行政强制法》第二十五条第一款规定："法律、行政法规另有规定的除外。"《税收征收管理法实施细则》第八十八条规定，依照《税收征管法》第五十五条规定，税务机关采取查封、扣押的期限一般不得超过6个月；重大案件需要延长的，应当报国家税务总局批准。逐级报请国家税务总局批准的情形，《税务稽查工作规程》第三十八条明确，案情复杂在税收保全期限内确实难以查明案件事实；被查对象转移、隐匿、销毁账簿、记账凭证或者其他证据材料；被查对象拒不提供相关情况或者以其他方式拒绝、阻挠检查；解除税收保全措施可能使纳税人转移、隐匿、损毁或者违法处置财产，从而导致税款无法追缴。

⑥解除查封、扣押决定。解除查封、扣押决定的情形，按《行政强制法》第二十八条第一款规定包括以下几点。一是当事人没有违法行为。二

是查封、扣押的场所、设施或者财物与违法行为无关。三是行政机关对违法行为已经作出处理决定不再需要查封、扣押。四是查封、扣押期限已经届满。五是其他不再需要采取查封、扣押措施的情形等。比如，纳税人在税务机关采取查封、扣押后，按照税务机关规定的期限缴纳税款，即解除查封、扣押措施。《税收征收管理法实施细则》第六十八条规定，税务机关应当自收到税款或者银行转回的完税凭证之日起1日内解除查封、扣押。《税务稽查工作规程》第三十六条规定，纳税人已按履行期限缴纳税款的，或者查封、扣押措施被复议机关决定撤销的，或者查封、扣押措施被人民法院裁决撤销的，或者其他法定应当解除查封、扣押措施的，稽查局应当依法及时解除查封、扣押措施。

解除查封、扣押措施应退还财物或者给当事人一定的补偿。《行政强制法》第二十八条第二款规定："解除查封、扣押应当立即退还财物；已将鲜活物品或者其他不易保管的财物拍卖或者变卖的，退还拍卖或者变卖所得款项。变卖价格明显低于市场价格，给当事人造成损失的，应当给予补偿。"

解除查封、扣押措施使用相应文书。《税务稽查工作规程》第三十七条规定，解除查封、扣押措施时，应当向纳税人送达《解除税收保全措施通知书》，告知其解除查封、扣押措施的时间、内容和依据，并通知其在限定时间内办理解除查封、扣押措施的有关事宜。相应文书包括采取冻结存款措施的，向冻结存款的纳税人开户银行或者其他金融机构送达《解除冻结存款通知书》解除冻结；采取查封商品、货物或者其他财产措施的，解除查封并收回《查封商品、货物或者其他财产清单》；采取扣押商品、货物或者其他财产的，予以返还并收回《扣押商品、货物或者其他财产专用收据》；查封、扣押措施涉及协助执行单位的，向协助执行单位送达《税务协助执行通知书》，通知解除查封、扣押措施的相关事项。

⑦ 查封、扣押发生相关费用由行政机关承担。对查封、扣押物品需要

进行检测、检验、检疫或者技术鉴定的，《行政强制法》第二十五条第三款规定："检测、检验、检疫或者技术鉴定的费用由行政机关承担。"第二十六条第三款规定："因查封、扣押发生的保管费用由行政机关承担。"

⑧ 赔偿责任。《行政强制法》第二十六条规定，对查封、扣押的场所、设施或者财物，行政机关应当妥善保管，不得使用或者损毁；造成损失的，应当承担赔偿责任。因第三人的原因造成的损失，行政机关先行赔付后，有权向第三人追偿。税法中也明确规定，税务机关滥用职权违法采取查封、扣押措施，或者采取查封、扣押措施不当，使纳税人、扣缴义务人或者纳税担保人的合法权益遭受损失，《税收征收管理法》第四十三条规定："依法承担赔偿责任。"纳税人在限期内已缴纳税款，《税收征收管理法》第三十九条规定，税务机关未立即解除查封、扣押措施，使纳税人的合法利益遭受损失的，税务机关应当承担赔偿责任。

实施税收强制措施应注意的问题

第一，对大额税款、滞纳金、罚款入库，可约定在前执行在后。《行政强制法》第四十二条规定，实施行政强制执行，行政机关可以在不损害公共利益和他人合法权益的情况下，与当事人达成执行协议。执行协议可以约定分阶段履行，当事人不履行执行协议的，行政机关应当恢复强制执行。《全国人大常委会法工委对行政处罚加处罚款能否减免问题的意见》（法工办发〔2019〕82号）认为，"实施行政强制执行"包括行政机关自行强制执行，也包括行政机关申请法院强制执行。人民法院受理行政强制执行申请后，行政机关不宜减免加处的罚款。

在稽查实践中，如遇有应补税款、滞纳金、罚款数额较大，被查对象在限期内足额缴纳有实际困难的，可以由被查对象提出申请，制订分期缴纳计划，经税务机关同意后分期缴纳。

第二，税收强制执行措施第一项优于第二项考虑。税收强制执行措施第一项是书面通知其开户银行或者其他金融机构从其存款中扣缴税款，本措施在被查对象在银行或其他金融机构中有存款时比较有效。第二项扣押、查封、拍卖或变卖其价值相当于应纳税款的商品、货物或者其他财产，以拍卖或变卖所得抵缴税款。第二项措施通常是在第一种办法无效，或者当事人在银行存款不足以扣缴的情况下采用。

为何税收强制执行措施第一项优于第二项？

情况一，被查对象仍在生产、经营。根据《税收征收管理法》第五十四条第一款第（四）项规定，凭《检查存款许可证明》查询被查对象在银行或者在其他金融机构的存款账户或者涉嫌案件人员的储蓄存款。

当确认被查对象有足够的资金时，依照《行政强制法》第四十七条、《税收征收管理法》第四十条、《税务稽查工作规程》第六十六条规定的程序，制作法律文书和送达回证，从其存款中扣缴税款。

当确认被查对象资金不足，但有可供执行的商品、货物和其他财产时，依照扣缴税款的法定程序，先从其存款中扣缴，不足部分依照《行政强制法》第四十八条、《税收征收管理法》第四十条、《税务稽查工作规程》第六十七条规定的程序，制作法律文书和送达回证，予以拍卖或者变卖抵缴税款、滞纳金、罚款，同时，对拍卖或者变卖所得抵缴税款、滞纳金、罚款和拍卖、变卖费用后，尚有剩余的财产或者无法进行拍卖、变卖的财产办理退还手续。《中华人民共和国企业破产法》（以下简称《破产法》）第十九条规定："人民法院受理破产申请后，有关债务人财产的保全措施应当解除，执行程序应当中止。"也就是说，人民法院已经受理或者正在办理的破产案，税务机关不得实施拍卖或者变卖以及其他的行政强制措施。

被查对象既无银行存款又无可供执行的商品、货物或其他财产，对其资金、财产、经营情况跟踪了解，一旦发现有可供执行的财产，立即按法定程序采取强制执行措施。

情况二，被查对象倒闭或法定代表人、负责人走逃。依照《税收征收管理法》有关规定，依法查询被查对象在银行或者其他金融机构的存款账户或者案件涉嫌人员的储蓄存款；依法查核被查对象可供执行的商品、货物或其他财产以及第三方债权；根据被查对象的不同性质取得其存款、其他动产、不动产、第三方债权证据。根据取证情况分别按法定程序采取强制执行措施，或者取得工商部门证明，写出查看现场报告，列入欠税管理。

申请人民法院强制执行

申请人民法院强制执行是指人民法院对税务机关依法作出的已经发生法律效力的税务处罚决定，在负有义务的当事人不履行其义务时，强制其履行义务的一种行为。

申请人民法院强制执行的前提是"三不"。当事人对税务机关的处罚决定逾期不申请行政复议，也不向人民法院起诉、又不履行的，《税收征收管理法》第八十八条第三款规定，作出处罚决定的税务机关可以申请人民法院强制执行。《税务稽查工作规程》第六十四条明确，申请人民法院强制执行应经稽查局所属税务局局长批准。

不过，《行政强制法》第五十三条规定，没有行政强制执行权的行政机关可以按规定申请人民法院强制执行。税务机关有强制执行权的，按照《行政强制法》的规定不得申请人民法院强制执行。由此可见，《税收征收管理法》与《行政强制法》的规定有冲突，但这两部法律制定机关均为全国人大常委会，按《立法法》第八十三条规定特别法优于一般法的原则，税务机关可以按《税收征收管理法》的规定申请人民法院强制执行。

例如，2018年6月8日，国家税务总局北京市税务局第三稽查局对被执行人代某送达《税务处理决定书》（京地税三稽处〔2018〕35号），并向法院申请执行。依据《最高人民法院关于适用〈行政诉讼法〉的解释》第一百六十条第二款规定，《北京市海淀区人民法院行政裁定书》（〔2019〕京0108行审18号）裁定：准予强制执行补缴个人所得税49 677 340.08元，本裁定送达后立即生效。

申请归申请，人民法院未必全都受理。有的法院一听是税务机关申请强制执行，门都不让进；有的走程序的过程中被驳回申请。

例如，2015年1月12日，黑龙江省黑河市国家税务局稽查局（以下简称稽查局）作出黑市稽国税处〔2015〕1号税务行政处罚决定：对黑河市锦程经贸有限公司（以下简称锦程公司）处以罚款共计41 213.65元。后来锦程公司不服该处罚决定，向黑河市爱辉区人民法院提起行政诉讼，法院作出（2015）爱行初字第6号行政判决：驳回锦程公司的诉讼请求。锦程公司不服爱辉区人民法院作出的判决提起上诉，黑河市中级人民法院作出（2015）黑中行终字第26号行政裁定：裁定撤销爱辉区人民法院（2015）爱行初字第6号行政判决，发回重审。爱辉区人民法院另行组成合议庭后作出（2016）黑1102行初7号行政判决：驳回锦程公司的诉讼请求。后锦程公司再次提起上诉，黑河市中级人民法院作出（2016）黑11行终62号行政判决：驳回上诉，维持原判。2017年8月23日，爱辉区人民法院收到稽查局提交的申请强制执行申请书，申请法院强制执行其于2015年1月12日对锦程公司作出的黑市稽国税处〔2015〕1号税务行政处罚决定中的罚款41 213.65元。

爱辉区人民法院认为，行政强制执行由法律设定。法律没有规定行政机关强制执行权的，作出行政决定的行政机关应当申请人民法院强制执行。爱辉区人民法院作出的（2016）黑1102行初7号行政判决，驳回了锦程公司的诉讼请求且该判决已生效，因法律已授予稽查局强制执行权，故其作出的税务行政处罚决定应由稽查局自行执行。

依照《行政诉讼法》第九十七条、《行政强制法》第十三条第二款、第五十六条第二款的规定，《黑河市爱辉区人民法院行政裁定书》（〔2017〕黑1102行初17号）裁定：对稽查局的强制执行申请，本院不予受理。①

人民法院对税款可能全部执行也可能部分执行。比如，国家税务总局北京市税务局第三稽查局向北京市海淀区人民法院，申请执行刘某个人股权转让应补缴个人所得税26 932 235.57元。2019年1月25日，《北京市海淀区人民法院行政裁定书》（〔2019〕京0108行审19号）裁定："准予执行。"执行211 246元后，法院认为："未发现被执行人其他可供执行的财产线索。申请执行人亦不能向本院提供被执行人可供执行的其他财产线索，本院已将被执行人刘亮列入限制高消费名单，目前该案不具备继续执行的条件。"《北京市海淀区人民法院执行裁定书》（〔2019〕京0108执10830号）裁定："终结本次执行程序。"②

值得注意的是，《税务稽查工作规程》第六十二条规定，被执行人未按照《税务处理决定书》确定的期限缴纳或者解缴税款的，稽查局经所属税务局局长批准，依法申请人民法院强制执行。在《税收征收管理法》及其实施细则中找不到依据，况且，《行政强制法》第五十三条规定，没有行政强制执行权的行政机关可以按规定申请人民法院强制执行。税务机关有强制执行权，所以《税务稽查工作规程》第六十二条的规定不当。

受理税务机关申请强制执行的法院，为被处理的对象所在地或者不动产所在地有管辖权的人民法院。申请前税务机关要进行催告，《行政强制法》第五十四条规定："行政机关申请人民法院强制执行前，应当催告当

---

① 案例资料来源：《黑河市国家税务局稽查局与黑河市锦程经贸有限公司一审行政裁定书》，中国裁判文书网（有改动），2017年10月26日。

② 案件资料来源：国家税务总局北京市税务局第三稽查局与刘某补缴个人所得税一审行政裁定书，中国裁判文书网（有改动），2019年5月5日。

事人履行义务。催告书送达十日后当事人仍未履行义务的，行政机关可以向所在地有管辖权的人民法院申请强制执行；执行对象是不动产的，向不动产所在地有管辖权的人民法院申请强制执行。"

税务机关申请人民法院强制执行，依照《行政强制法》第五十三条的规定："自期限届满之日起三个月内"提出。所需要的材料和办理手续，按《行政强制法》第五十五条的规定提供和执行。曾经有一个国税稽查局找到当地人民法院，申请强制执行，法院一看已是三年前的案子，自然无法受理。

值得注意的是，法院判决后又有溯及以往的新文件，如何处理？既然走法律程序，就应该按程序走到底，不可半途而废。一些新的因素要考虑，但维护法律尊严，维护法院威信，是执法者最起码的理念和操守。

例如，2012年7月18日，梅某与叶某龙、蒋某琴签订房地产转让协议，购买叶某龙、蒋某琴所拥有的浙江省衢州市丹桂小区19幢××号房屋。同年7月19日，梅某以本人名义及原户主叶某龙、蒋某琴名义到衢州市地方税务局直属分局（以下简称直属分局）缴纳税款。本案中，税务机关征收营业税的主要依据是《财政部 国家税务总局关于调整个人住房转让营业税政策通知》（财税〔2011〕12号）。

2013年6月24日，梅某不服税务机关的征税行为，向衢州市柯城区人民法院提起行政诉讼，同年7月26日法院受理。同年10月23日，《衢州市柯城区人民法院行政判决书》（〔2013〕衢柯行初字第21号）判决：驳回原告梅某要求确认被告直属分局征收营业税行为违法，并判令其退回普通住房全额营业税23 718.97元的诉讼请求。①

在案件审理和法院作出判决期间，《财政部 国家税务总局关于职业

---

① 案件资料来源：梅某与衢州市地方税务局直属分局一审行政判决书，中国裁判文书网（有改动），2013年10月23日。

教育等营业税若干问题的通知》（财税〔2013〕62号）下发，该文件第二条规定："对个人销售自建自用住房，免征营业税。"该文件下发时间为2013年9月25日，却要求从2011年1月1日起执行。这让直属分局很犯难，一方面是法院的判决不能退税，另一方面是财政部、国家税务总局新的规范性文件可以免。怎么办？笔者认为，执行前者更合适，体现依法办事。生前长期担任哈佛大学法学教授的哈罗德•J•伯尔曼（Harold•J•Berman）认为："法律必须被信仰，否则形同虚设。"法院的判决不执行，法律的威信就没有了。

据报道，直属分局在胜诉后，选择了后者，向梅某办理了营业税及相关附加的退税23 718.94元。该案以税务机关虽胜诉但纠正原行政行为告终。此案警示我们：财政部、国家税务总局出台的文件执行时间不要随意向前追溯，否则会造成基层税务机关执行难。

税务机关对法院的财产处置有异议，可以提出书面异议，让法院裁定。《民事诉讼法》第二百二十七条规定："执行过程中，案外人对执行标的提出书面异议的，人民法院应当自收到书面异议之日起十五日内审查，理由成立的，裁定中止对该标的的执行；理由不成立的，裁定驳回。"案外人不是泛指除当事人以外的其他一切人，而是专指除当事人以外，其法律上的权益因执行行为而可能受到侵害的人，即与执行标的有利害关系的人，包括公民、法人以及其他组织。此类人不参与案件，但是与案件的判决有利益关系的第三人。

当税务机关成为案外人时，书面异议在法院实施抵偿执行行为之后提出无效。

例如，湖北省襄阳市中级人民法院受理的申请执行人吴某、陈某林与被执行人王某霖、尚某功、万某、陈某、洛阳亿基房地产开发有限公司（以下简称亿基房地产公司）执行一案中，案外人国家税务总局洛阳市吉利区税务局（以下简称吉利区税务局）向法院提出异议。吉利区税务局认为，被执行人亿基房地产公司存在大量欠税未缴，根据法律规定，税收应优先予以支付；申请执行人吴某、陈某林对亿基房地产公司所欠税款明知且负有责任；人民法院应协助税务机关优先扣付欠税；请求撤销（2018）鄂06执241号之三执行裁定书，支持异议人的请求。

法院认为异议人吉利区税务局，既非本案的申请执行人和被执行人，也不属于法律规定的利害关系人，未在法院实施抵偿行为前对被执行人享有任何债权，不属于法律规定的当事人、利害关系人，无权就本院实施抵偿的执行行为提出异议。依照《民事诉讼法》第二百二十五条，《最高人民法院关于人民法院办理执行异议和复议案件若干问题规定》第十六条、第十七条第一款的规定，《湖北省襄阳市中级人民法院执行裁定书》（〔2019〕鄂06执异14号）裁定如下："驳回吉利区税务局异议。"①

拍卖中可能出现前次交易中欠缴的税费，税务机关应该与法院密切配合，从拍卖款项中依法缴付。

前次交易中欠缴的税费，应该由欠缴税费的人负担。实在执行不了时，人民法院应协助税务机关从拍卖款项中依法缴付。《税收征收管理法》第四十五条规定："税务机关征收税款，税收优先于无担保债权，法律另有规定的除外；纳税人欠缴的税款发生在纳税人以其财产设定抵押、质押或者纳税人的财产被留置之前的，税收应当先于抵押权、质权、留置权执行。"《国家税务总局关于人民法院强制执行被执行人财产有关税收问题的复函》（国税函〔2005〕869号）第四条意见：鉴于人民法院实际控制纳税人因强制执行活动而被拍卖、变卖财产的收入，应当协助税务机关依法优先从该收入中征收税款。

---

① 案件资料来源：国家税务总局洛阳市吉利区税务局、吴某执行审查类执行裁定书，中国裁判文书网（有改动），2019年3月26日。

被执行人在前次交易中欠缴的税费并非本次交易过程中所产生，不应由买受人承担。《最高人民法院关于人民法院网络司法拍卖若干问题的规定》（法释〔2016〕18号）第三十条规定："因网络司法拍卖本身形成的税费，应当依照相关法律、行政法规的规定，由相应主体承担；没有规定或者规定不明的，人民法院可以根据法律原则和案件实际情况确定税费承担的相关主体、数额。"法院也不能简单地要求买受人。

例如，王某与仪征市刘集镇惠民农贸市场有限公司、黄某进、郭某民间借贷纠纷一案，扬州仲裁委员会于2014年3月17日作出（2013）扬仲裁字第421号裁决：刘集农贸市场应偿还王某欠款900万元并支付利息，黄某进、郭某对该还款义务承担连带清偿责任。2014年6月6日，扬州中级法院立案执行后，查封被执行人名下的房地产。2017年12月12日，法院通过扬州市物价局价格询价中心平台确定郭某位于扬州市公元一号A8幢201室房产估值为1 509 554.76元，并通过淘宝网司法拍卖平台拍卖。2018年1月17日，赵某轶以217万元竞买成功。在规定时间内全额支付了拍卖款，同年2月11日取得（2015）扬执恢字第023号执行裁定书。

但在办理房产过程中，发现郭某在当初购房时欠契税未缴纳，与经办法官沟通，经办法官以"竞买公告第六条：交易过程中所产生的一切税费由买受人承担"为由，强行要求其承担郭某购房时所欠契税。出卖人所欠契税并非本次交易过程中所发生的税费，应该由郭某承担，且在"大家问"中均未提及出卖人初次购房时所欠缴的契税，故请求重新认定，将拍卖款优先缴纳郭某购房契税。

赵某轶向扬州中级法院提起诉讼，依据《中华人民共和国民事诉讼法》第二百二十五条、《最高人民法院关于人民法院办理执行异议和复议案件若干问题的规定》第十七条第一项的规定，江苏省扬州市中级人民法院（2018）苏10执异7号裁定，驳回赵某轶的异议请求。

赵某轶不服，向江苏省高级人民法院申请复议。法院认为，复议申请人赵某轶提出的复议请求有事实和法律依据。按照《最高人民法院关于人民法院办理执行异议和复议案件若干问题的规定》第二十三条第一款第（二）项规定，《江苏省高级人民法院执行裁定书》（〔2018〕苏执复113号）：撤销江苏省扬州市中级人民法院（2018）苏10执异7号执行裁定，被执行人在前次交易行为中的欠税从拍卖款中依法缴付。[①]

其他法定措施的执行

其他法定措施是指除了上述被查对象自动执行、税务行政强制执行、人民法院强制执行以外，《税收征收管理法》规定的其他措施的执行，包括阻止欠税人出境、依法行使代位权、撤销权、参与破产企业的财产分配和其他联合惩戒措施等。

阻止欠税人出境

阻止欠税人出境是指税务机关对欠缴税款、滞纳金、罚款不提供纳税担保的纳税人及其法定代表人，依法通知出入境管理机关阻止其出境的行为。《税收征收管理法》第四十四条规定："欠缴税款的纳税人或者他的法定代表人需要出境的，应当在出境前向税务机关结清应纳税款、滞纳金或者提供担保。未结清税款、滞纳金，又不提供担保的，税务机关可以通知出境管理机关阻止其出境。"

阻止欠税人出境的办法主要是《国家税务总局 公安部关于印发〈阻止欠税人出境实施办法〉的通知》（国税发〔1996〕215号）、《国家税务总局关于认真贯彻执行阻止欠税人出境实施办法的通知》（国税发〔1996〕216号），这两份文件的主要依据是《税收征收管理法》（主席令1995年第42

[①] 案件资料来源：赵某轶、王某与仪征市刘集镇惠民农贸市场有限公司、黄某进等民间借贷纠纷执行裁定书（有改动），2018年12月19日。

号）、《税收征收管理法实施细则》（国务院令1993年第123号）。《税收征收管理法》经过2001年、2013年两次修改后，已经大不相同，但是国税发〔1996〕215号、216号这两个文件还没有修改，仍可以使用。《国家发展和改革委员会 国家税务总局等21部门关于印发〈关于对重大税收违法案件当事人实施联合惩戒措施的合作备忘录〉的通知》（发改财金〔2014〕3062号）第二条第（二）项对此作了强调。

阻止出境的对象，按国税发〔1996〕215号文件规定，包括欠缴税款的自然人本人，法人单位的法定代表人，其他经济组织的负责人等。

原则上个人欠税3万元以上，企业欠税20万元以上，方可函请公安边防部门实施边控。阻止出境由县级以上（含）税务机关填写《阻止欠税人出境布控申请表》，报省、自治区、直辖市税务机关审核批准，由审批机关填写《边控对象通知书》，函请同级公安厅（局）办理边控手续，已移送人民法院审理的欠税人由人民法院依照法律的规定处理。

被控对象已结清阻止出境时欠缴的全部税款，已向税务机关提供欠缴税款的担保，欠税对象已依法宣告破产并依《中华人民共和国破产法》（以下简称《破产法》）程序清偿终结等情形，由申请布控的税务机关填写《阻止欠税人出境撤控申请表》报省级税务机关审批，审批税务机关填写《阻止欠税人出境撤控通知书》送同级公安厅、局办理撤控手续。边防检查站阻止欠税人出境的期限一般为一个月，对控制期限逾期时边防检查站可自动撤控。

例如，2017年三亚某投资公司被税务稽查部门立案查处，补缴税款501万元，处以罚款122万元。2018年7月，公司法定代表人鲁某在珠海拱北口岸出境时被海关限制出境，紧接着鲁某筹措资金将所欠税款、滞纳金、罚款缴清。①

---

① 案件资料来源：《税务总局公布2起"黑名单"联合惩戒典型案例》，中国税务报，2019年4月24日。

依法行使代位权

代位权是指当债务人怠于行使其对第三人享有的权利,致使其财产应能增加而不增加,从而危及债权人债权的实现时,债权人可以以自己的名义代位行使债务人对第三人的权利。《税收征收管理法》第五十条规定:"欠缴税款的纳税人因怠于行使到期债权,或者放弃到期债权,或者无偿转让财产,或者以明显不合理的低价转让财产而受让人知道该情形,对国家税收造成损害的,税务机关可以依照合同法第七十三条、第七十四条的规定行使代位权。"

债权人依照合同法第七十三条的规定提起代位权诉讼,应当符合条件,《最高人民法院关于适用〈中华人民共和国合同法〉(以下简称〈合同法〉)若干问题的解释(一)》(〔1999〕19号)第十一条规定,债权人对债务人的债权合法;债务人怠于行使其到期债权,对债权人造成损害;债务人的债权已到期;债务人的债权不是专属于债务人自身的债权等。

代位权的行使必须通过诉讼程序,代位权的行使范围应以债权人的债权为限。如果代位权行使的结果已足以保全债权人自己的债权,则不能就债务人的其他权利行使代位权,债权人行使代位权的必要费用由债务人负担。

税务机关在申请代位权时,不免除纳税人尚未履行的义务。即在向申请法院行使代位权的同时,可采取包括对其财产在内的税收保全和强制执行措施;税务机关的债权就是纳税人欠缴的税款和滞纳金。

例如,浙江嘉得莱控股集团股份有限公司(以下简称嘉得莱公司)自2006年9月至2008年2月28日在安徽省界首市租赁经营原安徽沙河酒厂和随后购买安徽沙河酒厂破产资产经营期间,共偷逃税费2 227.42万元。为此,安徽省界首市国家税务局先后作出《税务处理决定书》(界国税处〔2010〕0701号)、《税务行政处罚事项告知书》(界国税罚告〔2010〕

0701号）、《税务行政处罚决定书》（界国税罚〔2010〕0701号），分别于2010年8月4日、9月16日将文书在《浙江日报》刊登，以公告方式送达。公告期满后，嘉得莱公司没有在法定期限内申请复议，也没有履行处罚决定。2008年4月2日嘉得莱公司与姜某签订股权转让协议，约定将其40%的股权以一比一的价格转让给姜某，共计2 640万元，于2008年4月30日前支付1 000万元，同年12月31日前支付640万元，2010年12月1日前支付500万元，2012年12月31日前支付500万元，协议自签字之日起生效。该协议签订不久，姜某因安徽沙河酒业有限公司涉税一案被司法机关采取强制措施，后于2009年12月10日被撤案释放。

界首市国家税务局向阜阳市中级人民法院二审申请行使代位权，法院受理后，依法组成合议庭，公开开庭审理。

法院认为嘉得莱公司偷逃税费已经界首市国家税务局作出处理和处罚决定，且已发生法律效力，而该公司至今未按处理和处罚决定履行义务，侵害了国家利益。嘉得莱公司却又将其所有的股权以一比一的价格转让给姜某，依双方约定，姜某至今未按期支付股权转让款，嘉得莱公司又怠于行使到期债权，因此界首市国家税务局依法向姜某提起代位权诉讼，请求判令姜某支付2 140万元，符合法律规定，应予支持。依照《合同法》第七十三条、《税收征收管理法》第五十条、《最高人民法院关于适用〈合同法〉若干问题的解释（一）》（法释〔1999〕19号）第十一条、第十二条、第十三条、第十九条、第二十条的规定，《阜阳市中级人民法院民事判决书》（〔2011〕阜民一初字第00013号）判决："姜某于判决生效之日起15日内支付界首市国家税务局股权转让款2 140万元。案件受理费人民币148 800元，由姜某负担。如果未按判决指定的期间履行金钱给付义务，应按《民事诉讼法》第二百二十九条的规定，加倍支付迟延履行期间的债务利息。"①

---

① 案件资料来源：安徽省界首市国家税务局与姜某因代位权纠纷一案二审民事判决书，中国裁判文书网（有改动），2017年10月31日。

依法行使撤销权

撤销权是指当债务人放弃对第三人的债权、无偿或者以不合理的低价转让财产，当有害于债权人的债权实现时，债权人可以依法请求人民法院撤销债务人所实施的行为。税务机关行使撤销权的条件，与行使代位权相同，具体见《税收征收管理法》第五十条规定。

依法行使撤销权有时间限制。《合同法》第七十五条规定"撤销权自债权人知道或者应当知道撤销事由之日起一年内行使。自债务人的行为发生之日起五年内没有行使撤销权的，该撤销权消灭。"

依《合同法》第七十四条第一款规定，债权人可以撤销的债务人的行为，包括放弃到期债权的行为、无偿转让财产的行为、以明显不合理的低价转让财产的行为。另外，债务人放弃其未到期的债权或者放弃债权担保，或者恶意延长到期债权的履行期的行为，《最高人民法院关于适用〈合同法〉若干问题的解释（二）》（法释〔2009〕5号）第十八条规定，债权人可以撤销。对于合同法第七十四条规定的"明显不合理的低价"，法释〔2009〕5号第十九条规定："人民法院应当以交易当地一般经营者的判断，并参考交易当时交易地的物价部门指导价或者市场交易价，结合其他相关因素综合考虑予以确认。转让价格达不到交易时交易地的指导价或者市场交易价百分之七十的，一般可以视为明显不合理的低价；对转让价格高于当地指导价或者市场交易价百分之三十的，一般可以视为明显不合理的高价。债务人以明显不合理的高价收购他人财产，人民法院可以根据债权人的申请，参照合同法第七十四条的规定予以撤销。"

参与企业的财产分配

首先，参与破产企业的财产分配。被查对象申请破产或被申请破产，税务机关应当自收到通知或法院公告后，在规定时间内向人民法院申报债权，以参与破产的被查对象的财产分配。关于欠税债权的申报等事项，按

《最高人民法院关于审理企业破产案件若干问题的规定》（法释〔2002〕23号）执行。

破产财产在优先清偿破产费用和共益债务后，其清偿顺序，根据《破产法》第一百一十三条规定，一是破产人所欠职工的工资和医疗、伤残补助、抚恤费用，所欠的应当划入职工个人账户的基本养老保险、基本医疗保险费用，以及法律、行政法规规定应当支付给职工的补偿金。破产企业的董事、监事和高级管理人员的工资按照该企业职工的平均工资计算。二是破产人欠缴的除前项规定以外的社会保险费用和破产人所欠税款。三是普通破产债权。需要注意的是本条第二款规定："破产财产不足以清偿同一顺序的清偿要求的，按照比例分配。"

注意纳税人进入破产司法程序，税务机关不可实施强制执行措施，否则会有败诉的风险。

例如，2010年3月5日，宁夏回族自治区吴忠市利通区人民法院以（2010）吴利民破字第1号《民事裁定书》裁定受理吴忠宁燕塑料工业有限公司破产一案，并指定宁夏天纪律师事务所（以下简称律师所）为破产管理人。2011年4月15日，利通区人民法院以（2010）吴利民破字第1-1号《民事裁定书》宣告该公司破产。2014年8月21日，原告委托宁夏盛世开元拍卖行公开拍卖破产财产，宁夏正豪投资置业公司以2 050万元拍得破产财产26.2亩国有工业用地使用权及地上附着物，并于2015年9月28日与原告办理了拍卖破产财产移交手续。

2016年11月23日前，吴忠市利通区地方税务局分三次以吴利地税通（2016）001、002、003号《税务事项通知书》向律师所发出通知，限期缴纳税款，律师所在限期内没有缴纳。同年11月28日给律师所发出《扣缴税收款通知书》，并于当日作出《税收强制执行决定书》（吴利地税强扣〔2016〕01号），从律师所在中国银行吴忠分行的存款账户扣划税款

4 542 309.83元。律师所不服，认为强制扣缴税款的行政行为法律依据错误，程序违法，请求依法撤销该行政行为，并责令返还非法扣划的财产。经审理，利通区人民法院（2017）宁0302行初13号行政判决："驳回原告的诉讼请求。"律师所不服，向吴忠市中级人民法院提起诉讼。

吴忠市中级人民法院（2017）宁03行终34号行政判决书，撤销利通区人民法院（2017）宁0302行初13号行政判决；撤销被上诉人利通区地税局作出的吴利地税强扣〔2016〕01号税收强制执行决定。吴忠市利通地税局不服，申请再审。

自治区高级人民法院认为，破产申请一经人民法院受理，即进入司法程序，破产程序不同于一般的民事法律执行程序。《企业破产法》第十六条、第十九条、第一百一十三条、第一百一十六条等均对个别债务人的债务清偿、有关债务人财产的保全执行、破产费用的清偿顺序、破产财产分配方案需经人民法院裁定认可等事项作了规定，也就是说，不管任何债务或费用的强制划扣，在破产司法程序中，必须经过人民法院审查准许或在清偿顺序中依法清偿。故本案利通区地税局强制划扣拍卖税费，执行程序违法。二审法院以程序违法，判决撤销利通区地税局作出的税收强制执行决定并无不当。2018年11月2日，《宁夏回族自治区高级人民法院行政裁定书》（〔2018〕宁行申28号）裁定："驳回吴忠市利通区地方税务局的再审申请。"①

破产重整时，留抵增值税款，可以抵减其欠缴的税款。增值税进项留抵税额是增值税进项税额大于销项税额留作下期抵减的数额。《国家税务总局关于增值税一般纳税人用进项留抵税额抵减增值税欠税问题的通知》（国税发〔2004〕112号）规定，增值税留抵税额应当抵减增值税欠税。事实上，法院对此有不同解读。

① 案件资料来源：《吴忠市利通区地方税务局与吴忠宁燕塑料工业有限公司破产管理人行政强制再审审查与审判监督行政裁定书》，中国裁判文书网，2019年1月3日。

例如，上诉人国家税务总局大英县税务局（以下简称大英县税务局）因与被上诉人四川盛马化工股份有限公司（以下简称盛马公司）破产债权确认纠纷一案中，不服四川省大英县人民法院（2018）川0923民初2952号民事判决，向遂宁市中级人民法院提起上诉。

本案争议焦点是盛马公司增值税留抵税款86 860 689.92元可否抵减其欠缴的增值税以外的税款。

法院认为，该笔增值税留抵税款是盛马公司的企业资产，实质上系盛马公司对税务机关享有的债权，故本案属于双方互负债务的情形，盛马公司管理人在《盛马公司破产重整债权审查意见书》（盛马债审〔2018〕第187号）中将该笔增值税留抵税款抵减了盛马公司所欠缴的税款本金，系主动行使抵销权，通过债务抵销使盛马公司财产受益，符合《最高人民法院关于适用〈企业破产法〉若干问题的规定（二）》（法释〔2013〕22号）第四十一条第二款规定："管理人不得主动抵销债务人与债权人的互负债务，但抵销使债务人财产受益的除外。"在不损害税务机关所享有的税收优先债权的同时，也提高了普通债权受偿率，维护了普通债权人的利益。

大英县税务局主张按照国税发〔2004〕112号文的规定在盛马公司未欠缴增值税的情况下，不能抵减其欠缴的其他税种的税款。法院认为，国税发〔2004〕112号文对一般纳税人用增值税留抵税额抵扣除增值税之外的税款并未有明确的禁止性规定。同时按照法律适用的基本原则，本案应当优先适用企业破产的相关法律法规及司法解释，盛马公司在税务机关留抵增值税款86 860 689.92元可以抵减其欠缴的税款。《四川省遂宁市中级人民法院民事判决书》（〔2018〕川09民终1325号），依照《民事诉讼法》第一百七十条第一款第一项的规定，判决："驳回上诉，维持原判。"①

---

① 案件资料来源：《国家税务总局大英县税务局、四川盛马化工股份有限公司破产债权确认纠纷二审民事判决书》，中国裁判文书网，2019年1月10日。

破产重整时，法院不认为滞纳金属于优先债权。税收滞纳金是指税务机关对不按期限履行金钱给付义务的相对人，课以新的金钱给付义务。《最高人民法院关于税务机关就破产企业欠缴税款产生的滞纳金提起的债权确认之诉应否受理问题的批复》（法释〔2012〕9号）规定："依照企业破产法、税收征收管理法的有关规定，破产企业在破产案件受理前因欠缴税款产生的滞纳金属于普通破产债权。"

《税收征收管理法》第四十五条规定："税务机关征收税款，税收优先于无担保债权，法律另有规定的除外。"《国家税务总局关于税收优先权包括滞纳金问题的批复》（国税函〔2008〕1084号）规定："《税收征收管理法》第四十五条规定的税收优先权执行时包括税款及其滞纳金。"

国家税务总局无权对此作出解释，纵使解释了法院也不认可。

例如，上诉人大英县税务局因与被上诉人称盛马公司破产债权确认纠纷一案中，不服四川省大英县人民法院（2018）川0923民初2952号民事判决，向遂宁市中级人民法院提起上诉。

上诉人大英县税务局以《国家税务总局关于税收优先权包括滞纳金问题的批复》以及《税收征收管理法》为依据，主张滞纳金属于优先债权。

法院认为，《国家税务总局关于税收优先权包括滞纳金问题的批复》以及《税收征收管理法》中提及的税款优先权仅适用于普通税收征缴程序或者普通诉讼中的执行程序，对于滞纳金在企业破产重整程序中是否应当被认定为优先债权并无明确规定，应当适用《最高人民法院关于税务机关就破产企业欠缴税款产生的滞纳金提起的债权确认之诉应否受理问题的批复》，确定本案中因欠缴税款产生的滞纳金属于普通破产债权。

《四川省遂宁市中级人民法院民事判决书》（〔2018〕川09民终1325号），依照《民事诉讼法》第一百七十条第一款第一项的规定，判决：

"驳回上诉，维持原判。"①

其次，参与企业被拍卖财产的分配。税务处理或者处罚决定书下达后，可能出现企业财产被拍卖的情形，或者企业欠缴社保费、税款的情形，这时税务机关可申请参与被拍卖财产的分配。

例如，2015年7月27日，浙江温岭建行与浙江金典建设有限公司（以下简称金典公司）签订《最高额抵押合同》，约定金典公司以其所有的坐落于温岭市的房屋为其在2015年7月27日至2035年4月1日与温岭建行所发生的一系列债务提供最高额670万元的抵押担保，并办理抵押登记手续。同年7月30日至12月，金典公司因经营周转需要，由林某彬等人提供抵押担保，陆续向温岭建行申请贷款942万元。因金典公司未按约履行还款义务，温岭建行向温岭市法院提起诉讼，法院作出（2017）浙1081民初6236号民事判决，由金典公司偿付借款本金942万元及利息、罚息、逾期利息。同年12月17日至2016年5月，金典公司再次由林某彬、浙江吉安安装有限公司等提供担保，向温岭建行申请贷款925万元。温岭建行再次向温岭市法院提起诉讼，法院作出（2017）浙1081民初6239号民事判决，由金典公司偿付借款本金925万元及利息、罚息、逾期利息。两次均判决温岭建行对坐落于温岭市的房屋以折价或拍卖、变卖所得的价款对前述债务享有优先受偿权，总额最高限额为670万元，案件已经生效并进入执行程序。

2018年3月19日，中国信达资产管理股份有限公司浙江省分公司（以下简称信达公司）与中国建设银行股份有限公司浙江省分公司签署《债权转让协议》，约定将金典公司名下的债权转让给信达公司，并在同年5月15日的《浙江法制报》上刊登债权转让通知暨债务催收联合公告。为此，信达公司取得上述债权。

---

① 案件资料来源：《国家税务总局大英县税务局、四川盛马化工股份有限公司破产债权确认纠纷二审民事判决书》，中国裁判文书网，2019年1月10日。

同年4月13日，浙江省温岭市地方税务局向温岭市人民法院去函，要求协助执行金典公司欠缴所属2014年1月1日至2018年2月28日的税款、社保费及滞纳金合计4 315 136.75元。其中：欠缴所属2016年1月1日至2018年2月28日的职工基本养老保险1 013 919.31元、失业保险42 285.10元、职工基本医疗保险388 865.23元、工伤保险47 835.49元、生育保险36 887.42元，共计1 529 792.55元；欠缴所属2014年度的企业所得税709 269.45元；欠缴所属2015年1月1日至2018年1月31日的企业所得税1 040 273.38元；欠缴各项滞纳金689 213.81元。

法院在执行过程中，依法拍卖了金典公司所有坐落于温岭市的不动产，取得拍卖款452万元，并于2018年7月9日作出《关于被执行人金典公司执行财产的分配方案》，认定本次分配涉及25件案件，在扣除拍卖评估费、诉讼费、执行费等费用以及产权转移应缴纳税收后，剩余3 710 460.25元。确定优先支付金典公司拖欠的养老、医疗、失业保险等费用合计1 529 792.55元以及2014年度企业所得税709 269.4元，温岭建行为第二顺序优先受偿人，优先受偿1 471 398.3元。支付以上项目后，无剩余执行款。信达公司提出异议，认为不应将金典公司拖欠的职工社会保险费及2014年企业所得税优先支付。信达公司向温岭市人民法院提起诉讼，法院认为：

社会保险费是企业应为职工缴付的费用，其性质与职工工资相同。目前法律虽对工资债权与抵押债权在受偿时孰先孰后未作明确规定，但理应确认工资债权在受偿时优先。工资报酬是劳动者劳动力的对价，是维护劳动者生存权的特种债权，劳动者获得劳动报酬也是宪法赋予的基本权利，具有人的基本生存权属性，工资债权的实现对于保障劳动者维系自身和家庭成员最起码的生存具有重要意义，而抵押权所保障的则是民事主体的经营性利益，两者相较而言，工资债权应先于抵押权受到保护，赋予职工工资相应的优先权更符合公平原则，也有利于维护社会的和谐与稳定。

《税收征收管理法》第四十五条第一款规定："税务机关征收税款，

税收优先于无担保债权，法律另有规定的除外；纳税人欠缴的税款发生在纳税人以其财产设定抵押、质押或者纳税人的财产被留置之前的，税收应当先于抵押权、质权、留置权执行。"金典公司办理抵押登记的时间为2015年7月27日，即金典公司2014年欠缴的企业所得税产生在前，确定该款优先支付，符合法律规定。

依照《民事诉讼法》第六十四条、《税收征收管理法》第四十五条第一款和《最高人民法院关于适用〈民事诉讼法〉的解释》第五百一十一条、第五百一十二条的规定，2018年12月1日《浙江省温岭市人民法院民事判决书》（〔2018〕浙1081民初12683号）判决：驳回原告诉讼请求。案件受理费24 712.50元，由原告负担。①

其他联合惩戒措施。其他联合惩戒措施是指除阻止欠税人出境以外的联合惩戒措施。《国家发展和改革委员会 国家税务总局等21部门关于印发〈关于对重大税收违法案件当事人实施联合惩戒措施的合作备忘录〉的通知》（发改财金〔2014〕3062号）规定，其他联合惩戒措施包括纳税信用级别直接判为D级、限制担任相关职务、金融机构融资授信参考、禁止部分高消费行为、通过企业信用信息公示系统向社会公示、限制取得政府供应土地、强化检验检疫监督管理、禁止参加政府采购活动、禁止适用海关认证企业管理、限制证券期货市场部分经营行为、限制保险市场部分经营行为、禁止受让收费公路权益、限制政府性资金支持、限制企业债券发行、限制进口关税配额分配、通过主要新闻网站向社会公布，以及相关市场监管部门和社会组织在行政许可、强制性产品认证、授予荣誉等方面参考，进行必要的限制或者禁止。

联合惩戒对象为税务机关根据《国家税务总局关于发布〈重大税收违法案件信息公布办法（试行）〉的公告》（2014年第41号）等有关规定，

---

① 案件资料来源：《中国信达资产管理股份有限公司浙江省分公司与国家税务总局温岭市税务局执行分配方案异议之诉一审民事判决书》，原载中国裁判文书网，2018年12月12日。

公布的重大税收违法案件信息中所列明的当事人。当事人可以为自然人；企业及其法定代表人、负有直接责任的财务负责人；其他经济组织及其负责人、负有直接责任的财务负责人；中介机构及其法定代表人或负责人，以及相关从业人员。

第三节　调整执行

稽查决定书在执行过程中可能会出现新情况，如被执行人涉嫌犯罪、复议或者诉讼、申请延期缴纳、符合中止或者终结执行，调整执行计划。

发现被执行人涉嫌犯罪的情况反馈给审理部门

执行部门在执行过程中发现被执行人符合《刑法》第二百零三条规定，逃避追缴欠税应予追究刑事责任等情形的时候，即"纳税人欠缴应纳税款，采取转移或者隐匿财产的手段，致使税务机关无法追缴欠缴的税款，数额在一万元以上"，按照《税务稽查工作规程》第六十九条规定："执行部门应当及时将执行情况通知审理部门，并提出向公安机关移送的建议。"

其实移送给公安机关的涉税违法案件，公安机关受理立案后，如果符合《刑法》第六十七条第一款的规定，可以免除处罚。

例如，叶某某，浙江省玉环市人，玉环某流体控制有限公司法定代表人。因涉嫌虚开增值税专用发票罪，2017年6月1日被玉环市公安局取保候审。案发后，叶某某补缴了所有税费、滞纳金和罚款。经查明，2014年至2015年，叶某某通过中间人王某某（另案处理）以支付票面金额8%开票费的方式从玉环某某金属材料有限公司虚开增值税发票5张全部用于抵扣，价税合计354 183.58元，税额65 311.22元。玉环市法院认为，叶某某实施了

《刑法》第二百零五条规定的行为，但犯罪情节轻微，系初犯，又有自首情节，根据《刑法》第六十七条第一款的规定，可以免除处罚。依据《刑事诉讼法》第一百七十三条第二款的规定，2017年12月21日，《浙江省玉环市人民检察院不起诉决定书》（玉检公诉刑不诉〔2017〕236号），决定对叶某某不起诉。①

按复议或者诉讼的结果执行

《税务处理决定书》或者《税务行政处罚决定书》等税务稽查文书下发后，可能引发行政复议或者诉讼，调整执行方式，在这个过程中有些问题要重视：

行政复议可以口头申请

行政复议大多书面申请，但法律允许口头申请。《行政复议法》第十一条规定：申请人申请行政复议，也可以口头申请。

税务机关受理口头申请的行政复议，要履行规定程序。《行政复议法》第十一条规定："口头申请的，行政复议机关应当当场记录申请人的基本情况、行政复议请求、申请行政复议的主要事实、理由和时间。"《税务行政复议规则》（国家税务总局令第21号）第四十条规定："申请人口头申请行政复议的，行政复议机构应当依照本规则第三十九条规定的事项，当场制作行政复议申请笔录，交申请人核对或者向申请人宣读，并由申请人确认。"

例如，2013年5月21日，辽宁省鞍山市地方税务局所属稽查局对鞍山新兴房屋开发有限公司（以下简称新兴公司）作出《税务处理决定书》（鞍

---

① 案件资料来源：不起诉决定书（叶某某虚开增值税发票案），人民检察院案件信息公开网，2018年1月31日。

地税一稽处〔2013〕0002号），决定新兴公司补缴税款47 396 669.89元、滞纳金15 243 508.93元。同年6月27日，新兴房屋开发公司缴纳税款。2016年5月23日，新兴公司向鞍山市地方税务局（以下简称鞍山市地税局）提出异议，认为稽查局征税错误，应予纠正。同年6月20日，鞍山市地税局口头作出答复：稽查局征税没有错误；《税务处理决定书》（鞍地税一稽处〔2013〕0002号）已生效，新兴公司无权申请退税。新兴公司对鞍山市地税局的答复不服，同年6月27日向海城市法院提起行政诉讼，请求法院裁定鞍山市地税局征税存在实体错误，应当依据《税收征收管理法》第五十一条规定，退还多征的税款。①

对于金额较大，情况比较复杂的案件，笔者主张用书面申请比较正式、严肃，也能为将面对的行政诉讼留下证据。从答复角度看，《税务行政复议规则》第六十四条规定："行政复议原则上采用书面审查的办法。"尽管第七十五条对行政复议决定没有说用书面或者口头作出，但按常理行政复议决定是组织行为，应该书面作出。本案口头答复值得商榷。

对税务局所属稽查局具体行政行为不服，向税务局申请行政复议为宜。对设区市税务局第一稽查局、第二稽查局等所属稽查局具体行政行为不服，向税务局申请行政复议。《行政复议法》第十五条第一款第（二）项规定："对政府工作部门依法设立的派出机构依照法律、法规或者规章规定，以自己的名义作出的具体行政行为不服的，向设立该派出机构的部门或者该部门的本级地方人民政府申请行政复议。"《税务行政复议规则》第十九条第（二）项规定，对各级税务局稽查局的具体行政行为不服的，向其所属税务局申请行政复议。

承前例，2016年9月9日，海城市法院作出（2016）辽0381行初129号行政判决书，认为新兴公司应依据《税收征收管理法》第八十八条的规定，

---

① 案件资料来源：《国家税务总局鞍山市税务局、鞍山新兴房屋开发有限公司税务行政管理（税务）二审行政判决书》，中国裁判文书网，2019年12月29日。

通过行政复议及诉讼程序寻求救济，驳回新兴公司的诉讼请求。

案件到此本应该结束，行政复议已申请，鞍山市地税局也作了答复，可是，新兴公司南辕北辙。新兴公司不服，向鞍山市中级法院提起上诉，后来新兴公司又撤回上诉。2017年2月23日，新兴公司向辽宁省地方税务局（以下简称辽宁省地税局）申请行政复议。同年3月1日，辽宁省地税局作出《行政复议告知书》（辽地税复告字〔2017〕第1号），告知应当向鞍山市地税局提起行政复议，新兴公司向国家税务总局申请行政复议。同年4月1日，国家税务总局作出书面答复，告知辽宁省地税局的答复符合相关法律规定。新兴公司不服，向北京市第一中级法院提起行政诉讼。北京一中院于同年9月20日作出（2017）京01行初527号行政裁定，认为不属于人民法院行政诉讼的受案范围，驳回新兴公司的起诉。新兴公司上诉至北京市高级法院，北京市高级法院于2018年1月9日作出终审裁定，维持北京一中院的裁定。

绕了一圈，花了近一年的时间，新兴公司最终无功而返。

行政复议的诉求必须明确

纳税人同税务机关在纳税上发生争议时，《税收征收管理法》第八十八条第一款规定："必须先依照税务机关的纳税决定缴纳或者解缴税款及滞纳金或者提供相应的担保，然后可以依法申请行政复议；对行政复议决定不服的，可以依法向人民法院起诉。"

申请人对税务机关《税务行政复议规则》（国家税务总局令第21号）第十四条所列具体行政行为不服的，可以提出行政复议申请。比如税务局所属稽查局给被查对象下发《税务处理决定书》，被查对象不服，申请税务行政复议。申请人对《税务处理决定书》程序或者实体有错必须明确提出，不可含糊，更不能多收退税。而且，退多少税额？因何原因退税？都必须实实在在地说明。没有这些程序，注定要失败。

承前例，2018年2月13日，新兴公司就退还多缴的税款和滞纳金，向鞍山市地税局申请行政复议。鞍山市地税局于2018年2月27日，作出《不予受理行政复议申请决定书》（鞍地税复不受字〔2018〕002号）。新兴公司不服，诉至海城市法院。海城市法院判决：撤销鞍山市地税局作出的（2018）002号不予受理行政复议申请决定书；鞍山市地税局在判决生效后二个月内重新作出决定。

鞍山市税务局不服，向鞍山市中级人民法院上诉。再审法院认为，如果新兴公司认为向鞍山市税务局稽查局（以下简称稽查局）多缴纳税款，应首先向稽查局提出退还申请。只有稽查局没有依法履行的，新兴公司才可向上一级主管部门申请行政复议。现无证据证明新兴公司已向稽查局递交履行法定职责申请，故新兴公司的复议申请不符合行政复议法规定的复议条件。鞍山市地税局据此作出《不予受理行政复议申请决定书》（鞍地税复不受字〔2018〕002号）的决定，符合法律规定。原审法院作出的裁判结论，适用法律错误。根据《中华人民共和国行政诉讼法》第八十九条第（二）项规定，《辽宁省鞍山市中级人民法院行政判决书》（〔2019〕辽03行终144号）判决：撤销海城市人民法院（2018）辽0381行初54号行政判决；驳回新兴公司诉讼请求。

税务行政复议的申请期限不可超时

《行政复议法》第九条规定："公民、法人或者其他组织认为具体行政行为侵犯其合法权益的，可以自知道该具体行政行为之日起六十日内提出行政复议申请。"逾期不予受理。

例如，2014年5月16日，原丹东市国家税务局稽查局对丹东市森泽化工厂（以下简称森泽化工）作出《税务处理决定书》（丹国税稽处〔2014〕0201号）和《税务行政处罚决定书》（丹国税稽罚〔2014〕0201号），并于当日送达。森泽化工于2014年7月25日、8月20日分两次将税款和滞纳金缴纳入库，8月25日申请行政复议。8月28日，原丹东市国家税务局分别作出丹国税复不受字（2014）第4号、第5号《不予受理决定书》。

森泽化工不服，诉至振兴区人民法院。法院认为，文书2014年5月16日送达，同年8月25日申请复议，时间为121天，申请复议超过法律规定期限。依照《最高人民法院关于执行〈行政诉讼法〉若干问题的解释》第五十六条第（四）项的规定，丹东市振兴区人民法院（2014）兴行初字第00082号行政判决，驳回原告森泽化工的诉讼请求。

森泽化工不服，上诉至丹东市中级人民法院。依照修改前的《行政诉讼法》第六十一条第（一）项的规定，《辽宁省丹东市中级人民法院行政判决书》（〔2015〕丹行终字第00062号）判决："驳回上诉，维持原判。"①

纳税人对税务机关缴纳税款、加收滞纳金的具体行政行为不服，应该在"得到作出具体行政行为的税务机关确认之日起60日内提出行政复议申请。"税务行政复议的前置条件、时间已经规定得清清楚楚，执行起来还是有不同理解。

例如，2016年7月26日，安徽省淮北市国家税务局稽查局对淮北市天奥物资贸易有限公司（以下简称天奥物资）作出《税务处理决定书》（淮北国税稽处〔2016〕19号）。2017年3月8日，天奥物资缴纳了部分税款，即165.6万元。6月12日，天奥物资向国家税务总局安徽省税务局（以下简称省税务局）申请行政复议，天奥物资没有在规定期限内（通常为15日）缴清税款和滞纳金，本不符合《税务行政复议规则》第四十四条第一款第（一）项、第（六）项规定的行政复议受理条件，但省税务局受理了，并且6月16日、6月27日先后作出《行政复议申请补正通知书》《行政复议事项告知书》，告知天奥物资行使复议救济权利的途径和方式。

---

① 案件资料来源：《丹东市森泽化工厂因税务行政复议纠纷二审行政判决书》，中国裁判文书网，2015年9月25日。

2018年4月24日，天奥物资缴清税款及滞纳金。5月30日，再次向省税务局申请行政复议，此时距重新作出税务处理决定，天奥物资财务负责人卓某芹签收《税务处理决定书》的时间（2017年7月28日），已经过去了11个月，明显超过法定时间60日的申请期限，本不应该受理，但省税务局于2018年6月11日受理了。审查发现不符合《税收征收管理法》第八十八条第一款与《税务行政复议规则》第三十三条第二款的规定，根据《税务行政复议规则》第七十八条规定，决定驳回行政复议申请。

天奥物资不服，向法院起诉。一审法院认为："即使存在省税务局所述情形，亦仅表明原告应当承担逾期缴纳税款的法律责任，此种法律责任或体现为被加收滞纳金，或体现为被采取强制执行措施追缴，甚至体现为被作出行政处罚，但并不表明原告丧失申请行政复议的权利。"2019年3月21日，《安徽省合肥市包河区人民法院行政判决书》（〔2018〕皖0111行初172号），撤销省税务局作出的《驳回行政复议申请决定书》（皖税复驳字〔2018〕1号），责令省税务局于本判决生效之日起60日内重新作出行政行为。[①]

本案中，天奥物资没有缴清税款及滞纳金或者提供纳税担保，本不符合行政复议的条件，但省税务局受理了，显然不妥，驳回行政复议申请虽然正确，但也给天奥物资提起诉讼创造了条件。法院的判决更是突破《行政复议法》《税务行政复议规则》的规定，令人费解。

税务行政复议的申请期限不可缩水

《税务行政复议规则》第三十二条规定："申请人可以在知道税务机关作出具体行政行为之日起60日内提出行政复议申请。"税务机关不可将时间缩短。

---

① 案件资料来源：《淮北市天奥物资贸易有限公司与国家税务总局安徽省税务局行政管理（税务）一审行政判决书》（有改动），2019年11月29日。

例如，驻马店市地方税务局稽查局对河南省金尚房地产开发有限公司（以下简称金尚房地产）2004年至2013年履行纳税义务情况进行检查，2014年7月16日，该局作出《税务处理决定书》（驻地税稽处〔2014〕19号），7月18日文书送达。金尚房地产于同年8月分5次缴纳了相应税款和滞纳金。9月11日，金尚房地产向驻马店市地方税务局（以下简称驻马店地税局）申请行政复议。9月16日，驻马店地税局以金尚房地产未在规定的期限内缴纳税款和滞纳金，而是逾期后才交清税款和滞纳金，根据有关法律法规的规定，作出《不予受理行政复议申请决定书》（驻地税复不受字〔2014〕1号）的决定。金尚房地产不服，诉至驻马店市驿城区人民法院。

法院认为，根据《税务行政复议规则》的规定，本案金尚房地产申请行政复议是在其收到税务处理决定之日起第55日提起，被告应予受理。税务机关没有在税务处理决定中告知，如不依照税务机关的纳税决定期限缴纳税款即丧失复议权的后果，应有的权利义务和责任没有完全告知纳税人，不符合法律救济的原则。金尚房地产虽然逾期缴纳税款和滞纳金，但仍是在复议法规定的60日内提起的复议申请，驻马店地税局作出的不予受理决定书适用的法律不准确。根据《行政诉讼法》第五十四条第（二）项第2目的规定，《河南省驻马店市驿城区人民法院行政判决书》（〔2014〕驿行初字第75号）判决：撤销被告驻马店地税局2014年9月16日作出的《不予受理行政复议申请决定书》（驻地税复不受字〔2014〕1号）。[①]

对重大税案审委会的决定不服，其所在机关为复议被申请人

税务稽查案件达到规定标准，提交所属税务局重大税务案件审理委员会审理，作出处理决定后由稽查局制作相应文书给被查对象。《重大税务案件审理办法》（国家税务总局令第34号）第三十四条规定："稽查局应当按照重大税务案件审理意见书制作税务处理处罚决定等相关文书，加盖

---

① 案件资料来源：《河南省金尚房地产开发有限公司与驻马店市地方税务局税务行政管理一审行政判决书》，中国裁判文书网，2016的11月24日。

稽查局印章后送达执行。"

被查对象对处理或者处罚决定不服，提出复议应该向审理委员会所在税务机关的上级机关申请。《税务行政复议规则》第二十九条第二款规定："申请人对经重大税务案件审理程序作出的决定不服的，审理委员会所在税务机关为被申请人。"

税务稽查实践中，可能存在稽查局发出的文书把复议的受理机关写成审理委员会所在税务机关，造成该机关既是运动员，又是裁判员，显然不符合规定。

例如，原常州市国家税务局稽查局对江苏悦达卡特新能源有限公司（以下简称悦达公司）作出《税务处理决定书》（常国税稽处〔2015〕80号），补缴消费税11 991 149.91元，告知如果不服本决定，向原常州市国家税务局（以下简称常州国税局）申请行政复议。悦达公司向常州国税局申请复议，后者受理并作出《行政复议决定书》（常国税复字决字〔2015〕3号）。

悦达公司不服，向法院起诉，常州市中级人民法院（2017）苏04行终6号行政判决，驳回申请人"要求撤销80号税务处理决定和3号复议决定"的诉讼请求。

悦达公司又不服，向江苏省高级人民法院申请再审。高院认为，再审申请符合《行政诉讼法》第九十一条第（四）项规定的情形。依照《最高人民法院关于适用〈行政诉讼法〉的解释》第一百一十六条第一款、第一百一十八条第一款的规定，《江苏省高级人民法院行政裁定书》（〔2017〕苏行申1743号）裁定："本案由本院提审；再审期间，中止原判决的执行。"①

---

① 案件资料来源：《江苏悦达卡特新能源有限公司与国家税务总局常州市税务局稽查局、国家税务总局常州市税务局再审行政裁定书》，中国裁判文书网，2019年10月22日。

关注有的法院认为"只要提起复议申请，就算经过复议"

根据《税收征收管理法》第八十八条第一款、《税务行政复议规则》（国家税务总局令第21号）第三十三条的规定，对税务机关征收税款、加收滞纳金等具体行政行为不服，提起行政诉讼前先行申请行政复议，对行政复议决定不服的，可以提起诉讼。但茂名市茂南区人民法院认为，法律、法规规定的行政复议前置程序，仅仅是在程序上要求提起行政诉讼之前先行申请行政复议，穷尽行政救济方式。只要提出了复议的申请，即满足了规定的程序条件。法律及相关司法解释并没有对此作出必须先行经过行政复议实体审查的强制性规定。至于复议机关是否受理复议申请，不影响复议申请人因不服原具体行政行为而提起诉讼。

例如，2013年7月3日，茂名市国税局第一稽查局（以下简称稽查局）发出《税务检查通知书》，对茂名市天普药业有限公司（以下简称天普药业）2009年至2011年涉税情况进行检查，2014年3月4日向天普药业送达《税务处理决定书》。天普药业对处理决定不服，提出应补缴的税款25 036 027.36元及滞纳金由陈某及钟某清个人提供纳税担保。5月19日向茂名市国家税务局申请行政复议，5月22日该局以天普药业未能依照稽查局确定的税额、期限缴纳税款和滞纳金，或者提供相应的担保为由作出《不予受理决定书》（茂国税复不受字〔2014〕第2号）。天普药业于2014年6月3日向原审法院提起诉讼，同年9月11日，茂南区国家税务局从天普药业的存款账户内划扣了税款25 612 809.52元和滞纳金18 443 591.01元。

本案中，茂南区人民法院对被告主张原告丧失诉权本院不予认可。法院认为，被告稽查局对原告天普药业作出《税务行政处罚决定书》（茂国税一稽罚〔2014〕3号）认定事实不清，依照《行政诉讼法》第五十四条第二项第1目的规定，判决撤销被告稽查局于2014年3月4日作出的《税务行政处罚决定书》（茂国税一稽罚〔2014〕3号）。

稽查局不服茂南区人民法院作出的（2014）茂南法行初字第28号行政判决，向茂名市中级人民法院提起上诉。依照《行政诉讼法》第六十一条第（一）项的规定，《广东省茂名市中级人民法院行政判决书》（〔2015〕茂中法行终字第49号）判决："驳回上诉，维持原判。"[①]

关注被查对象为了不缴纳滞纳金，人为调整税款所属期间

有的被查对象，为了不缴纳滞纳金，人为调整税款所属期间。

例如，2014年12月26日，黄冈永安药业有限公司（以下简称黄冈药业）减持潜江永安药业股份有限公司的股份300万股，取得净收入33 278 718.00元。在申报2014年度企业所得税时，作为投资收益填报，同时又作为纳税调整项目全额调减，调整后所得−1 711 734.75元。2017年5月至6月，原黄冈市地方税务局稽查局（以下简称稽查局）检查发现此问题，认为黄冈药业存在未申报缴纳企业所得税6 820 270.51元。黄冈药业于同年6月22日、9月11日分别缴纳4 000 000元和2 820 270.51元，缴清了企业所得税。不过将税款所属时期申报为2017年，企业陈述："如按2014年税款所属时期申报缴纳，税务征收管理系统会自动生成滞纳金，其将税款所属时期申报为2017年6月和9月，系统不会自动生成滞纳金"，黄冈药业此举是为了避免缴纳滞纳金。

同年11月24日，稽查局作出《税务处理决定书》（黄地税稽处〔2017〕21号）补缴企业所得税6 820 270.51元，按规定加收滞纳金。黄冈药业不服，针对260多万元滞纳金，进行两个回合的复议申请、起诉、上诉。第一个回合，首先向黄冈市人民政府申请行政复议，市政府作出《行政复议决定书》（黄复决字〔2018〕15号）驳回原告的行政复议申请。黄冈药业不服稽查局作出的税务行政处理决定和市政府作出的行政复议决定，向人

[①] 案件资料来源：《茂名市国家税务局第一稽查局与茂名市天普药业有限公司其他二审行政判决书》（有改动），中国裁判文书网，2016年1月21日。

民法院提起行政诉讼。黄冈市中级人民法院已（2018）鄂11行初39号行政裁定，指定浠水县人民法院管辖。8月7日，《湖北省浠水县人民法院行政判决书》（〔2018〕鄂1125行初134号）判决："驳回黄冈药业的诉讼请求。"①黄冈药业不服，进而上诉。11月13日，《湖北省黄冈市中级人民法院行政判决书》（〔2018〕鄂11行终152号）判决："驳回上诉，维持原判。"②

第二个回合，首先，向湖北省税务局（以下简称省税务局）申请行政复议，2018年9月4日省税务局收到黄冈药业的行政复议申请后，9月10日作出《补正行政复议申请资料通知书》（鄂税复补字〔2018〕3号），12月7日省税务局收到黄冈药业补正后的复议申请，并通知黄冈市税务局提出书面答复，后者于12月20日作出行政复议答复书，2019年2月1日，省税务局作出《行政复议决定书》（鄂税复决字〔2019〕5号），维持稽查局作出的被诉税务处理决定。黄冈药业不服，向法院起诉，2019年9月26日，《湖北省武汉市武昌区人民法院行政判决书》（〔2019〕鄂0106行初67号）判决："驳回原告黄冈药业的诉讼请求。"③黄冈药业又不服，向中级法院上诉，《湖北省武汉市中级人民法院行政判决书》（〔2019〕鄂01行终1029号）判决："驳回上诉，维持原判。"④

本案中，黄冈药业对加收滞纳金不服，认为其在2014年的纳税申报表上已经将涉案款项有所载明，作为税务机关应当及时发现并要求补缴，涉案情形符合《税收征收管理法》第五十二条第一款的规定，属于税务机

---

① 案件资料来源：《黄冈永安药业有限公司与国家税务总局黄冈市税务局稽查局、黄冈市人民政府税务行政管理（税务）一审行政判决书》，中国裁判文书网，2018年12月5日。

② 案件资料来源：《黄冈永安药业有限公司、国家税务总局黄冈市税务局稽查局税务行政管理（税务）二审行政判决书》，中国裁判文书网，2018年12月5日。

③ 案件资料来源：《黄冈永安药业有限公司与国家税务总局黄冈市税务局稽查局、国家税务总局湖北省税务局税务行政管理（税务）一审行政判决书》，中国裁判文书网，2019年12月19日。

④ 案件资料来源：《黄冈永安药业有限公司、国家税务总局黄冈市税务局稽查局、国家税务总局湖北省税务局税务行政管理（税务）二审行政判决书》，中国裁判文书网，2019年12月19日。

关的责任所致，不应加收滞纳金。其实，依法纳税是企业的义务，纳税人必须依照法律、行政法规规定如实办理纳税申报。申报表上"声明栏"均注明，此纳税申报表依法、条例和国家有关税收规定填报，真实、可靠、完整，并且法定代表人签字。尽管黄冈药业在2014年度纳税申报中，的确将涉案款项载明，不过是列在"纳税调整减少额"中，致使当年亏损，不缴纳企业所得税，的确是一种虚假申报，没有定性偷税已是万幸。法院认为，黄冈药业少缴税款原因不属于税务机关适用税收法律、行政法规不当或者执法行为违法所致。

本案历时3载，经历两个回合的法律救济，有以下4点值得思考。

一是黄冈药业不服黄冈地税局决定，向市政府申请复议，市政府为何可以受理？《行政复议法》第十二条第一款规定："对县级以上地方各级人民政府工作部门的具体行政行为不服的，由申请人选择，可以向该部门的本级人民政府申请行政复议，也可以向上一级主管部门申请行政复议。"黄冈药业对黄冈地税的决定不服，可以向市政府申请行政复议。

《行政复议法》第十二条第二款规定：对实行垂直领导的行政机关具体行政行为不服的，向上一级主管部门申请行政复议。2018年7月20日，全国省市县乡四级新税务机构全部完成挂牌。同年9月4日，黄冈药业对原黄冈地税局的决定不服，省地税局与省国税局合并，向省税务局申请行政复议，合法。

二是黄冈药业未缴纳滞纳金，为何可以申请行政复议？《中华人民共和国税收征收管理法》（以下简称《税收征收管理法》）第八十八条规定："纳税人、扣缴义务人、纳税担保人同税务机关在纳税上发生争议时，必须先依照税务机关的纳税决定缴纳或者解缴税款及滞纳金或者提供相应的担保，然后可以依法申请行政复议。"《税收征收管理法》《行政复议法》均由全国人民代表大会常务委员会通过，按特别法优于一般法的原则，应该执行《税收征收管理法》的规定，市政府的受理有瑕疵。

三是第一回一审为何是在浠水县人民法院？稽查局、市政府住所地均为黄冈市黄州区，黄冈市中级人民法院已（2018）鄂11行初39号行政裁定，指定浠水县人民法院管辖。《中华人民共和国行政诉讼法》第二十三条第一款规定："有管辖权的人民法院由于特殊原因不能行使管辖权的，由上级人民法院指定管辖。"

四是为何此案省税务局可以受理复议？本案已经市政府复议，黄冈药业又再申请复议。法无禁止皆可为，法律没有规定经过行政复议的具体行政行为不能在另一有权机关再次申请复议。截至2018年8月2日，黄冈药业缴清税款6 820 270.51元、滞纳金2 678 642.67元，符合《行政复议法》第六条、《税务行政复议规则》第十四条规定的可申请行政复议的范围。此案经原黄冈地税局重大税务案件审理作出决定，根据《税务行政复议规则》第二十九条规定"申请人对经重大税务案件审理程序作出的决定不服的，审理委员会所在税务机关为被申请人。"因此，省税务局是受理复议机关。当然如果认为黄冈药业已经复议，不受理未尝不可。省税务局的受理，应该更多出于尽量保障纳税人的救济诉求的考虑。

不服复议决定，起诉时间为15日内

涉税案件中，当事人不服税务机关的复议决定，可以在15日内起诉。《行政诉讼法》第四十五条规定："公民、法人或者其他组织不服复议决定的，可以在收到复议决定书之日起十五日内向人民法院提起诉讼。"

以复议机关和原行为机关为共同被告，以复议决定书送达之日开始计算起诉起始日期。《最高人民法院关于适用〈行政诉讼法〉的解释》（法释〔2018〕1号）第五十九条规定："公民、法人或者其他组织向复议机关申请行政复议后，复议机关作出维持决定的，应当以复议机关和原行为机关为共同被告，并以复议决定送达时间确定起诉期限。"

逾期起诉将被法院驳回。

例如，在原告饶某飞诉被告四川省乐山市地方税务局稽查局（以下简称稽查局）、原四川省地方税务局（以下简称省地税局）税务行政处罚一案中。2014年6月25日，省地税局作出《行政复议决定书》（川地税复决字〔2014〕001号），维持《税务行政处罚决定书》（乐市地税稽罚〔2014〕2号），并告知诉权和起诉期限。同日向饶某飞的代理人李某涛邮寄，李某涛于次日签收。饶某飞对行政复议决定不服，如果以2014年6月26日作为起算点起算，应于同年7月12日前向人民法院提起行政诉讼；饶某飞于2016年4月30日刑满释放，即便以一审时饶某飞及其代理人认可于同年4月左右饶某飞收到其代理人转交的该行政复议决定书时作为起算点起算，饶某飞现于2018年5月向一审法院提起本案行政诉讼，请求撤销该税务行政处罚决定和该行政复议决定，均已超过法定的起诉期限，且无因不可抗力或者其他特殊情况耽误法定期限的情形。根据法释〔2018〕1号文第六十九条第一款第（二）项的规定，应当裁定驳回饶某飞的起诉。一审判决认定事实清楚，适用法律错误，认定本案未超过起诉期限从而作出实体判决错误。依照《行政诉讼法》第八十九条第一款第二项、第七十九条的规定，《四川省乐山市中级人民法院行政裁定书》（〔2019〕川11行终67号）裁定：撤销四川省峨眉山市人民法院（2018）川1181行初47号行政判决；驳回饶某飞起诉。①

追缴入库税款以不增加纳税人负担为原则

税务稽查局在行政执法过程中，存在税款入库与公安扣押入库的违法所得相重合的情形。两家机关应当相互尊重、相互协调，入库税款以不增加纳税人负担为原则，不能因两家执法冲突而损害当事人权益。

---

① 案件资料来源：饶某飞诉国家税务总局乐山市税务局稽查局、国家税务总局四川省税务局税务行政处罚二审行政裁定书，中国裁判文书网（有改动），2019年9月23日。

例如，2015年2月至11月，益阳科嘉轻工机械制造有限公司（以下简称科嘉公司）虚开增值税专用发票38份，抵扣税款577 273.47元。2017年7月6日，益阳市赫山区法院作出（2017）湘0903刑初202号刑事判决：科嘉公司犯虚开增值税专用发票罪，判处罚金二十万元，对公安机关扣押的科嘉公司违法所得577 273元予以追缴，上缴国库。

2018年9月19日，国家税务总局益阳市税务局稽查局（以下简称稽查局）对科嘉公司作出《税务处理决定书》（益税稽处〔2018〕30号）补缴增值税577 273元，并按日加收滞纳金。2019年4月3日，稽查局对科嘉公司作出《税收强制执行决定书》（益税强扣〔2019〕10006号）从科嘉公司银行账户扣缴税款577 273元、滞纳金348 095.62元。

科嘉公司不服，向法院起诉。2019年7月8日，依照《中华人民共和国行政诉讼法》第七十条第一项、第二项的规定，《湖南省桃江县人民法院行政判决书》（〔2019〕湘0922行初63号）判决：撤销被告稽查局《税务处理决定书》（益税稽处〔2018〕30号）、《税收强制执行决定书》（益税强扣〔2019〕10006号），返还已经扣缴的税款和滞纳金925 368.62元。

稽查局不服，在判决书送达之日起15日内向益阳市中级人民法院提起上诉。在二审法院审理过程中，上诉人稽查局申请撤回上诉，原审原告科嘉公司申请撤回起诉。2019年11月26日，《湖南省益阳市中级人民法院行政裁定书》（〔2019〕湘09行终240号）裁定：准许上诉人稽查局撤回上诉；准许原审原告科嘉公司撤回起诉；湖南省桃江县人民法院（2019）湘0922行初63号行政判决视为撤销。①

笔者认为本案最终应该是税务机关、公安机关、科嘉公司协商达成共识，在不增加科嘉公司负担的情况下，进行妥善处理。

---

① 案件资料来源：《国家税务总局益阳市税务局稽查局因与益阳科嘉轻工机械制造有限公司税务行政处理一案行政裁定书》，中国裁判文书网，2019年12月30日。

延期缴纳

经税务稽查局查补的税款，当被查对象缴纳有特殊困难时，经批准可以延期缴纳。《税收征收管理法》第三十一条第二款规定：纳税人因有特殊困难，不能按期缴纳税款的，经省、自治区、直辖市税务局批准，可以延期缴纳税款，但是最长不得超过三个月。

所谓特殊困难，《税收征收管理法实施细则》第四十一条第一款规定，因不可抗力，导致纳税人发生较大损失，正常生产经营活动受到较大影响；当期货币资金在扣除应付职工工资、社会保险费后，不足以缴纳税款。何谓不可抗力？《中华人民共和国民法典》第一百八十条第二款规定："不可抗力是指不能预见、不能避免且不能克服的客观情况。"比如，台风、地震、洪水、冰雹；政府征用、罢工、骚乱等。

批准机关除省级税务局外，《税收征收管理法实施细则》第四十一条第二款规定，计划单列市税务局可以参照省级税务局审批。

例如，2019年4月，某市税务局稽查局查补某公司2018年度企业所得税100万元。企业有符合税法规定的特殊困难，在缴纳了60万元后，其余税款申请延期缴纳。经省级税务局批准延期至同年7月31日前缴纳，企业在7月30日缴纳完毕，免于加收滞纳金。

中止执行

中止执行是执行程序开始后因发生某种特殊情况导致半途停止，待情况消失后再继续进行。《行政强制法》第三十九条规定，当事人履行行政决定确有困难或者暂无履行能力；第三人对执行标的主张权利确有理由；执行可能造成难以弥补的损失，且中止执行不损害公共利益；行政机关认为需要中止执行的其他情形，则中止执行。中止执行的情形消失后，行政机关应当恢复执行。对没有明显社会危害，当事人确无能力履行，中止执行满三年未恢复执行的，行政机关不再执行。

如果行政机关不认为当事人符合上述情形，也没有停止追缴，不认为是中止执行。比如，在上诉人深圳市广源机电发展有限公司（以下简称广源机电）因诉被上诉人国家税务总局深圳市税务局稽查局（原深圳市国家税务局稽查局，以下简称稽查局）行政强制执行决定纠纷一案中，稽查局于2005年作出《税务处理决定书》（深国税稽立〔2005〕0062号），广源机电在规定期限内未履行义务，亦没有提起复议或诉讼。稽查局遂于2006年作出《催缴税款通知书》（深国税稽催〔2006〕第16号），责令限期缴纳税款，广源机电逾期仍未履行。稽查局于2019年作出被诉行政强制执行决定，并书面通知金融机构对税款和滞纳金进行了划扣。广源机电主张稽查时隔13年才作出行政强制执行决定，已超过合理期限，《税务处理决定书》应终止执行。《行政强制法》及《税收征收管理法》对行政机关自行强制执行的期限并未明文限制；并且稽查局于2004年已对广源机电涉案房产予以了查封但因房产系绿本而无法处置。稽查局在发现广源机电账户有资金流入后对其采取强制执行措施，并不违反法律规定。稽查局对广源机电所欠缴税款并未作出中止执行决定，广源机电依据《行政强制法》第三十九条的规定，本案属中止执行满三年未恢复执行，从而行政机关不应再执行的主张，依照《行政诉讼法》第八十九条第一款第（一）项的规定，《广东省深圳市中级人民法院行政判决书》（〔2019〕粤03行终1725号）明示不予支持。①

税务机关对《行政强制法》第三十九条第一款第（四）项进行细化：执行过程中发现被执行人死亡或者被依法宣告死亡，尚未确定可执行财产；被执行人进入破产清算程序尚未终结；可执行财产被司法机关或者其

---

① 案件资料来源：《深圳市广源机电发展有限公司、国家税务总局深圳市税务局稽查局税务行政管理（税务）二审行政判决书》，中国裁判文书网，2020年6月18日。

他国家机关依法查封、扣押、冻结，致使执行暂时无法进行等情形。按《税务稽查工作规程》第七十条规定，执行部门填制《税收违法案件中止执行审批表》，附有关证据材料中止执行。中止执行情形消失后，及时填制《税收违法案件解除中止执行审批表》恢复执行。两种情形均需要经稽查局局长批准。

上述情形的确定要取得相应证据，对被执行人死亡的，应取得相关部门的死亡证明；被依法宣告死亡的，应取得法院宣告死亡的判决书或者法院在被宣告死亡的人住所地和人民法院所在地的公告。

尚未确定可执行财产是指被执行人死亡或被依法宣告死亡前的财产尚未确认权属，税收违法案件可以中止执行。

被执行人进入破产清算程序尚未终结是指被执行人向人民法院申请破产清算或者债权人向人民法院申请要求被执行人破产清算，人民法院受理后至破产清算终结期间，税收违法案件可以中止执行。待破产清算终结后，按《破产法》规定的清偿顺序，对被执行人可用于缴纳税款的财产，经稽查局局长批准后，由执行部门按法定程序执行入库。

可执行财产被司法机关或者其他国家机关依法查封、扣押、冻结，致使执行暂时无法进行，是指司法机关、海关、税务、工商、审计等有权行使行政强制措施的行政机关依照法定程序对被执行人的财产实施查封、扣押、冻结的情况下，税收违法案件可以中止执行。待行政强制措施解除后，经稽查局局长批准，由执行部门按法定程序扣缴税款或者拍卖、变卖商品、货物及其他财产抵缴税款。

终结执行

终结执行是指结束执行。《行政强制法》第四十条规定，公民死亡，无遗产可供执行，又无义务承受人；法人或者其他组织终止，无财产可供执行，又无义务承受人；执行标的灭失；据以执行的行政决定被撤销；行政机关认为需要终结执行的其他情形，则终结执行。

税务机关对《行政强制法》第四十条第一款第（五）项加以细化。被执行人确实没有财产抵缴税款，或者依照破产清算程序确实无法清缴税款，或者有其他法定终结执行情形的，按《税务稽查工作规程》第七十一条规定："稽查局可以填制《税收违法案件终结执行审批表》，依照国家税务总局规定的权限和程序，经税务局相关部门审核并报所属税务局局长批准后，终结执行。"

稽查的终结执行，执行部门还应按税务行政强制执行措施的取证要求，取得相关证据资料，制作《税务稽查执行报告》，连同所取得的能够证明被执行人确实没有财产抵缴税款，或者依照破产清算程序确实无法清缴税款，或者有其他法定终结执行情形的证据，依照规定的权限和程序，报经相关部门审核并报所属税务局局长批准后，移送审理部门整理归档。

第六章

税务稽查案卷管理

　　税务稽查案卷管理是指税务局稽查局在税务局档案管理部门的监督和指导下，按照完整、准确、客观、规范的原则，完成税务稽查案卷立卷、收集、整理、归档、保管、利用等工作。税务稽查案卷是指税务局及其稽查局在依法履行税务稽查职责过程中取得或者形成，具有保存价值的文字、图表、声像以及电子数据等形式的过程记录。税务稽查案卷管理依据的是《税务稽查工作规程》《国家税务总局关于印发〈税务稽查案卷管理暂行办法〉和〈税务稽查案卷电子文件管理参考规范〉的通知》（税总发〔2014〕127号）。税务稽查案卷管理包括纸质文件材料管理、税务稽查案卷电子文件管理，二者的收集、整理、归档同步进行。

第一节　纸质文件材料管理

纸质文件材料管理包括立卷和案卷保管。

立卷

确定税务稽查的对象和事项，税务局稽查局应建立税务稽查案卷，将稽查选案、检查、审理、执行等相关工作情况记录纳入案卷管理。税务稽查事项办理过程中取得或者形成的证据材料、相关文书、文件以及其他记录等材料，应装入临时税务稽查案卷，填写文件材料交接清单。税务局及其稽查局相关部门应当按照税务稽查案卷文件材料交接清单所列项目，对上一工作环节移交的全部文件材料进行清点，填写文件材料交接签收单，办理交接手续。文件材料交接清单应编写目录，注明序号。

税务稽查事项发生行政复议、行政诉讼、国家赔偿诉讼、民事诉讼、刑事诉讼的，收集的复议、诉讼相关文件材料归入相关税务稽查案卷。税务稽查案卷文件材料有发文稿纸、文件处理单的，应与文件材料正本、定稿一并收集。会同相关部门召开会议、发文所形成的文件材料，应收集原件；无法收集原件的，收集复印件或者注明原件主要内容及制作单位。

设立正卷和副卷

稽查局相关部门和人员应当在税务稽查事项办结后，及时对税务稽查案卷立卷。装订成册的立案查处类税务稽查案卷有不宜对外公开的内容，分为正卷、副卷。正卷主要列入各类证据材料、税收执法文书正本以及可以对外公开的相关审批文书等证明定性处理处罚合法性、合理性的文件材料。副卷主要列入检举相关材料、案件讨论记录、法定秘密材料、结论性文书原稿、审批稿以及不宜对外公开的税务稽查报告、税务稽查审理报告等内部管理文书、对案件最终定性处理处罚不具有直接影响但反映税务稽查执法过程的文件材料。

其他税务稽查案卷可以不分正卷、副卷，但其中有不宜对外公开内容的，按照副卷进行管理，并在案卷封面上标明；无不宜对外公开内容的，按照正卷进行管理，并在案卷封面上标明。

税务稽查案卷副卷作为密卷或者内部档案管理，作为密卷管理的，密级以卷内文件材料最高密级确定。税务稽查案卷及其相关文件材料的密级、保密期限、解密条件、知悉范围等依照国家保密规定确定。

案卷内容

税务稽查案卷包括税务稽查立案查处类、承办税收违法案件异地协助类、重大税收违法案件督办类和其他类等，各类内容有所不同。

① 税务稽查立案查处类案卷。税务稽查立案查处类案卷材料包括：选案环节相关文件材料，如税务稽查立案审批表、税收违法案件交办函等；检查环节相关文件材料，如税务稽查报告、纳税人自查报告材料、税务稽查工作底稿、当事人陈述申辩材料、现场笔录、勘验笔录、书证、物证、视听资料、证人证言、电子数据等；审理环节相关文件材料，如税务稽查审理报告、税务行政处罚事项告知书、听证材料、税务处理决定书、税务行政处罚决定书、税务稽查结论等；执行环节相关文件材料，如税务稽查执行报告、延期或者分期缴纳罚款申请审批表、查补税收款项完税凭证等；其他应当归入立案查处类案卷的文件材料。

稽查局选案部门在选案时，根据税务稽查对象，建立立案查处类税务稽查案卷；选案、检查、审理、执行部门分别收集本环节相关文件材料，并按照规定移交下一工作环节；审理部门在结案后60日内整理、装订、归档。《税务处理决定书》《税务行政处罚决定书》《不予行政处罚决定书》《税务稽查结论》执行完毕，或者依照本规程第四十五条进行终结检查或者依照第七十一条终结执行的，《税务稽查工作规程》第七十二条规定："审理部门应当在60日内收集稽查各环节与案件有关的全部资料，整理成税务稽查案卷，归档保管。"

② 承办税收违法案件异地协助类案卷。承办税收违法案件异地协助类材料包括：异地协助事项接受的相关文件材料，如税收违法案件协查函等；异地协助事项办理的相关文件材料，如税务检查通知书、现场笔录、书证、视听资料、证人证言等；异地协助事项办结的相关文件材料，如税收违法案件协查回复函等；其他应当归入承办异地协助类案卷的文件材料。

承办异地协助事项的稽查局承办具体事项的部门，根据协助事项涉及的对象，建立承办异地协助类税务稽查案卷，收集相关文件材料，在异地协助事项办结后60日内整理、装订、归档。当发现协助事项涉嫌税收违法行为需要立案查处的，承办具体事项的部门应当将承办异地协助类税务稽查案卷移交到选案部门，立案后并入立案查处类案卷管理。承办异地协助事项的稽查局应当将取得的证据材料原件保留在税务稽查案卷中，并向请求异地协助的稽查局提供复制件，注明"与原件核对无误"，加盖公章证明原件出处和存处。

③ 重大税收违法案件督办类案卷。重案督办类税务稽查案卷材料包括：督办立项的相关文件材料，如重大税收违法案件督办立项审批表等；督办办理的相关文件材料，如重大税收违法案件督办函、重大税收违法案件情况报告表、重大税收违法案件拟处理意见报告、重大税收违法案件催办函等；督办办结的相关文件材料，如重大税收违法案件结案报告等；其他应当归入重案督办类案卷的文件材料。

督办税务局所属稽查局具体承担督办事项的部门，根据督办的重大税收违法案件，建立重案督办类税务稽查案卷，收集相关文件材料，在督办事项办结后60日内整理、装订、归档。当认为督办的重大税收违法案件依法需要由本机关直接查处的，具体承担督办事项的部门应当将重案督办类税务稽查案卷移交到选案部门，立案后并入立案查处类案卷管理。

卷内文件材料排列顺序

装订成册的税务稽查案卷卷内文件材料按照以下规则组合排列：立案查处类案卷正卷中的结论性文书及其送达回证排列在最前面，其他文书材料及副卷文书材料按照工作流程顺序排列；承办异地协助类、重案督办类等案卷文件材料按照工作流程顺序排列；证据材料按照所反映的问题特征分类，每类证据主证材料排列在前，旁证材料附列其后；其他文件材料按照其取得或者形成的时间顺序，结合其重要程度进行排列。

税务稽查案卷卷内每份或者每组文件材料的排列规则：正文在前，附件在后；批复在前，请示在后；批示在前，报告在后；税收执法文书在前，送达回证在后；重要文件材料在前，其他文件材料在后；汇总性文件材料在前，基础性文件材料在后；定稿在前，修改稿在后。

案卷组成

装订成册的税务稽查案卷由案卷封面、卷内文件材料目录、卷内文件材料、卷内文件材料备考表、封底组成。封面项目包括案件名称、纳税人识别号、案件来源、案卷类别、案件编号、立案立项日期、办结日期、立卷日期、保管期限、密级等。卷内文件材料目录项目包括文件材料名称、文号、序号、页号、页数、日期、备注、责任者。卷内文件材料备考表项目包括本卷情况说明、立卷人、检查人、立卷时间。

税务稽查案卷卷内文件材料经过系统整理排列后，用阿拉伯数字逐页编注页码，正面编注在右上角，背面编注在左上角，空白页不编注页码，卷内每份文件材料的原页码原样不变，案卷封面、卷内文件材料目录、卷内文件材料备考表、封底不编注页码。

装订成册的税务稽查案卷不得擅自增添或者抽取文件材料；确需增减文件材料的，应当由案卷保管人员在备考表中注明。增添的文件材料，可以插入与之直接相关的文件材料处，或者放在卷内文件材料之后，并相应追加填写目录。

装订成册的税务稽查案卷可以采用硬卷皮装订保存，或者采用软卷皮装订并装入卷盒保存。硬卷皮由封面、封底、卷脊构成；采用软卷皮装订的税务稽查案卷，按照案卷编号依序装入卷盒保存，卷盒由封面和卷脊构成，卷脊项目包括全宗名称、目录号、年度、起止卷号。税务稽查案卷文件材料过多的，应当按照顺序分册装订，各册分别从第一页起编注页码。税务稽查案卷卷皮、卷盒尺寸规格应当符合国家规定标准。

装订税务稽查案卷时，应检查卷内文件材料是否齐全、规范整洁，排列顺序是否符合规则，编注页码是否正确，卷内文件材料名称、数量与目录是否一致等。应当剔除没有证明或者参考价值的信封、工作材料；内容完全相同的重份文件材料；其他与卷内记录事项无关、确无保存必要的文件材料。

装订税务稽查案卷，应当注意：文书破损的应进行修复或者复制，原件在前，复制件在后；卷内有不可替代的容易褪色、消失的字迹等证据材料或者其他不利于长期保管的文件材料的，应进行复制，原件在前，复制件在后；文件材料小于A4纸或者装订后影响字迹的，应当加贴衬纸；横向粘贴的，字头应当朝向左边；票据应当码平粘贴；文件材料大于A4纸的，右边与下边应当对齐，采取从里向外、从上向下的方式折叠；需要附卷保存的信封，应当打开展平后加贴衬纸或者复制留存，邮票不得撕揭；文件材料上的金属物应当剔除；排除可能影响案卷装订保管、损坏卷内文件材料的其他事项。

可以随税务稽查案卷保存的物证，应归入案卷；无法装订的，装入物证袋，标注物证名称、数量、特征、来源等相关信息，用封条粘贴，放到备考表与封底之间。不能随卷保存的物证，应当另处存放，并与案卷相互标注相关信息。不宜保存的物证，应当拍照装订归卷，实物经所属税务局主管稽查工作的局领导批准后销毁或者作其他适当处理。

税务稽查案卷装订后，应在卷底装订线结扣处粘贴封志，并加盖骑缝章。

案卷保管

装订成册的税务稽查案卷保管期限：立案查处类中重大偷逃骗抗税、虚开发票等税收违法案件的案卷，保管期限为永久；立案查处类中一般偷逃骗抗税、虚开发票等税收违法案件的案卷，保管期限为30年；其他立案查处类案卷，保管期限为10年；承办异地协助类案卷保管期限参照前三项确定；重案督办类案卷保管期限根据所督办的案件确定；重大税收违法案件、其他类别案卷保管期限依照国家税务总局或者省、自治区、直辖市、计划单列市国家税务局、地方税务局规定确定，或者根据所办事项具体情况适当确定。保管期限从案卷装订成册次年1月1日起计算。

税务局稽查局对装订成册的税务稽查案卷应当集中保管，并指定专人管理。案卷保管人员应对保管的案卷进行严格查验，将不合格的案卷退回相关部门重新整理。

税务局稽查局撤销或者稽查局不具备长期档案保管条件的，应将税务稽查案卷移交承继其职能的机构保管或者移交所属税务局档案管理部门保管。案卷移交时，填写档案交接文据，办理交接手续。

税务局稽查局应当定期清理所保管的税务稽查案卷，对已到期的案卷进行鉴定，对仍有保存价值的延长保管期限；对无继续保存价值的依照档案管理规定的权限和程序审批后销毁。税务局档案管理部门保管的税务稽查案卷的清理、鉴定、销毁，由档案管理部门会同稽查局审核报税务局领导审批后进行。

任何单位和个人不得擅自销毁、转移、藏匿、伪造、变造、篡改、损毁税务稽查案卷及其文件材料，不得将案卷及其文件材料转让他人或者据为己有。

第二节　电子数据管理

税务稽查过程中取得的电子文件应妥为保管。为了便于查阅，将纸质案卷文件材料进行数字化加工，实现税务稽查案卷数字化。

电子文件管理

税务稽查案卷电子文件是指税务局及其稽查局在依法履行税务稽查职责的过程中，通过计算机等电子设备取得、形成、处理、传输、存储的文字、图表、图像、音频、视频等文件，包括税收执法文书和内部管理文书的电子文本、电子数据、数码照片等。

取得或者形成的税务稽查案卷电子文件，应具备国家规定的原件形式，符合能够有效表现所记载的内容并可供调取查用；采用符合国家规定标准的文件存储格式，确保能够长期有效读取；能够保证电子文件及其源数据自形成起完整无缺、来源可靠，未被非法更改；在信息交换、存储和显示过程中发生的形式变化不影响电子文件内容真实、完整等要求。涉密电子文件的原件形式应当符合国家保密规定。

从税务稽查对象取得的作为证据的电子文件，应保持文件原貌，及时封存；检查人员制作的电子文件，应注明电子文件的形成背景、证明对象、格式、大小、制作人等；数据分析过程中产生的电子文件，应注明数据分析的数据源、数据分析和处理方法、数据处理过程以及数据分析结论。

税务稽查案卷电子文件归档的要求：与相对应的纸质案卷的归档期限相同；不得低于相对应的纸质案卷保管期限；电子文件及其元数据应当同时归档；可以随案卷保存的录音带、录像带、光盘等载体，应在装具上标注相关信息；已经真实性、完整性、有效性鉴定和检测，并由相关责任人确认；具有永久保存价值或者其他重要价值的电子文件，应转换为纸质文件或者缩微品同时归档；冲印的数码照片，应标注照片相关信息；采用技术手段加密的电子文件应当解密后归档，压缩的电子文件应当解压缩后归档；准确划分密级；涉密电子文件应当使用符合国家保密规定的载体存储，并按照保密要求进行管理和使用。

税务稽查案卷电子文件管理应遵循统筹规划，统一标准，集中保存，规范管理；对电子文件取得、形成、处理、传输、存储、利用、销毁等实行全过程管理，确保电子文件始终处于受控状态；方便利用，提供分层次、分类别共享应用等规则。依照国家规定标准，采取有效技术手段和管理措施，确保电子文件信息安全。

通过税收管理信息系统审批运转且对税务定性处理处罚具有直接决定作用的电子文件，应连同审批单打印成纸质文件材料，归入相对应的纸质税务稽查案卷；无可靠电子签名的纸质文件材料，由相关人员手写补充签名；确有特殊情况无法手写补充签名的，注明缘由。

税务稽查案卷电子文件归档可以采用在线或者离线存储。在线存储应当使用专用存储服务器，实行电子文件在线管理；离线存储可以选择使用只读光盘、一次写光盘、磁带、可擦写光盘、硬磁盘等耐久性好的载体，不得使用软磁盘作为归档电子文件长期保存的载体。

税务稽查案卷数字化

税务稽查案卷数字化是指采用扫描仪或者数码相机等数码设备对纸质案卷文件材料进行数字化加工，将其转化为存储在磁带、磁盘、光盘等载体上且能被计算机识别的数字图像或者数字文本，并与案卷已有电子文件融合起来。税务稽查案卷数字化由稽查局、档案管理部门、电子税务管理部门依照国家纸质档案数字化有关规定实施，税务机关应当积极创造条件，逐步实现税务稽查案卷数字化。

税务稽查案卷数字化过程中，可以为原纸质案卷逐册加贴与税收管理信息系统相关联的条形码、二维码、无线射频等机读标签。税务稽查案卷数字化可以在案卷文件材料整理装订时同步进行，也可以在案卷归档后集中进行。税务稽查案卷数字化的具体要求包括：纸质案卷电子版本应与原纸质案卷保持一致，不一致的应注明原因和处理方法；对纸质案卷文件材料从封面至封底进行完整数字化，确实不能数字化的文件材料，应登记备查；对纸质案卷数字化直接产生的图像文件采用通用格式；扫描色彩模式通常采用黑白二值模式扫描；对材料中有多色文字、红头、印章、插有照片图片、字迹清晰度较差等采用黑白扫描模式扫描无法清晰辨识的页面，应采用彩色扫描模式扫描；需要进行文字识别的文件材料，扫描分辨率应当达到相应率值；符合国家相关保密规定。

税务稽查案卷数字化是网络时代打造高效便捷政府的必然要求，也是传统工作方式的创新。创新可以带来生机活力，创新可以更多好地服务人民。如何创新？他山之石可以攻玉。比如，最高人民法院的中国裁判文书网、最高人民检察院的人民检察院案件信息公开网等做得都不错，税务局可以借鉴。

第三节　案卷利用

保管案卷的目的在于利用。案卷利用有一定方式，一般情况下，提供税务稽查案卷电子文件与纸质案卷电子版本。

案卷利用方式

税务稽查案卷的利用方式，主要是查阅、借阅、调阅和复制稽查案卷文件材料。

税务稽查对象出示有效身份证明，可以查阅、复制涉及自身的税务稽查案卷正卷相关文件材料。代理人出示税务稽查对象授权委托书及双方有效身份证明，可以查阅、复制涉及税务稽查对象自身的税务稽查案卷正卷相关文件材料。

税务稽查对象可以查阅、复制涉及自身的税务稽查案卷正卷相关文件材料，但不可以提出政府信息公开。

例如，北京华恩房地产开发有限公司（以下简称华恩公司）向北京市地方税务局第二稽查局（以下简称第二稽查局）提出政府信息公开。2017年9月7日，第二稽查局作出《政府信息公开告知书》（京地税稽二政告字〔2017〕第1号）称，根据《中华人民共和国政府信息公开条例》第二条、《北京市政府信息公开规定》第二十九条第一款第（二）项规定："鉴于你是该案件的被稽查对象，你的申请事项不属于政府公开信息，而系要求行使阅卷权。"按照《国家税务总局关于印发〈税务稽查案卷管理暂行办法〉和〈税务稽查案卷电子文件管理参考规范〉的通知》之《国家税务总局税务稽查案卷管理暂行办法》第四十条规定，可以前来我机关联系相关阅卷事宜。

华恩公司已经安排并且阅卷，但不服上述答复，遂向北京市地方税务局（以下简称市地税局）提出行政复议申请。后者于2017年12月13日作出复议决定，维持第二稽查局的答复。华恩公司不服，诉至法院。华恩公司诉称，申请公开的第1项信息，并非行使阅卷权，第二稽查局适用法律错误。法院认为，被告第二稽查局所作答复、被告市地税局的复议决定适用政策正确、程序合法、结论正确。依照《行政诉讼法》第六十九条、第七十九条规定，《北京市西城区人民法院行政判决书》（〔2018〕京0102行初36号）判决："驳回原告华恩公司的诉讼请求。"[①]

华恩公司不服，提起上诉。依照《行政诉讼法》第八十九条第一款第（一）项规定，《北京市第二中级人民法院行政判决书》（〔2018〕京02行终1113号）判决："驳回上诉，维持一审判决。"

税务机关相关部门可以查阅、借阅本级税务机关与其工作相关的税务稽查案卷文件材料；上级税务机关可以查阅、调阅下级税务机关税务稽查案卷相关文件材料；经税务稽查案卷所在税务机关审核同意，同级税务机关之间可以查阅、复制案卷正卷相关文件材料，下级税务机关可以查阅、复制上级税务机关案卷正卷相关文件材料。

司法、执法、纪检监察机关依照法定职权和程序查阅、调阅税务稽查案卷文件材料的，按照相关法律、法规的规定。其他单位因工作需要，出示单位有效证明和经办人员有效身份证明，经税务稽查案卷所在税务机关审核同意，可以查阅、复制案卷正卷相关文件材料。

税收违法行为的检举人可以了解所举报案件的查办结果。《税收违法行为检举管理办法》（国家税务总局令第49号）第三十二条第二款规定："实名检举人要求答复检举事项查处结果的，检举事项查结以后，举报中

[①] 案件资料来源：《北京华恩房地产开发有限公司与北京市地方税务局等信息公开一审行政判决书》，中国裁判文书网，2019年7月21日。

心可以将与检举线索有关的查处结果简要告知检举人，但不得告知其检举线索以外的税收违法行为的查处情况，不得提供执法文书及有关案情资料。"此前，《税收违法行为检举管理办法》（国家税务总局令第24号）第二十条第二款规定："向检举人告知查办结果时，不得告知其检举线索以外的税收违法行为的查处情况，不得提供税务处理（处罚）决定书及有关案情资料。"二者比较相似。

举报人不得提出所举报税务稽查案情政府信息公开。

例如，一拖东方红好友轮胎有限公司（以下简称一拖好友公司）销售给汕头市弘展贸易有限公司（以下简称弘展公司）轮胎，部分未开发票。2016年3月21日弘展公司实名举报，8月3日，原洛阳市国家税务局稽查局对一拖好友公司作出《责令限期改正通知》（洛国税稽限改〔2016〕14号）。一拖好友公司未按期改正，9月5日，稽查局作出《税务行政处罚决定》（洛国税稽罚〔2016〕9号），对一拖好友公司处以罚款2 000元。2018年9月26日，洛阳市税务局稽查局收到弘展公司公开政府信息申请，10月15日稽查局作出《依申请公开政府信息告知》（豫洛税稽告〔2018〕1号），根据《中华人民共和国政府信息公开条例》第二十一条第（二）项和国家税务总局令第24号第二十条第二款规定，对于该采取相应行政措施和行政处罚决定书的信息，决定不予公开。

弘展公司不服，提起行政诉讼。根据《行政诉讼法》第六十九条规定，河南省洛阳市瀍河回族区人民法院（2019）豫0304行初7号行政判决：驳回原告弘展公司的诉讼请求。

弘展公司又不服，提起上诉。依照《行政诉讼法》第八十九条第一款第一项规定，《河南省洛阳市中级人民法院行政判决书》[①]（〔2019〕豫03

---

① 案件资料来源：《汕头市弘展贸易有限公司、国家税务总局洛阳市税务局稽查局税务行政管理（税务）二审行政判决书》，中国裁判文书网，2020年4月14日。

行终292号）判决："驳回上诉，维持原判。"

查阅、借阅、调阅、复制税务稽查案卷文件材料，按照规定办理相关手续。复制的税务稽查案卷文件材料，案卷保管部门可以加盖印章证明出处或者存处。借阅、调阅税务稽查案卷文件材料时，应确定归还期限；借阅、调阅、归还案卷时，应由借阅、调阅经办人员和案卷保管人员共同对案卷相关文件材料清点并签字确认。

涉及国家秘密、工作秘密、商业秘密、个人隐私和可能造成不良社会影响、后果的税务稽查案卷文件材料，以及尚未装订归档的案卷文件材料，在提供利用前应当由税务局及其稽查局相关部门进行审核，严格限制利用范围。利用涉密文件材料，按照规定报有关机关和领导批准，并按照规定程序办理有关手续。具体税务稽查执法行为涉及法律、行政法规和国务院规定应当信息公开的事项，按相关规定处理。

对查阅、借阅、调阅、复制的税务稽查案卷文件材料，不得涂改、圈划、抽换、批注、污损、折皱；不得将所借阅、调阅的案卷文件材料转借其他单位或者个人；不得擅自将查阅、借阅、调阅的案卷文件材料内容告知其他单位或者个人；不得泄露案卷涉及国家秘密、工作秘密、商业秘密、个人隐私的内容和事项。发现被查阅、借阅、调阅、复制的税务稽查案卷文件材料有短缺、涂改、抽换、污损等情况的，案卷保管人员应及时报告并追查。

提供案卷的方式选择

税务机关优先将税务稽查案卷电子文件与纸质案卷电子版本，通过在线阅览、数据传输、打印输出等方式提供利用，经打印输出的一般应盖有表明其为复印件的水印，案卷保管部门可以加盖印章证明出处或者存处。前二者能够满足利用需要的，一般不提供纸质案卷。

税务稽查案卷电子文件封存载体不得外借，不时使用拷贝件；任何单位或者个人不得擅自拷贝税务稽查案卷电子文件；具有文献价值的税务稽查案卷电子文件和纸质案卷电子版本，可以永久保存，不与其相对应的纸质案卷同步销毁。

读者意见反馈表

亲爱的读者：

感谢您对中国铁道出版社有限公司的支持，您的建议是我们不断改进工作的信息来源，您的需求是我们不断开拓创新的基础。为了更好地服务读者，出版更多的精品图书，希望您能在百忙之中抽出时间填写这份意见反馈表发给我们。随书纸制表格请在填好后剪下寄到：北京市西城区右安门西街8号中国铁道出版社有限公司大众出版中心 王佩 收（邮编：100054）。或者采用传真（010-63549458）方式发送。此外，读者也可以直接通过电子邮件把意见反馈给我们，E-mail地址是：1958793918@qq.com。我们将选出意见中肯的热心读者，赠送本社的其他图书作为奖励。同时，我们将充分考虑您的意见和建议，并尽可能地给您满意的答复。谢谢！

- -

所购书名：_____

个人资料：

姓名：_____ 性别：_____ 年龄：_____ 文化程度：_____

职业：_____ 电话：_____ E-mail：_____

通信地址：_____ 邮编：_____

您是如何得知本书的：

□书店宣传 □网络宣传 □展会促销 □出版社图书目录 □老师指定 □杂志、报纸等的介绍 □别人推荐
□其他（请指明）_____

您从何处得到本书的：

□书店 □邮购 □商场、超市等卖场 □图书销售的网站 □培训学校 □其他

影响您购买本书的因素（可多选）：

□内容实用 □价格合理 □装帧设计精美 □带多媒体教学光盘 □优惠促销 □书评广告 □出版社知名度
□作者名气 □工作、生活和学习的需要 □其他

您对本书封面设计的满意程度：

□很满意 □比较满意 □一般 □不满意 □改进建议

您对本书的总体满意程度：

从文字的角度 □很满意 □比较满意 □一般 □不满意
从技术的角度 □很满意 □比较满意 □一般 □不满意

您希望书中图的比例是多少：

□少量的图片辅以大量的文字 □图文比例相当 □大量的图片辅以少量的文字

您希望本书的定价是多少：

本书最令您满意的是：

1.

2.

您在使用本书时遇到哪些困难：

1.

2.

您希望本书在哪些方面进行改进：

1.

2.

您需要购买哪些方面的图书？对我社现有图书有什么好的建议？

您更喜欢阅读哪些类型和层次的书籍（可多选）？

□入门类 □精通类 □综合类 □问答类 □图解类 □查询手册类

您在学习计算机的过程中有什么困难？

您的其他要求：